Les Benou Ghânya, Derniers Représentants De L'empire Almoravide Et Leur Lutte Contre L'empire Almohade... - Primary Source Edition

Alfred Bel

PUBLICATIONS DE L'ÉCOLE DES LETTRES D'ALGER

BULLETIN DE CORRESPONDANCE AFRICAINE

XXVII

LES BENOU GHÂNYA

ANGERS, IMP. ORIENTALE A. BURDIN ET Cie, RUE GARNIER, 4.

LES BENOU GHÂNYA

DERNIERS REPRÉSENTANTS DE L'EMPIRE ALMORAVIDE

ET

LEUR LUTTE CONTRE L'EMPIRE ALMOHADE

PAR

ALFRED BEL

PROFESSEUR A LA MEDERSA DE TLEMCEN

PARIS

ERNEST LEROUX, ÉDITEUR

28, RUE BONAPARTE, 28, VIe

—

1903

A MON MAÎTRE

MONSIEUR RENÉ BASSET

CORRESPONDANT DE L'INSTITUT
DIRECTEUR DE L'ÉCOLE SUPÉRIEURE DES LETTRES D'ALGER

Hommage de respectueuse affection
et de vive gratitude.

INTRODUCTION

Depuis les premières expéditions des Arabes dans le bassin occidental de la Méditerranée ; depuis les rapides et prodigieuses conquêtes de 'Oqba ben Nâfi' à la fin du VIIe siècle de notre ère, de Ṭâriq et de Moûsa ben Noçaïr au commencement du VIIIe, tous les pays tombés au pouvoir des musulmans furent le théâtre de longues guerres intestines et de continuelles révoltes.

L'histoire de l'Afrique mineure et de l'Espagne, durant cette période troublée, a passionné sans doute bien des savants. Depuis plus d'un siècle, les orientalistes de l'Europe entière, puisent sans cesse, à cette source presque intarissable d'ouvrages arabes des chroniqueurs et des polygraphes, dont les œuvres manuscrites sont parvenues jusqu'à nous. Un grand nombre de ces manuscrits ont été publiés ou traduits (1), ce qui a considérablement facilité les recherches de tous ceux qui par goût ou pour les besoins mêmes de leur situation s'intéressent à l'Islâm.

L'histoire des musulmans d'Espagne a été mise en lumière par les remarquables travaux de savants orientalistes comme Casiri, Dozy, de Gayangos, Codera, et tant d'autres qui y ont

1. Parmi ces nombreuses et si utiles publications, on doit placer, en première ligne, l'édition et la traduction française, que donna successivement (1847-1856) le baron de Slane. La publication de cet illustre orientaliste, en mettant à la portée de tous cette admirable partie de l'œuvre du plus grand des historiens musulmans, jeta un véritable jour sur l'histoire du Maghrib et de l'Espagne.

attaché leur nom (1) ; de même, Amari nous a fait connaître l'histoire des Musulmans de Sicile. Quant à celle de l'Afrique septentrionale, elle est loin d'être parvenue, dans ses détails, à un pareil degré de clarté, surtout pour l'époque postérieure à l'invasion hilalienne.

Le seul ouvrage d'ensemble que nous possédions sur ce sujet, l'*Histoire de l'Afrique septentrionale* par Ernest Mercier (2) n'est, comme l'auteur le reconnaît lui même, qu'un bon « Manuel pratique » (3) ; cet ouvrage n'a nullement la prétention d'être une étude approfondie de l'histoire politique de ce pays (4).

Les Berbers de Fournel (5), travail antérieur à l'ouvrage de E. Mercier, se recommande par l'abondance des documents consultés ; on pourrait reprocher à l'auteur de ne pas

1. A côté d'études magistrales comme celles de ces érudits, je crois de mon devoir de signaler en passant, l'histoire de Conde, qui, bien à tort, a fait autorité pendant une trentaine d'années (1820-1849). Si je m'arrête un instant à l'ouvrage de Conde, c'est qu'il a induit en erreur tous ceux qui ont ajouté foi à ses assertions. Ce ne fut qu'en 1849 que Dozy, l'érudit hollandais — dont les contributions à l'histoire, à la géographie, à la littérature et aux choses de l'Islâm en général, sont aussi nombreuses qu'excellentes — dans l'Avant-propos de ses *Recherches sur l'histoire et la littérature de l'Espagne au moyen-âge*, Leyde, 1849, in-8°, eut soin de signaler les erreurs de Conde. Le savant professeur de Leyde a pu résumer sa critique de l'ouvrage de Conde par ces mots : « Quidquid attigeris, ulcus est ! » Voy. aussi l'appréciation de Fournel (*Berbers*, préf. VII, VIII); Saavedra, *ap.* Gonzalez, *Historia de la Conquista de España*, Alger, 1889, in-8°, p. VII. On ne doit donc user qu'avec défiance des travaux d'auteurs, comme Romey, qui pour une partie de son *Histoire d'Espagne*, avoue ingénument que Conde a été plus particulièrement son guide et attribue les plus hautes qualités à ce soi-disant historien (voy. Dozy, *Recherches*, 3e éd., Leyde, 1881, 2 v. in-8°, t. I, p. XI).

2. E. Mercier, *Histoire de l'Afrique septentrionale* (*Berbérie*) *depuis les temps les plus reculés jusqu'à la conquête française*, 3 vol. in-8°, Paris, Leroux, 1888.

3. Cf. *Ibid.*, préf. I, p. IV.

4. La petite *Histoire de l'Algérie* de M. E. Cat est un *memento* fort commode. Dans cette publication (2 vol. in-12, Alger, Jourdan, 1891), l'auteur fait passer l'un après l'autre sous les yeux, les différents peuples et les divers empires qui, depuis les Carthaginois jusqu'à nos jours, se sont succédé dans l'Afrique septentrionale. C'est un bon ouvrage de vulgarisation élémentaire qui peut rendre quelques services aux fonctionnaires algériens en général.

5. Fournel, *Les Berbers*, Paris, I. N. 2 vol. in-4° (1875-1881).

avoir toujours observé la critique qu'il s'était imposée au début de son livre, et d'avoir souvent préféré la quantité des matériaux à leur qualité. D'ailleurs l'histoire de Fournel s'arrête en 362 de l'hégire (973 de J.-C.) avec l'entrée d'El-Mo'izz au Qaire.

Il est juste de reconnaître que les sources de l'histoire du Maghrib sont d'un abord plutôt difficile : d'une part, l'archéologie, l'épigraphie et la numismatique musulmanes sont loin d'avoir dit leur dernier mot dans l'Afrique septentrionale et surtout au Maroc; d'autre part les ouvrages des chroniqueurs et polygraphes musulmans, véritable base de l'histoire du pays depuis la conquête arabe, sont trop souvent sujets à caution ; ces auteurs qui comptent d'ordinaire sur leur prodigieuse mémoire, s'exposent aux erreurs les plus graves, aux anachronismes les plus grossiers ; bien plus ce sont, à de rares exceptions près, des plagiaires éhontés et des écrivains sans critique. En outre lorsqu'ils traitent d'une période contemporaine, comme tous chroniqueurs, ils ne peuvent se soustraire à une partialité, assez naturelle, en faveur de la dynastie qui les paie (1) ; ce sont, comme on l'a souvent dit, des écrivains à gages. Les matériaux qu'ils fournissent à leurs successeurs ne sont donc pas impartiaux. Dès lors l'historien qui puise à de pareilles sources, est obligé de contrôler ses renseignements les uns par les autres et d'écarter de son récit les assertions trop souvent légendaires et invraisemblables, pour en dégager les faits réellement historiques, ce qui n'est pas toujours facile.

1. Voyez à ce propos l'opinion fort juste de Francisco Pons Boigues *Ensayo bio-bibliographico sobre los Historiadores y Geographos arabigo-españoles*, Madrid, 1898, in-4°, p. 369, col. 1. L'*Ensayo bio-bibliographico* est un ouvrage indispensable à quiconque est appelé à consulter les travaux des historiens ou géographes musulmans d'Espagne. L'article biographique des auteurs est toujours appuyé sur les meilleures sources; le compte-rendu des ouvrages cités est en général assez complet; la critique en est d'ordinaire judicieuse et dénote chez l'auteur une sérieuse connaissance de la langue arabe; mais ce savant a eu le tort d'abuser des citations tirées des ouvrages analysés par lui, et qui viennent sans profit allonger l'ouvrage.

A cette première difficulté s'en ajoute une autre : les manuscrits arabes que doit consulter l'historien sont épars dans les bibliothèques de l'Afrique et de l'Europe entière, il est difficile de se les procurer. Ce sont, du reste, le plus souvent, des copies discordantes et fautives d'un original d'ordinaire disparu ; la lecture en est difficile et les interpolations ne manquent pas. Certaines traductions européennes comme celles que Beaumier a donnée du *Qarṭâs* (1), ou la traduction de la chronique d'El-Qaîrowâni (2), ne se recommandent, ni par la fidélité de la version, ni par l'érudition des traducteurs. Elles peuvent servir à faciliter les recherches, mais ne doivent être utilisées qu'avec une extrême défiance. Il est en tous cas prudent de les comparer aux textes eux-mêmes.

Ces considérations nous montrent combien serait pénible la tâche de quiconque voudrait, dès à présent, écrire une histoire d'ensemble suffisamment précise et détaillée de la domination musulmane dans l'Afrique septentrionale.

Il est un moyen de simplifier la tâche et d'atteindre le but, c'est de commencer par un travail préparatoire ayant pour objet d'étudier l'une après l'autre chaque dynastie ou fraction

1. La traduction française du *Qarṭâs* a été publiée à Paris (Imp. Impériale) en 1860. Il faut dire, à la justification de Beaumier, qu'il élabora sa traduction dans des conditions bien défectueuses. Il était alors à Mogador, à une époque où les communications entre l'Europe et l'empire chérifien n'étaient ni aussi commodes, ni aussi fréquentes qu'aujourd'hui ; il était privé du secours d'ouvrages historiques tels que, par exemple, l'*Histoire des Berbères* d'Ibn Khaldoûn, qui lui auraient rendu les plus grands services pour l'intelligence du texte. En outre il n'eut à sa disposition que deux manuscrits et il ignorait totalement — comme il le reconnaît lui-même — l'existence des autres manuscrits européens de cet ouvrage et surtout, ce qui est plus grave, celle de l'édition que Tornberg avait publiée, dix-sept ans auparavant, à Upsal avec une traduction latine.

2. La traduction française de l'ouvrage d'Ibn Abi Dînâr el-Qaîrowâni sur les dynasties du Maghrib (voy. *infrà*) est assurément fort médiocre, et je ne suis pas le premier à le remarquer ; elle a été publiée par Pellissier et Rémusat (dans l'*Exploration scientifique de l'Algérie*, t. VII, Paris, Imp. roy. 1845, in-4°). Ces traducteurs méritent, sans doute, les reproches qu'on ne leur a pas ménagés ; mais ils ont droit néanmoins à notre gratitude, pour les efforts qu'ils ont déployés, à une époque où l'histoire du Maghrib était encore plongée dans les plus épaisses ténèbres.

de dynastie et d'établir ces études sur de solides bases par une critique consciencieuse et une méticuleuse analyse des sources utilisées ; car l'histoire n'a plus uniquement pour but de « savoir ce que les auteurs ont écrit », mais bien, comme l'a dit Havet, « de démêler, à travers ce que les auteurs ont écrit, ce qui a été ». Des monographies élaborées dans cet esprit seront les matériaux les plus commodes et les plus précieux, dont disposera l'historien ; il n'aura plus qu'à en faire la synthèse (1).

*
* *

Le titre seul du présent mémoire indique que la période de l'histoire musulmane dont j'ai entrepris l'étude, concerne les deux puissants empires berbères des Almoravides et des Almohades. Pour placer le sujet dans le cadre qui lui convient et éclairer le récit que je vais faire, je rappellerai d'abord en quelques mots ce que furent ces empires.

Le premier avait été fondé vers le milieu du ve siècle de l'hégire (milieu du xie s. de J.-C.) par les grandes tribus berbères qui habitaient les régions sahariennes, au sud de l'Algérie et du Maroc actuels. Les principales étaient celles des Masoûfa et des Lamtoûna, fractions des Çanhâdja (2).

1. Je partage entièrement sous ce rapport l'opinion de M. Francisco Codera quant à l'histoire d'Espagne (cf. *Decadencia y desaparicion de los Almoravides en España*, Saragosse, 1899, in-12°, introd., p. xiv, xv). Voy. aussi à ce propos et dans le même sens, les idées de M. Emile Boutroux dans son article *Histoire et synthèse* (*Revue de synthèse historique*, n° 1, août 1900).

2. C'est du nom de cette tribu (Çanhâdja ou aussi Çanhâga, par la permutation fréquente dans les dialectes de l'Afrique septentrionale du *dj* en *g*) que vient le nom du Sénégal (cf. Cherbonneau, *Essai de littérature arabe au Soudan*, Constantine, in-8°, 1856, p. 44 ; voyez aussi : Léon l'Africain, éd. Schefer, Paris, 1898, 3 v. in-8, t. III, 268, note 1 ; de Slane, *Berb.*, tr., II, 68, note 4. D'après Ibn el-Kelbi († 204 H.), le premier auteur musulman qui composa des traités généalogiques, « la tribu des Kotâma et celle des Çanhâdja n'appartiennent pas à la race berbère : elles sont branches de la population yéménite qu'Ifriqos ibn Saïfi établit en Ifrîqiya avec les troupes qu'il y laissa pour garder le pays (cf. Ibn el-Kelbi, cité par Ibn Khaldoûn, *ap.* de Slane, *Berb.*, trad., I, 170). On lit, d'autre part, dans la chronique de la dynastie almoravide

Sous le prétexte, si souvent exploité dans l'Islâm, de prêcher et de répandre la vraie Foi, délaissée par leurs voisins, les peuples du Nord-africain, les chefs des Lamtoûna avaient entraîné leurs contribules à leur suite (1). Ces hordes de Barbares habitués à la rude vie d'un pays sans ressource, avaient franchi la chaîne Saharienne et s'étaient ruées sur les fertiles régions du Maghrib. L'appât des richesses, pour ces nomades misérables, n'avait pas été un maigre stimulant à l'ardeur guerrière. Aussi, en quelques années, le chef des Marabouts, Yoûsof ben Tâchfîn, avait-il réussi à subjuguer toute la Berbérie (2) occidentale et en 454 (1062 de J.-C.), il fondait une capitale digne de lui, la ville de Marrâkoch.

El Ḥolal el-maoûchîya, etc. (voy. *infrà* p. xv) : « وصنهاجة يرفعون انسابهم الى حمير وليس بينهم و بين البربر نسب الا الرحم

« Les Çanhâdja font remonter leur origine jusqu'à Ḥimyar (fils de Saba, 1er roi arabe du Yémen) et, entre eux et les Berbères, il n'existe d'autre communauté de race que la parenté par le mariage » (cf. Dozy, *Comm. hist. s. le poème* d'Ibn Abdoûn par Ibn Badroûn, Leyde, 1846, in-8°, p. 44). Enfin Ibn Khaldoûn citant le célèbre chroniqueur andalou Abou 'Omar Yousof ibn 'Abd el-Berr († 463 H.), nous dit : « Quelques peuplades berbères prétendent former la postérité d'En-No'mân, fils de Ḥimyar, fils de Saba... etc. » et l'auteur établit, à l'aide de textes, l'exactitude de ce fait qui montre l'origine asiatique des Çanhâdja et d'autres tribus magbribines (voy. de Slane, *Berb.* trad., I, 174; comp. à Fournel, *Berbers*, I, 33 et suiv.). Si l'on s'en rapportait à ces généalogies, très sujettes à caution, il ressortirait que les Berbères Çanhâjda ne seraient pas autochtones, mais bien des peuples venus d'Asie. Pour clore cette note déjà longue sur les Çanhâdja je rapporterai l'opinion personnelle, que le savant musulman Ibn Khaldoûn exprime en manière de conclusion ; après avoir établi que les Berbères n'ont rien de commun avec les Arabes, quant à l'origine, il ajoute : « J'en excepte seulement les Çanhâdja et les Kotâma, qui au dire des généalogistes arabes eux-mêmes, appartiennent à cette nation; opinion qui s'accorde avec la mienne. » Cf. *Hist. Berb.*, tr., I, 185 (comp. Fournel, *Berb.*, I, 36 et s.). Sur ces importantes tribus nomades des Çanhâdja, qui s'étendaient jusqu'au Soudan et au Niger, on pourra consulter : de Slane, *Berb.*, éd., I, 235, 237; trad., II, 64 et suiv.; R. Basset, *Documents géographiques sur l'Afrique septentrionale*, Paris, 1898, in-8°, p. 16, n. 1.

1. C'est ce qui a permis à Ibn Rochd, qâdhi de Cordoue au début du VIe siècle de l'hégire, de dire : « Les Çanâdja étaient les défenseurs de la religion »; cf. Bou Râs, trad. Arnaud, *Voyages extraordinaires et nouvelles agréables*, Alger, 1885, in-8°, p. 64.

2. Sous le nom de Berbérie, on comprendra toute l'Afrique mineure depuis

Lorsqu'il mourut, en 500 de l'hégire (sept. 1106), il léguait à son fils 'Ali, un immense empire, comprenant la plus grande partie de l'Afrique septentrionale, toute l'Espagne musulmane et les îles Baléares. Les rudes Çanhâdja, habitués aux privations et aux fatigues de la vie du désert, transportés brusquement par les faveurs du sort dans les régions fertiles du Tell et de l'Andalousie, devaient bien vite s'amollir au contact de ces richesses, de ce bien-être qu'ils avaient jusqu'alors ignoré. Ils arrivèrent en Espagne à une époque où les belles-lettres, la poésie, les plaisirs de l'esprit, avaient depuis longtemps remplacé l'amour de la guerre et la soif des conquêtes. Cette situation facilita sans doute leur établissement dans le pays, mais elle causa aussi leur ruine. Leur brusque contact avec une civilisation si raffinée et à laquelle ils n'étaient point préparés, les perdit, comme elle avait perdu, quelque huit siècles plus tôt, les Vandales, leurs prédécesseurs sur cette même terre de l'Afrique septentrionale. Les Almoravides au Maghrib durèrent moins d'un siècle.

Dès la première moitié du VIe siècle de l'hégire (XIIe de notre ère), d'autres Berbères, des sédentaires cette fois, les Maçmoûda, tribus du Haut-Atlas marocain, se soulevaient à la voix du Mahdi Ibn Toûmert, encore un rénovateur de la vraie foi. Ils allaient déclarer une guerre, sans merci, à ces Almoravides dont l'empire semblait déjà chancelant. Comme pour les Almoravides, c'était encore la soif des richesses, l'amour du pillage qui sans aucun doute poussèrent les montagnards du *Daran* (1) à descendre à la conquête des belles vallées du voisinage.

le djebel Nefoûsa à l'E. jusqu'à l'Océan Atlantique à l'O., c'est-à-dire les pays qu'on nomme aujourd'hui : Tunisie, Algérie, Maroc.

1. Le djebel Daran est un des sommets les plus élevés du Haut-Atlas marocain. C'est là, près du village de Tînmâl (voy. *infrà*), que furent enterrés les souverains almohades. C'est seulement au printemps 1901 que M. Edmond Doutté, chargé d'une mission d'études au Maroc, réussit à découvrir la mosquée du célèbre réformateur. Les géographes arabes embrassent parfois sous le nom de Daran la chaîne tout entière du Haut-Atlas (voy. Bekri, éd., 63, 64; tr. fr., 73, 74 ; Ibn Khaldoûn, *Berb.*, éd. de Slane, éd., I,

N'était-ce pas, du reste, à cette perspective de fructueuses victoires, à ce désir de dépouiller les Infidèles, que l'Islâm lui-même avait dû ses rapides et étonnantes conquêtes ? Cette guerre sainte était si attrayante, puisqu'elle donnait, aux survivants, des terres fertiles, des richesses et de belles captives et qu'elle assurait à ceux qui périssaient l'épée à la main, un paradis plein de charmes, une jouissance éternelle ! C'était la guerre sainte que les Almohades (1) avaient déclarée aux Almoravides, ces *anthropomorphistes*, comme ils les appelaient (2). Le Mahdi Ibn Toûmert qui avait été l'organisateur de la lutte ne put assister aux premières conquêtes, il mourut en 522 (1128 de J.-C.) ; mais il laissait pour le remplacer un homme intelligent et habile général, 'Abd el-Moûmin ben 'Ali, originaire de la tribu de Koûmya, entre Tlemcen et Arechqoûl (Rachgoun). Sous la puissante impulsion qu'il donna à la guerre, l'empire almoravide allait bientôt crouler.

La dynastie fondée par Yoûsof ben Tâchfîn succomba à la mort de Isḥâq ben 'Ali ben Yoûsof, en chawwâl 541 (mars-avril 1147) lors de la prise de Marrâkoch, et les Almohades substituèrent leur autorité à celle des Almoravides dans le Maghrib.

295, 296 ; tr., II, 158, 159 ; Léon l'Africain, éd. Schefer, I, 340). Les auteurs musulmans rattachent, à tort, à la chaîne du Haut-Atlas marocain, celle de l'Atlas saharien qui en est nettement distincte. Sur le système orographique des chaînes marocaines, on consultera l'ouvrage de Schnell, traduit en français par M. Augustin Bernard, sous le titre *L'Atlas marocain* (Alger, 1889, in-8°).

1. Unitaires [الموحدون d'où Almohades] était le nom donné par Ibn Toûmert lui-même à ses partisans. Voici à ce propos ce que nous dit Ibn Khaldoûn : « Lorsqu'il [Ibn Toumert] eut fait reconnaître (dans le pays) son autorité, il reçut le surnom de *Mahdi* à la place de celui d'*Imâm*, qu'il portait auparavant; il donna à ses compagnons le nom de *Tolba* [étudiants, disciples] et à ses partisans, celui de *El-Mowaḥḥidîn* [Unitaires] » (Cf. *Berb.*, I, ٣٠١, ٣٠٢; *trad.*, II, 170.

2. Pour la doctrine orthodoxe prêchée par le Mahdi Ibn Toûmert, on consultera le travail magistral de Goldziher, *Materialen zur Kenntniss der Almohadenbewegung in Nordafrica* (*ZDMG.*, 1887, pp. 30 à 141). J'aurai à revenir du reste sur ce point dans le chapitre III et j'essaierai de marquer les différences essentielles qui séparaient la doctrine des Almoravides de celle des Almohades.

A cette époque, 'Abd el-Moûmin avait déjà songé à s'emparer de l'Espagne et il y avait envoyé une armée. Dans ce pays, les conquérants trouvèrent une situation encore plus favorable qu'au Maghrib. Là, en effet, les grossiers Almoravides avaient depuis longtemps exaspéré et indisposé contre eux les musulmans espagnols, qui, dès 539 (1144-1145 de J.-C.), s'étaient soulevés en masse, à la faveur des luttes qui paralysaient, en Afrique, les forces des Almoravides. Les Almohades n'eurent qu'à bénéficier d'un tel état de choses et après avoir exterminé ou chassé d'Espagne les derniers représentants de l'empire déchu, grâce à l'appui des musulmans espagnols, ils n'eurent plus qu'à imposer leur joug à ces derniers. N'était-ce pas ainsi qu'avait agi Yoûsof ben Tâchfîn avec les petits princes andalous ?

Quand mourut 'Abd el-Moûmin, en 558 (mai-juin 1163), l'empire almohade comprenait tout le Maghrib et l'Ifrîqîya du golfe de Gabès à l'Océan Atlantique et la plus grande partie de l'Espagne musulmane. En 580 (1184-1185), les Almoravides anéantis depuis longtemps en Berbérie et en Espagne, ne possédaient plus que les îles Baléares, qui jusqu'alors avaient été épargnées par les conquérants. Elles étaient gouvernées par des rois de la famille des Benou Ghânya (1) qui s'y succédaient de père en fils depuis l'année 520 de l'hégire (1126 de J.-C.) (2). Cette famille formait du reste une branche alliée à la dynastie almoravide régnante, car la dame Ghânya, qui lui donna son nom, était la propre cousine du grand Yoûsof ben Tâchfîn.

La dynastie almoravide, fondée par Yoûsof ben Tâchfîn ayant été détruite, ainsi que je l'ai dit, la famille des Benou Ghânya était, parmi les Almoravides échappés aux coups des

1. J'emploierai indifféremment et dans le même sens, les mots *Benoû* et *Bent*, *Aboû* et *Abî*, *Akhoû* et *Akhî*, etc.

2. L'histoire des Baléares sous la domination musulmane a été traitée par M. Alvero Campaner, dans un travail intitulé : *Bosquejo historico de la dominacion islamita en las islas Baleares* (Palma, 1888, in-8°,) que j'aurai plus d'une fois l'occasion de citer.

Almohades, celle qui, par ses attaches à la dynastie anéantie, par le prestige de ses ancêtres et la valeur de ses représentants à cette époque, semblait le plus digne de commander aux derniers partisans de l'empire écrasé. Tant que les Almohades avaient été occupés en Espagne, les princes des Baléares s'étaient tenus dans une respectueuse expectative vis-à-vis des conquérants; mais lorsqu'en 580 hég. (1184-5), ils se sentirent directement menacés, l'amour de l'indépendance et la haine de l'usurpateur se réveillèrent en eux. Le prince 'Ali ben Ghânya entra dès lors en rebellion ouverte contre l'empire des Maçmoûda et songea à le renverser pour restaurer celui des Almoravides.

C'est cette rebellion, cette lutte de plus de cinquante années qui fait l'objet de la présente étude.

A peine a-t-il déclaré la guerre aux Almohades, que 'Ali, suivi de quelques-uns de ses frères, transporte dans le Maghrib le théâtre des hostilités. Dès 580 (1184-5) il débarque à Bougie dont il s'empare. Dans cette région, il rencontre d'utiles et sûrs alliés dans les derniers partisans de la dynastie ḥammâdite (1). Ceux-ci en effet avaient naturellement conservé au fond du cœur une haine profonde pour l'Almohade, qui avait détruit leur puissance et renversé leur empire. Mais bientôt, après quelques succès, 'Ali, chassé par une armée almohade, s'enfuit dans la région du Sud tunisien et meurt après trois ans de lutte, laissant à son frère Yaḥîa, le commandement en chef.

C'est celui-ci qui, de 584 à 633 (1189 à 1236 de J.-C.), continua avec une rare énergie, sans faiblir jamais, l'œuvre entreprise par son aîné ; c'est lui qui est le véritable héros de la guerre engagée par son frère, contre les successeurs de 'Abd el-Moûmin. Il réussit, grâce à l'appui des Arabes de la seconde invasion et de quelques tribus berbères, à établir son autorité sur tout le pays qui forme la Tunisie actuelle et une partie de

1. L'empire berbère ḥammâdite s'éteignit en 547 (1152-1153) lorsque son dernier souverain Yaḥia ben 'Abd el-'Azîz fit sa soumission à 'Abd el-Moûmin.

la Tripolitaine (1). Conquête bien éphémère et que devait rapidement faire crouler l'inconstance des alliés d'Ibn Ghânya !

La fidélité des bandes d'Arabes, qui formaient la masse de ses contingents, était d'une inconcevable fragilité. Il ne pouvait, à vrai dire, fonder aucune espérance sur de pareils alliés, toujours prêts à trahir leurs promesses, pour passer du côté du plus fort, dans l'unique but de prendre part au pillage des vaincus. L'amour des rapines et le désir de prélever une riche part de butin, étaient les seules raisons qui avaient déterminé les Arabes à suivre la fortune des Benou Ghânya. Naturellement rebelles à toute autorité, à tous les gouvernements réguliers, ils avaient accueilli avec joie et secondé l'Almoravide ; mais s'ils lui avaient prêté leur appui pour combattre le gouvernement almohade, ils n'auraient pas admis que Yaḥîa vînt substituer un empire à celui de 'Abd el-Moûmin (2). Cela même fut la cause de la non réussite d'Ibn Ghânya dans la conquête du Maghrib. On s'explique, dès lors, comment les Benou Ghânya ne purent aboutir là même où devaient si bien réussir quelques siècles plus tard Barberousse et son frère.

'Aroûdj et Kheîr ed-dîn, ne nous apparaissent ni plus audacieux, ni plus habiles que 'Ali et Yaḥîa ben Ghânya ; mais ils furent servis par des circonstances beaucoup plus favorables. Ils arrivèrent à une époque où les musulmans chassés d'Espagne par les chrétiens étaient nombreux dans l'Afrique nord-occidentale et redoutaient de voir la Berbérie entière envahie à son tour par ces mêmes chrétiens. Aussi appelaient-ils de tous leurs vœux un chef capable de résister à l'Infidèle. Les musulmans maghribins étaient donc personnellement intéressés à favoriser l'établissement de l'empire des corsaires.

1. Fournel (*Berbers*, I, 82) montre comment Gizeric par des actes de piraterie « s'attachait les indigènes, avec lesquels il avait soin de partager le butin », et, plus loin (I, p. 85) le même auteur fait ressortir que ce partage fait des dépouilles entre Vandales et Maures « fut le secret de la politique de Gizeric avec les Berbers ». A sept siècles et demi de là et dans le même pays, les Benou Ghânya ne suivirent pas une autre politique à l'égard des Berbers musulmans et des Arabes hilâliens ainsi qu'on le verra.

2. Comparez : *Journ. asiat.*, 9e série, t. XIX, mars-avril 1902, p. 302.

En outre, tandis que Yaḥiâ ben Ghânya ne reçut autre chose qu'un appui moral de son trop faible suzerain, le khalife 'abbasside, Kheîr ed-din obtenait de Constantinople un secours effectif de janissaires. Ce fut, grâce à ces avantages, grâce aussi à l'effet terrifiant de leurs canons sur les populations berbères, que Kheîr ed-din et 'Aroudj parvinrent, en quelques années à peine à constituer un grand empire. Les Benou Ghânya au contraire, s'épuisèrent vainement dans une lutte d'un demi-siècle; ils ébranlèrent, il est vrai, l'empire almohade qui ne devait pas leur survivre longtemps; mais ils ne purent établir sur ses ruines le royaume qu'ils avaient rêvé.

Les premières pages de l'histoire de cette rébellion ont pour but de faire connaître la famille des B. Ghânya et de montrer comment ces derniers représentants de l'empire fondé par Yoûsof ben Tâchfîn ont été amenés à résister au conquérant almohade.

Le premier chapitre est un rapide exposé de la chute des Almoravides en Espagne et dans le Maghrib ainsi que des causes qui ont contribué à ce résultat. Cette partie de l'histoire a fait l'objet de la part de M. Codera, d'un travail dont il sera parlé plus loin (chap. I).

Le deuxième chapitre, qui s'applique surtout à l'histoire des Baléares sous le gouvernement des Benou Ghânya (de 520 à 580, 1126-1185 de J.-C.), montrera comment à la chute de la dynastie almoravide du trône de Marrâkoch, la famille des Benou Ghânya aux Baléares fut, dans une certaine mesure, amenée à succéder, dans l'empire almoravide à la dynastie déchue des Benou Tâchfîn. Ces deux chapitres sont naturellement d'une extrême concision et j'ai dû en faciliter l'intelligence par un grand nombre de notes.

La révolte contre les Almohades, qui constitue le sujet des autres chapitres, a — nous l'avons dit — pour théâtre l'Afrique mineure à l'époque de la domination musulmane; c'est une lutte entre musulmans. On comprendra dès lors que les principaux documents à employer se trouvent dans les œuvres des chroniqueurs musulmans. Quelques-uns de ces écrivains ont traité plus spécialement de l'époque dont j'ai essayé de retracer l'histoire ; leurs ouvrages forment les sources les plus abondantes, auxquelles j'ai eu à puiser ; comme j'aurai fréquemment à les citer au cours du présent mémoire, je crois utile de dire ici quelques mots de la personne de ces auteurs et de fixer la valeur historique de celles de leurs œuvres que j'ai mises à contribution. Les voici dans l'ordre chronologique :

'Abd el-Wâḥid el-Marrâkochi, auteur d'une chronique des Almohades ayant pour titre « *El Mo'djeb fî talkhîç akhbâr el Maghrib* (1) ». Dozy, avec la haute compétence qu'on lui connait, en a publié le texte chez l'éditeur Brill à Leyde en 1847 sous le titre « *The history of the Almohades* (2) » M. Fagnan en en a donné une traduction française (3).

Ibn el-Atsîr (4) écrivit des Annales qui partent du commencement du monde et se terminent en l'année 630 (1232 de J.-C.). Ce volumineux ouvrage a pour titre : *El Kâmil fît târîkh* et a été publié par les soins éclairés de Tornberg, en quatorze volumes in-8° (Leyde, 1851-1876). C'est cette édition que j'ai

1. Abou Moḥammed 'Abd el-Waḥid et-Tamîmi, né à Marrâkoch en 581 de l'hégire (1185 de J.-C.), écrivit une chronique en 621 (1224) sous le titre de المعجب في تلخيص اخبار المغرب. Il n'a étayé ses indications sur aucun témoignage écrit comme il l'avoue lui-même dans son prologue (p. 3) et n'a eu recours qu'à sa propre mémoire et à celle de ses contemporains. Toutefois, les renseignements qu'il donne, en particulier pour l'histoire des Almohades de 580 à 621 (1184 à 1224) sont assez précis, bien que souvent entachés de partialité, en faveur de la dynastie régnante. Les dates, qu'il donne, sont toutefois, généralement exactes ; c'est en effet, pour cette époque, l'histoire contemporaine de son pays, qu'il raconte.

2. Une deuxième édition a été publiée chez Brill en 1881. C'est à cette édition que je renverrai sous la rubrique 'Abd el-Wâḥid.

3. Fagnan, *Histoire des Almohades d'Abd el-Wâh'id Merrâkechi*, 1 vol., Alger, 1893, in-8°.

4. Ibn el-Atsîr naquit à Djazîra, petite ville sur les bords du Tigre. Il mourut en Ramaḍân 630 de l'hégire (1233 de J.-C.). Ibn el-Atsîr écrivit un certain nombre d'autres ouvrages, dont on trouvera une liste assez complète, ainsi que la biographie de l'auteur *ap.* Wüstenfeld, *Die Geschichtschreiber der Araber und ihre Werke*, Göttingen, 1882, in-4°, p. 114.

utilisée (1). M. Fagnan a entrepris, dans la *Revue africaine*, d'en traduire les extraits relatifs à la Berbérie et à l'Espagne.

Et-Tidjâni (Abou Moḥammed 'Abd Allah) fit, dans les premières années du viiie siècle de l'hégire (commencement du xive de notre ère), un voyage avec son maître (2) dans l'Ifrîqîya et la Tripolitaine; il donna la relation de ce voyage dans une *Riḥla* (3), dont on trouvera un extrait (texte et traduction), en appendice à cette étude, en même temps que notre opinion sur la valeur documentaire de cet ouvrage. Nos références à la *Riḥla* s'appliquent au manuscrit 2014 de la Bibliothèque Universitaire d'Alger.

Ibn Abî Zar' (Aboul-Ḥasan 'Ali ben 'Abd Allah) de Fâs (Fez) (4) est peut-être l'auteur d'une chronique du Maghrib et de l'Espagne, que l'on attribue aussi à un certain Ibn 'Abd el-Ḥalîm de Grenade (5). Quoiqu'il en soit, l'auteur vivait sous le règne du neuvième souverain mérinide, Abou Sa'îd 'Othmân

1. Une autre édition de cet ouvrage a été publiée au Caire en 1873 en douze volumes, sous le titre de *Kâmil et-Târikh*, mais cette édition est dépourvue d'index. Elle a l'avantage de contenir en marge le texte de deux autres chroniques : celle d'Ibn Chiḥna († 815 H.) et une partie de celle d'El-Qaramâni († 1019 H.). Il en existe une autre en 12 vol. in-4°. Le Qaire, 1301 hég. avec la chronique d'El Djabarti en marge.

2. Et-Tidjâni était attaché en qualité de secrétaire particulier à la personne du prince ḥafçide Abou Yaḥia Zakaryâ ben Aḥmed ben Moḥammed El-Liḥyâni qui fut proclamé en Radjeb 711 (novembre 1311) [cf. Zerkechi, éd. de Tunis, p. 49 et *Hist. des Berb.*, tr., II, 439]. L'ouvrage d'Et-Tidjâni est une des sources utilisées par Ibn Khaldoûn.

3. Relation écrite d'un *voyage*. Les ouvrages de ce genre sont assez nombreux, chez les musulmans, et cela ne saurait nous étonner, si l'on songe que les sectateurs de Moḥammed voyageaient beaucoup, soit pour le pèlerinage, soit pour acquérir la science que l'on enseignait au moyen âge dans les grandes villes de l'Orient et de l'Occident. — Sur le genre d'ouvrages appelés *Riḥla*, cf. Reinaud, *Introduction à la géographie d'abou'lféda*, I, p. 122 et s.; Kremer, *Culturgeschichte des Orients*, Wien, 1877, in-8°, II, 436 et s.; F. Pons Boïgues, *Ensayo bio-bibliogr.*, p. 300, note 1.

4. C'est sous ce nom que les orientalistes désignent généralement l'auteur du *Qarṭas*. Voyez cependant ce qu'a dit à ce propos M. Tornberg, *Annales regum Mauritaniæ*, t. II, fasc. II, procemium, p. i, ii, iii.

5. Le nom de ce personnage était, semble-t-il, *Abou Moḥammed Çaliḥ ibn 'Abd el-Ḥalîm el-Gharnâṭi*.

ben Abi Yoûsof Ya'qoûb ben 'Abd el-Ḥaqq de 710 à 731 (1310 à 1330 de J.-C.) et l'ouvrage fut achevé en l'an 726 (1325-1326); il a pour titre « *Roûḍ el-Qarṭâs fi Akhbâr Mouloûk el-Maghrib oua tarîkh madînat Fâs* (1). C'est une bonne chronique des dynasties musulmanes du Maghrib depuis la fondation de la ville de Fâs. Cet ouvrage que, pour abréger, j'appellerai « *Qarṭâs* », a été publié par Tornberg avec une traduction latine (2). Avant cette traduction, plusieurs autres avaient déjà vu le jour, Tornberg en a fait du reste la critique dans sa préface. Ces traductions défectueuses ou incomplètes étaient faites d'après de mauvais manuscrits. Tornberg, dans sa très intéressante préface, donne aussi des renseignements sur les nombreux manuscrits qu'il a comparés pour en tirer le texte définitif. Le *Qarṭâs* est un ouvrage dont les manuscrits sont très répandus, particulièrement en Algérie, et la Bibliothèque Nationale d'Alger en compte deux (3) à elle seule. On sait, d'après ce que j'ai dit plus haut, ce que vaut la traduction française de Beaumier.

Le Ḥolal el Maoûchîya est une source importante de l'histoire des Almoravides. C'est à ce titre que je le mentionne ici, bien qu'il ne m'ait fourni que de maigres renseignements pour l'histoire des Benou Ghânya. Le Ḥolal el-Maoûchîya, écrit à la fin du VIIIe siècle de l'hégire (fin du XIVe de J.-C.), est d'un auteur anonyme. Il existe en manuscrits dans diverses bibliothèques (4).

1. روض القرطاس في اخبار ملوك المغرب و تاريخ مدينة فاس.

2. Sous le titre *Annales regum Mauritaniae*, 2 tom. en 3 fasc., Upsal, 1843. Les références à cet ouvrage que je donnerai au cours de ce travail, s'appliquent aux pages de l'édition Tornberg. Il en existe aussi une autre édition publiée à Fâs, bonne également.

3. Ils sont incomplets du reste. Le n° 1071 (1615 du catalogue Fagnan) correspond à peu près aux pages 1-98 de l'édition Tornberg. Le n° 1225 (1616 du cat.) est plus complet, il correspond sensiblement à la partie du texte de l'édition Tornberg comprise dans les pages 1-280 (cf. Fagnan, *Catalogue des mss. de la bibliothèque nationale d'Alger*, Paris, 1893, in-8°).

4. Le titre complet de l'ouvrage est *El-Ḥolal el-Maoûchîya fi 'l-akhbâr el-marrakochîya*. M. R. Basset en a donné un compte-rendu détaillé (dans la *Notice*

Ibn Khaldoûn (1) est un historien dont la haute valeur et l'honnêteté si justement réputées sont assez connues de tous, pour que je puisse me dispenser ici d'insister sur sa belle œuvre historique. On verra dans la suite, par les nombreuses références à cet ouvrage, combien il m'a rendu service. La grande œuvre d'Ibn Khaldoûn est intitulée : *Kitâb el 'Ibar wa diwân il-mobtada wa l-khabar fî Ayâmi l-'Arab wa l-'Adjam wa l-Barbar* (2).

Comme l'indique ce titre, le *Kitâb el 'Ibar* est une histoire générale de l'Islâm. Le texte a été publié à Boûlâq (1867) en sept volumes. L'ouvrage commence par une longue introduction (prolégomènes) dont le texte a été publié par Quatre-

des mss. orient. de deux bibliot. de Lisbonne, Lisbonne, imp. nat., 1894, in-8°). Les parties de l'ouvrage relatives aux Beni 'Abbad ont été publiées par Dozy (dans les *Scriptorum arabum loci de Abbadidis;* Leyde, t. II, 1852, in-4°, p. 182-205). Conde en a utilisé une traduction résumée faite en espagnol à son intention et dont M. Jacqueton a donné un sommaire (*Archives espagnoles du gouvernement général de l'Algérie*, Alger, 1894, in-8°, pp. 98-109). M. Lopes, qui a découvert un ms. du Ḥolal à la bibliothèque d'Evora (voy. aussi R. Basset, *op. cit.*, p. 24) en prépare actuellement une édition. Le ms. que j'ai consulté pour ce qui concerne l'histoire des Benou Ghânya est celui d'Alger. Il est souvent fautif, ainsi que l'a fait remarquer R. Basset (*op. cit.*, p. 20).

1. Abou Zeid 'Abd er-Raḥmân plus connu sous le nom d'un de ses ancêtres, Ibn Khaldoûn, mourut au Caire en Ramadân 808 de l'hégire (16 mars 1406 de J.-C.), à l'âge de soixante-quatorze ans. On trouvera dans l'*Histoire des Berbères* (trad. de Slane, I, XXXVI et suiv. de l'introd.), une longue notice biographique de ce personnage, tirée pour la plus grande partie de l'autobiographie d'Ibn Khaldoûn et dont de Slane a donné une traduction française dans le *Journal asiatique*, 1844. 'Abder-Raḥmân, l'historien-philosophe, ne doit pas être confondu avec son frère, Abou Zakarya Yaḥia, qui, lui aussi, était doué d'une intelligence et d'une culture littéraire remarquables. Malheureusement, celui-ci fut ravi de bonne heure à l'estime du prince de Tlemcen, Abou Ḥâmmou II, dont il était le confident et mourut assassiné en 780 (1379), agé seulement de 35 ans. J'aurai à citer cet écrivain, et c'est à ce titre que je le mentionne ici. Voy. sa biographie, ap. Bargès, *Complément de l'Histoire des Beni-Zeiyân* (Paris, 1887, in-8°, pp. 205-217). Yaḥia est l'auteur d'une chronique des Beni-Zeiyân intitulé كتاب بغية الرواد في خبر بني عبد الواد dont j'ai déjà annoncé ailleurs (*J.-A.*, sept.-oct. 1902, p. 211) la prochaine publication.

2. M. de Slane, dans l'introduction à sa traduction française de l'*Histoire des Berbères*, consacre de longues pages (II à XXXVI) à donner un minutieux compte-rendu de cet ouvrage.

mère (1) et la traduction par de Slane (2) en 1862, 1865, 1867. Bien avant sa traduction française des *Prolégomènes,* de Slane avait extrait, de l'ouvrage d'Ibn Khaldoûn, la partie relative à l'histoire des Berbères et l'avait publiée (3) et traduite (4). *L'Histoire des Berbères* se recommande par l'élégance du style autant que par la justesse de l'expression et la fidélité de la traduction.

Ez-Zerkechi (5) écrivit selon les uns une histoire des Almohade est des Hafçides, que d'autres attribuent à Ibn ech-Chemmâ'. On lit, par exemple, sur le *recto* du premier feuillet du manuscrit d'Alger (n° 1818 correspondant au n° 1621 actuel du catalogue), le titre Târîkh ibn ech-Chemma' — qu'Allah lui accorde miséricorde et le place au nombre des Élus, ainsi soit-il (6) — : C'est une faute du copiste, car la chronique d'Ibn ech-Chemmâ' diffère sensiblement de celle que nous attribuerons dans la suite à Ez-Zerkechi (7). Cet ouvrage a été publié à Tunis, sous le titre *Tarikh ed-daoûlatein el-Mowaḥḥidîya wal-Ḥafçîya* (8)

1. *Notices et Extraits des manuscrits de la bibliothèque impériale*, vol. XVI, XVII, XVIII.

2. *Not. et Ext.*, vol. XIX, XX, XXI. Sous l'abréviation *Prolégomènes* ou *Prolég.*, c'est la traduction de Slane que je citerai.

3. 2 vol. in-4°, Alger, 1847-1851. C'est de cette excellente édition que je me suis servi et j'y renverrai sous l'abréviation : *Hist. Berb., éd.*

4. Sous le titre *Histoire des Berbères et des dynasties musulmanes de l'Afrique septentrionale*, 4 vol. in-8°, Alger, 1852. Abréviation : *Hist. Berb., tr.* Pour les autres publications ou traductions tirées du *Kitab el-'Ibar*, voyez Wüstenfeld, *Geschicht.*, p. 199.

5. Ez-Zerkechi vivait au temps du ḥafçide 'Otsmân (Abou 'Amr) qui resta sur le trône de Tunis de Çafar 839 (1435 de J.-C.) à Ramaḍân 893 (1488 de J.-C.) selon El-Qairowâni, 147, 149 éd. de Tunis.

6. Voici textuellement ce que porte le ms. d'Alger : تاريـ ابن الشماع رحمه الله و رضي عنه امين.

7. Voyez à ce propos : *Jour. asiat.*, 1848, t. II, 237 et 1849, t. I, 269. C'est à Zerkechi qu'est attribuée cette chronique par le copiste du ms. de Paris (n° 852, sup. ar., 1874 du catal.), d'ap. M. Fagnan (*Chronique des Almohades et des Ḥafçides*, introd., p. IV).

8. تاريخ الدو لتين الموحدية و الحفصية *Histoire des empires almoḥade et ḥafçide*. Tunis, 1289, hég. in-8°. Dans les références à cet ouvrage, l'abréviation Zerkechi désignera l'édition de Tunis ; quant au titre que nous donnons ici il ne figure nulle part dans cette chronique; il est dû à l'éditeur.

et traduit en français d'après cette édition par M. Fagnan (1).

El-Qaîrowâni (Ibn Abi Dînâr) écrivit une histoire de l'Ifrîqîya et de Tunis (2) à la fin du XIe siècle de l'hégire (XVIIe siècle de notre ère (3). Il a pris, commé il le dit lui-même, une bonne partie de ses renseignements dans la chronique d'Ibn ech-Chemmâ' dont nous venons de parler. El-Qaîrowâni s'est aussi servi de l'information orale, source, on le sait, toujours sujette à caution. Il a parfois discuté, et rejeté même l'opinion d'Ibn ech-Chemma' quand elle lui semblait erronée. Cette manière d'écrire l'histoire, a fait commettre à l'auteur, bien des erreurs et des anachronismes. Le texte de l'ouvrage d'El-Qaîrowâni a été publié à Tunis en 1283 de l'hégire (1866 de J.-C.) (4). J'ai dit précédemment, le cas que l'on devait faire de la traduction française de Pellissier et Rémusat.

A cette liste de chroniqueurs que j'aurai fréquemment occasion de citer, il convient d'ajouter les noms de deux savants musulmans dont les œuvres m'ont été souvent d'un grand secours pour établir la biographie des personnages dont il sera question, je veux dire : Ibn Khallikân et El-Maqqari;

Ibn Khallikân, mort en 681 h. (1282) est l'auteur d'un dictionnaire biographique ayant pour titre *Wafayât el A'yân* (5) et rempli d'utiles détails historiques tirés des meilleures sources.

1. *Chronique des Almoḥades et des Ḥafçides attribuée à Zerkechi*, 1 vol., Constantine, 1895, in-8°.

2. Intitulée : *El Moûnes fî Akhbâr Ifrîqîya oua Toûnes* المونس في اخبار افريقية و تونس.

3. Il nous l'apprend lui-même par cette phrase, à la fin de son ouvrage : وكان فراغ هذا التعليق ليلة النصف من شعبان المبارك سنة اثنين و تسعين والف من الهجرة..... Cette œuvre fut achevée dans la nuit du 15 Cha'bân béni, de l'an 1092 de l'hégire.

4. C'est de l'édition de Tunis que je me suis servi et j'y renverrai sous l'abréviation El Qaîrowâni.

5. وفيات الاعيان *Morts des hommes illustres*, a été publié par Wüstenfeld, puis à Boûlâq. On en doit une autre édition, malheureusement incomplète, à M. de Slane qui en a donné une traduction anglaise (1843-1871), 4 vol. Paris. Nos références sous la rubrique « Ibn Khallikân » désignent l'édition de Boûlâq. Sur l'auteur et l'ouvrage, voy. : R. Basset, *Les Manuscrits orientaux de deux bibliothèques de Lisbonne*, Lisbonne, 1894, in-8°, p. 4-6.

El-Maqqari (1), mort en 1041 (1631 de J.-C.) écrivit un certain nombre d'ouvrages (2). Le principal, celui que l'on trouvera souvent cité dans ce mémoire, est celui qu'il composa sur le savant ministre espagnol Lisân ed-dîn ibn el-Khaṭîb et les littérateurs, ses contemporains. Ce volumineux ouvrage est une sorte de recueil de morceaux choisis d'œuvres pour la plupart aujourd'hui perdues. Maqqari nous fait ainsi connaître un grand nombre de savants musulmans d'Espagne, à l'époque où ce pays était celui du monde dans lequel la littérature arabe répandit le plus vif éclat. L'ouvrage est intitulé : *Kitâb nafḥ eṭ-ṭib min ghoçni l-Andalous er-Raṭîb oûa dsikri ouazîriha Lisân ed-dîn ben el-Khaṭîb*. Ce fameux travail a été publié en entier à Boûlâq (1862). La première partie qui traite de l'histoire politique et littéraire a été éditée par les soins de MM. Dozy, Dugat, Krehl et Wright en cinq volumes, dont l'un (le Ve) renferme l'introduction et les index (3).

1. El Maqqari (Abou 'l-'Abbas Aḥmed) était ainsi nommé parce que sa famille tirait son origine de Maqqara (Maggara dans la prononciation du pays), ville aujourd'hui disparue et qui se trouvait dans le Zâb (Hodna actuel) et par conséquent moins proche de Tlemcen que ne le pense Wüstenfeld (*Geschichtsch.*, 265). (Sur Maqqara, voyez : Idrisi, 93; El-Bekri, 51 *in fine*, etc.). La famille Maqqari vint au commencement du VIIIe siècle de l'hégire (fin du XIIIe de J.-C.) s'établir à Tlemcen où naquit l'auteur du *Nafḥ eṭ-ṭîb*. Après avoir fait dans cette ville de solides études de droit et de théologie, sous la haute direction de son oncle, Si Sa'îd, il alla enseigner à Fâs (Fez) où il devint en 1022 (1613 J.-C.) *imâm* de la grande mosquée d'El-Qaïrowîyn. Il partit pour l'Orient en 1028 (1619 J.-C.), demeura longtemps à Damas, où il enseigna, et au Caire où il mourut en Djoumâda second 1041 (1631 J.-C.). Voyez la biographie de ce savant (*ap.* Maqqari, éd. de Leyde, append., t. V, p. XCVII-CI) publiée par Wright, d'après le *Khilaçat el-Atsâr fî A'iân il qarn il ḥadîa 'achara*; voyez encore la bibliographie donnée par R. Basset, *Mss. orientaux de Lisbonne*, p. 25. Sur Maqqari et sa famille, on peut consulter Brosselard, *Tombeaux des familles El-Makkari et El-Okbani* (in *Rev. afric.*, nov. 1861). Brosselard a eu toutefois tort de s'étonner (*loc. cit.*, p. 408) qu'Ibn Khallikân n'ait pas mentionné Maqqari dans son dictionnaire biographique. Il n'a pas songé que l'auteur du *Wafayât el-A'yân* était mort depuis 319 ans lorsque naquit El-Maqqari.

2. Neuf, selon Wüstenfeld (*die Geschichtschreiber der Araber*, 365, 366).

3. *Analectes sur l'histoire et la littérature des Arabes d'Espagne, par El-Makkari*, Leyde, 1855-1861. La partie de l'ouvrage de El-Maqqari, qui traite de l'histoire politique a été largement mise à contribution par P. de

Ce sont ces ouvrages anciens des auteurs musulmans qui m'ont fourni les documents servant de base à ce mémoire.

A côté de ces sources fondamentales, je n'ai pas négligé non plus d'utiliser les ouvrages modernes des orientalistes européens, ayant trait au sujet. J'y ai trouvé, en particulier pour les deux premiers chapitres de mon travail, des renseignements déjà analysés et épurés, des détails historiques et géographiques, tirés d'auteurs musulmans et chrétiens, dont il m'aurait été souvent bien difficile de me procurer les œuvres; j'ai profité ainsi, pour éclairer plus d'un point obscur, de la besogne déjà faite par ces érudits. Quant aux chroniqueurs maghribins modernes, dont les œuvres retracent certains épisodes de la révolte des B. Ghânya, on m'excusera de ne pas leur avoir donné ma confiance; d'abord, les productions de l'esprit, qui furent si abondantes — sinon originales et profondes — pendant tout le moyen-âge dans le monde musulman, sont devenues fort rares à l'heure actuelle et semblent atteindre le dernier degré de la médiocrité. C'est à peine si, pour l'époque qui nous intéresse, nous trouvons à citer les noms de deux auteurs musulmans au XIXe siècle de notre ère (1).

Gayangos dans son *The history of the Mohammedan dynasties in Spain*, London, 1840, 2 v. in-4°. Sous l'abréviation *Maqqari* c'est à l'édition de Leyde que je renverrai.

1. 1° Le cheikh Bou Râs, mort en 1823, écrivit un certain nombre d'ouvrages. M. Faure Biguet lui a consacré (in *Jour. asiat.*, 1899, t. XIV, p. 325 et s.) un article biographique suivi d'une liste des œuvres de cet auteur. On pourra consulter, en outre sur Bou Râs, le n° 26 de la *Revue africaine* (mars 1861, p. 114 et s.). Je citerai quelquefois — assez rarement du reste — l'opinion du cheikh Bou Râs dans l'un de ses ouvrages intitulé *Gharâïb el-Asfâr oua ʿAdjâïb el-Akhbâr*, d'après un manuscrit de la Bibliothèque nationale d'Alger, et la médiocre traduction d'Arnaud (*Voyages extraordinaires et nouvelles agréables*, Alger, 1885, in-8°). Cet ouvrage est, sous forme de commentaire d'un poème, un amas confus de renseignements historiques sur les grandes tribus berbères et les grandes dynasties qui se sont disputé le pouvoir dans l'Afrique mineure. Les matériaux utilisés par le cheikh Bou Râs, dans cet ouvrage, sont pour la plupart tirés du *Kitâb el-ʿIbar* d'Ibn Khaldoûn, mais l'auteur néglige souvent d'en avertir.

2° Aḥmed ben Khâlid en-Nâçiri, mort depuis quelques années à peine au Maroc, était originaire de la ville de Sla (Salé); de là l'ethnique de Es-Slâwi, qu'on lui donne quelquefois. Il a écrit une chronique du Maroc jusqu'à nos

De plus, étant donnés les procédés de travail et de recherches de ces chroniqueurs quels qu'ils soient, le manque absolu d'analyse des documents qu'ils emploient et l'absence de toute critique de ces mêmes documents, leurs travaux, pour une période ancienne ne sauraient être d'aucune valeur scientifique (1).

J'ai jugé utile de donner, dans les notes, des renseignements géographiques sur les régions et les villes mentionnées dans mon récit, pour en indiquer l'emplacement et l'orthographe véritable. En ce qui concerne les villes, j'ai essayé de retrouver dans les textes l'historique des transformations qu'elles avaient pu subir depuis l'époque de la révolte d'Ibn Ghânya; car les unes ont changé de nom ou se sont modifiées, d'autres ont complètement disparu ou ont été remplacées par des villes modernes. Outre les renseignements sur ces régions et ces villes, épars dans les ouvrages ci-devant mentionnés, j'ai surtout puisé dans les livres spéciaux des géographes musulmans, traitant du Maghrib et de l'Espagne (2). Voici la liste sommaire des ouvrages consultés (3) :

jours, intitulée : *Kitâb el-Istiqça fi Akhbâri Mouloûki-l-Maghribi-l-Aqça*, publiée au Caire, 2 vol., 1304 de l'hégire (1886-1887). Aḥmed ben Khâlid, pour la période ancienne, a plagié les auteurs musulmans. Quant à la partie dans laquelle il traite de l'histoire contemporaine, elle fournit d'utiles et précieux renseignements sur l'histoire des chérifs actuels. Je crois savoir que M. Fumey, premier drogman à la légation de France à Tanger, prépare actuellement une traduction de cette dernière partie (IVe partie).

1. La méthode de travail des écrivains musulmans modernes est, de tous points, identique à celle des auteurs du moyen-âge, avec cette seule différence en faveur de ces derniers, c'est qu'ils étaient plus instruits en général, qu'ils avaient souvent plus voyagé et avaient entendu les leçons d'un plus grand nombre de maîtres.

2. Pour l'histoire de la géographie chez les Arabes jusqu'à Aboulféda († 732), les doctrines géographiques des Arabes et des Orientaux, on consultera l'importante étude de Reinaud (*Géographie d'Aboulféda*, intr., t. I, Paris, 1848, in-4°) ainsi que les quelques pages consacrées à ce sujet par M. A. von Kremer dans sa *Culturgeschichte des Orients unter den Chalifen*, 2 vol., Vienne, 1877 ; t. II, p. 425 et s. En ce qui concerne spécialement le Maghrib, on lira l'introduction, très substantielle, de M. René Basset à ses *Documents géographiques sur l'Afrique septentrionale*, Paris, 1898, in-8°.

3. J'aurais pu mettre en tête de cette liste *Les Routes et les Provinces* d'Ibn

La Géographie d'Ibn Ḥaoûqâl, auteur du IVe siècle de l'hégire (xe de J.-C.) (1);

Le Kitâb el Boldân (2) d'Aḥmed ben Abi Ya'qoûb (3) et l'extrait relatif au Maghrib qu'en a publié M. de Gœje, avec une traduction latine enrichie d'une foule de notes érudites (4);

Une *Description de la Berbérie* intitulée : *Kitâb el-Maghrib fi dsikri bilâd Ifrîqîya oûa l-Maghrib* que de Slane a extraite du *Kitâb el-Masâlik oua' l-Mamâlik* d'El-Bekri (5) et la traduction française (6);

La description géographique d'El-Idrîsi (Abou 'Abd Allah Moḥammed ben-Moḥammed ben 'Abd Allah ben Idrîs), qui date de 548 hég. (1153-4 J.-C.) et fut écrite à la cour de Roger II, roi de Sicile. Cet ouvrage renferme il est vrai quelques erreurs, dûes à ce que l'auteur n'a pas vu lui-même tous les pàys qu'il a décrits; mais il a du moins eu le soin de choisir les documents les plus dignes de confiance (7). C'est à l'excellente

Khordadbeh (IIIe s.), le plus ancien des géographes musulmans du Maghrib, mais les quelques pages, très abrégées, qu'il a consacrées à ce pays ne m'ont fourni que des matériaux trop insignifiants. J'ai consulté l'édition (text. et trad.) de M. Barbier de Meynard (Paris, 1865).

1. Ibn Ḥaoûqâl, était un commerçant oriental qui écrivit une description des villes et pays qu'il a traversés. On trouvera sa biographie *ap.* Uylenbrock *Dissertatio de Ibn Haukalo geographo, nec non Iracæ Persicæ descriptio* (Leyde, 1822, in-4o). La partie de son ouvrage, relative à la Berbérie, a été traduite par De Slane (in *Jour. asiat.*, 3e série, t. XIII et tir. à part). Le texte complet forme le t. I des *Géographes arabes* pub. par M. de Goeje.

2. Publiée par Juynboll, 1 vol. in-8o, Leyde, 1861.

3. Plus connu sous le nom d'El-Ya'qoûbi.

4. *Descriptio al-Maghribi*; le texte arabe sous le titre *Çifat el-Maghrib* est joint à la traduction; 1 vol. in-8, Leyde, 1860.

5. Abou 'Obeïd 'Abd Allah ben 'Abd el 'Aziz el Bekri, mort en 487 de l'hég. (1094 J.-C.).

6. De Slane, *Description de l'Afrique septentrionale*, texte arabe, Alger 1857; traduction française (ext. du *Jour. asiat.*, 5e série, t. XII-XIV), Paris, 1859.

7. On lira sur cet ouvrage et son auteur de longs détails *ap.* Reinaud, introd. à la *Géogr. d'Aboulféda*, I, CXIII et suiv.; de Gœje et Dozy, *Description de l'Afrique et de l'Espagne par Edrisi*, Leyde, 1866, in-8, introd.; F. Pons Boigues, *Ensayo bio-bibliogr.*, p. 231 et suiv.

édition publiée par de Gœje et Dozy que je renverrai sous l'abréviation El-Idrisi (1);

La Djaghrâfya attribuée à tort à El-Fezâri du milieu du vi^e^ siècle de l'hégire (xiie de J.-C.) a été traduite et annotée par M. R. Basset (in *Documents géographiques sur l'Afrique septentrionale*, Paris, Leroux, 1898) (2);

Le *Kitâb el-Istibçâr fi 'Adjâïb il-Amçâr* (3) d'un auteur anonyme, vivant sans doute à la cour de l'almohade Abou Yoûsof Ya'qoûb el-Mançoûr, qui est une compilation géographique, dont l'ouvrage d'El Bekri a fait presque tous les frais. Cet ouvrage fut composé en 587 de l'hégire (1191 de J.-C.), c'est-à-dire à l'époque même où la lutte des B. Ghânya contre les Almohades était dans toute sa force. Aussi l'auteur anonyme de l'*Istibçar* parle-t-il à plusieurs reprises, des Majorquins et de leurs exploits en Maghrib;

Le *Kitâb Mo'djem el-Boldân* de Yâqoût [Chihâb ed-dîn Abou 'Abd Allah Yâqoût ben 'Abd Allah, † 626 (= 1228-9)] a été consulté dans l'édition de Wüstenfeld (4), et j'y renverrai sous l'abréviation Yâqoût.

Je citerai également quelquefois le *Marâçid el-Iṭṭila'* (5) bien qu'il ne soit qu'un abrégé fort médiocre du dictionnaire géo-

1. A. Jaubert (in tom. V, VI des *Mémoires de la Soc. de géogr. de Paris*) avait donné une traduction française (1836-1840) ; mais cette œuvre renferme des erreurs considérables et l'orthographe des noms propres y est très mauvaise.

2. Des recherches faites par M. R. Basset postérieurement à cette traduction, lui ont permis d'identifier le pseudo El-Fezâri avec l'anonyme d'Alméria.

3. Le texte de l'*Istibçâr* a été publié à Vienne par M. A. von Kremer d'après un seul ms. en 1852, in-8°; une traduction française de l'*Istibçâr* a été publiée par M. Fagnan, *L'Afrique septentrionale au* xiie *siècle de notre ère*, Constantine, 1900, in-8°.

4. F. Wüstenfeld, *Yacut's geographisches Wörterbuch*, 6 vol., in-8, Leipzig, 1866-71. Le *Mochtarik* du même auteur, a été également publié par F. Wüstenfeld à Göttingen en 1846.

5. Le *Marâçid* est loin d'être un ouvrage de valeur, mais je ne vais pas, toutefois, jusqu'à partager l'opinion trop sévère de Dozy (cit. p. Wüstenfeld, in *Mo'djam d'El-Bekri*, Vorwort, p. 4) qui dit que « cet ouvrage est au-dessous de la critique ». Les références au *Marâçid* seront données d'après l'édit. Juynboll (4 vol. in-8°, Leyde, 1850) sous la rubrique *Marâçid*.

graphique de Yâqoût, et la *Géographie d'Aboulféda* (VII°-VIII° siècle. hég. = XIII°-XIV° de J.-C.) dans la traduction Reinaud (1). La *Description de l'Afrique* de Jean Léon m'a fourni aussi nombre d'indications (2).

Telle est la sommaire notice bibliographique des principaux ouvrages historiques et géographiques d'auteurs musulmans que j'ai mis à contribution le plus fréquemment, au cours de cette étude (3).

Je ne me dissimule pas, que le présent mémoire présente encore bien des lacunes, et j'avoue n'avoir pas toujours pu découvrir la vérité et atteindre la certitude; mais, n'est-il pas déjà très important, pour une période donnée de l'histoire, de pouvoir préciser les points sur lesquels on se trouve dans l'*impossibilité de savoir* et ceux, pour lesquels, on a pu arriver à la *certitude* ou seulement à la *probabilité*? L'histoire est une science d'observation indirecte, qui doit voir à travers des documents dignes de foi. Quand ceux-ci font défaut, il n'y a pas à espérer une connaissance exacte, car l'historien ne saurait rien laisser à l'imagination et, comme il n'a personnellement rien vu de ce qu'il doit exposer, il doit se contenter de l'attestation des témoins oculaires, dignes de sa confiance. Je n'aurai donc pas la vaine prétention de considérer cette monographie comme un travail à jamais définitif; il peut et doit être complété par la découverte de nouveaux matériaux et d'autres do-

1. L'abréviation Aboulféda indiquera la traduction française de Reinaud, *La géographie d'Aboulféda*, 2 vol, in-4°. Paris, 1848. La *Cosmographie* de Ed-Dimichqi († 727) contemporain d'Aboulféda, fournit également des renseignements, très brefs du reste, sur la géographie de la Berbérie (cf. éd. Mehren, Saint-Pétersbourg, 1866, p. ٢٣٤-٢٤٠) et de l'Espagne (*ibid.*, p. ٢٤١-٢٤٦).

2. Ed. Ch. Schefer, 3 vol. in-8°, Paris, 1896. On lira dans l'introduction à cette éd., la biographie de Jean Léon.

3. L'insuffisance de nos ressources bibliographiques à Tlemcen, m'a forcé d'entreprendre le voyage d'Alger où j'ai usé du précieux secours des bibliothèques universitaire et nationale. Je suis heureux de renouveler ici, mes remerciements tout particuliers à M. Paoli, conservateur de la bibliothèque universitaire, pour l'extrême obligeance avec laquelle il a mis à ma disposition pendant mon séjour à Alger, tous les ouvrages qui m'étaient nécessaires.

cuments, par la mise au jour de nouveaux manuscrits, ou de monnaies et inscriptions jusqu'ici inconnues. Que l'on retrouve, par exemple, l'épitaphe de 'Ali ben Ghânya ou celle de son frère Yaḥîa, et l'on pourra fixer la date et le lieu de leur mort et de leur sépulture, peut-être même la cause de cette mort, questions auxquelles il m'a été impossible de répondre; mais, si ces indications sont détruites ou n'ont jamais été notées, et si elles n'existent par conséquent nulle part, l'histoire sera condamnée à les ignorer à jamais.

L'analyse sommaire, donnée ci-dessus, des principales sources, mises en œuvre, ne saurait suffire pour tous les renseignements, qui m'ont été fournis par les auteurs arabes. On sait que ces renseignements, pour un même auteur, sont d'importance très inégale; il m'a donc fallu fixer, pour chaque point spécial, la valeur du ou des documents utilisés, le sens exact du passage cité, la date et le lieu indiqués, etc.; cela explique et excuse les notes parfois longues, qui ont été jointes au texte. Pour discerner la vérité historique, parmi les témoignages, parfois contradictoires des auteurs, j'ai dû écarter toute affirmation entachée de suspicion, tout document apocryphe; je l'ai toujours signalé. Il était nécessaire d'attribuer aux différents faits d'observation, directe ou indirecte, empruntés aux chroniqueurs et polygraphes musulmans, la valeur scientifique propre à chacun d'eux; il était indispensable, pour chaque point particulier, d'établir la concordance des renseignements divers ainsi obtenus : je l'ai toujours fait. Ce sont les faits historiques, tirés de ces documents, que j'ai ensuite groupés, en cherchant — d'après les textes et la connaissance, encore bien imparfaite que nous avons des conditions sociales, politiques et religieuses, des différents partis mis en scène — les causes déterminantes de chacun des faits en particulier et leurs conséquences générales, sur l'histoire du Maghrib, au XIIIe siècle de notre ère.

Si, toutefois, je suis parvenu à mener à bonne fin cette étude historique, je le dois, pour une grande part, aux conseils éclairés, que m'a sans cesse prodigués mon savant maître

M. René Basset, directeur de l'École supérieure des Lettres d'Alger; il a eu, aussi, l'extrême obligeance de mettre à ma disposition le secours de sa riche bibliothèque : qu'il veuille bien accepter ici, mes publics remerciements et l'hommage de ma sincère et respectueuse reconnaissance.

Tlemcen, le 1er février 1903.

Alfred Bel.

*
* *

Dans le présent travail, j'aurai souvent à rendre en français des noms propres arabes de villes ou de personnes. J'ai dû adopter un mode uniforme de transcription des caractères arabes en français. On en trouvera ci-dessous un tableau d'ensemble.

Il m'arrivera du reste souvent, pour éviter toute confusion, d'écrire le nom en caractères arabes à côté de sa transcription française.

ا	*â*	ظ	*dz*
ب	*b*	ع	ʿ
ت	*t*	غ	*gh*
ث	*ts*	ف	*f*
ج	*dj*	ق	*q*
ح	*ḥ*	ك	*k*
خ	*kh*	ل	*l*

د	*d*	م	*m*
ذ	*ds*	ن	*n*
ر	*r*	ه	*h*
ز	*z*	و	*oû* (*w* devant une voyelle)
س	*s*	ي	*î, y, ï*
ش	*ch*	**Voyelles**	
ص	*ç* ou *c*	ـُ	*ou* et *o*
ض	*ḍ*	ـَ	*a* et *e*
ط	*ṭ*	ـِ	*i* (qqf. *e*)

N. B. — Pour certains noms propres très connus j'ai cru pouvoir conserver l'orthographe française consacrée par l'usage.

CHAPITRE I

Décadence de l'empire almoravide en Espagne; gouvernement de Yaḥia ben Ghânya dans ce pays. — La révolte des musulmans espagnols contre les Almoravides facilite l'établissement des Almohades. — Mort de Yaḥia ben Ghânya (543 H. 1148 J.-C.).

Anéantis dans le Maghrib, écrasés en Espagne entre deux partis, celui des Almohades et celui des musulmans espagnols (los agarenos) (1), les Almoravides ne tenaient plus, vers le milieu du VIe siècle de l'hégire (XIIe de J.-C.), que dans quelques rares forteresses — où ils étaient de plus en plus menacés — et dans les îles Baléares.

Laissant momentanément de côté le récit des événements dont les îles orientales (2) furent le théâtre, nous jetterons d'abord un rapide coup d'œil sur l'histoire de l'Espagne à cette époque.

En l'an 520 (1126 de J.-C.), le souverain almoravide 'Ali ben Yoûsof (3) nomma Yaḥia ben Ghânya (4) au gou-

1. Voyez Dozy, *Recherches sur l'histoire et la littérature de l'Espagne au moyen-âge*; Leyde, 3e éd., I, 365.

2. C'est ainsi que les chroniqueurs et géographes musulmans désignent les Iles Baléares. Voyez sur ces îles, Idrisi, 214; Yâqoût, IV, 672 et *passim*.

3. 'Ali ben Yoûsof ben Tâchfîn était fils et successeur de son père Yoûsof ben Tâchfîn, de la tribu berbère des Lemtoûna, fraction des Çanhâdja. Il fut proclamé à la mort de son père, le 3 moḥarram 500 de l'hégire (4 septembre 1106), à l'âge de 23 ans. Il mourut en 537 (1146-1147 de J.-C.). Cf. *Qarṭas*, p. 107.

4. Voici d'après Ibn el-Khaṭîb (*Iḥâṭa*) la notice biographique de Yaḥia ben Ghânya : « Yaḥia ben 'Ali — vulgairement Ibn Ghânya es-Serrani — se faisait remarquer entre tous par son courage; il était très célèbre par son habi-

vernement de l'Espagne occidentale (1). Le nouveau gouverneur partit avec son frère Moḥammed (2) auquel il confia le gouvernement militaire de Cordoue (3).

Des liens de parenté et une grande amitié, unissaient

leté dans l'art de la guerre. Je penserais manquer à mon devoir si je négligeais de raconter ses exploits. Né à Cordoue, il reçut la plus brillante éducation, tant dans les belles-lettres que dans l'art militaire. Sa passion pour la guerre était telle, qu'il renvoya son épouse, dans la crainte que l'amour qu'elle lui inspirait par sa remarquable beauté, ne le détournât des exercices militaires. Il fut nommé gouverneur de la ville d'Ecija, au temps de la domination almoravide en Espagne. Quand Valence, Braccara, Lisbonne furent assiégées par le roi Ranimir (Alphonse le Batailleur, roi d'Aragon), il les délivra grâce à son habileté autant qu'à son heureuse fortune. C'est pour ce fait que le roi Tâchfîn ben 'Ali, qui avait levé une nombreuse armée pour anéantir les étrangers, le mit à la tête de toutes ses troupes. Un homme plein d'audace et de valeur guerrière, du nom d'Ibn Ḥamdîn, s'était emparé de Cordoue et de Séville; il le tailla en pièces et le força à une honteuse retraite. Grâce à lui, ces villes et beaucoup d'autres qui avaient été perdues, telles que Merdjâna, Andujar et d'autres places très fortes, rentrèrent sous la domination des Almoravides. En l'an 540 de l'hégire (24 mai 1146 de J.-C.), le 10 du mois de dzou l'ḥiddja, lorsque les chrétiens se furent emparés de Cordoue en portant partout le meurtre et l'incendie, Ibn Ghânya sentant la ruine prochaine de l'empire des Almoravides, se retira à Grenade où il mourut en l'année 543 de l'H. (24 décembre 1148 de J.-C.), le dixième jour du mois de Cha'bân » (Ext. traduit de Casiri, *Biblioteca arabo-hispanica*, II, 115).

1. Cf. *Hist. Berb.*, éd. I, 249.

2. Moḥammed ben Ghânya fut nommé en 520 (1126), gouverneur des îles Baléares. Ce fut le premier prince de la famille des Benou Ghânya qui obtint le gouvernement des îles orientales. Il conserva cette fonction jusqu'à sa mort (550 H. = 1155 J.-C.).

3. Le souverain almoravide 'Ali ben Yoûsof abandonna au clergé (الفقهاء) l'administration des villes d'Espagne. A la tête de la cité était le qâḍi auquel on adjoignait un gouverneur militaire. En 520 de l'hégire, le qâḍi qui commandait à Cordoue était Abou 'l-Walîd ibn Rochd (le grand-père d'Averroès). A la suite de la grande expédition d'Ibn Rodmîr (Alphonse le Batailleur) contre les musulmans [cf. des détails *ap.* Dozy, *Recherches*, IIIe éd., t. I, pp. 350 à 361 d'ap. les récits d'Ibn el-Khaṭîb et de l'auteur anonyme du *Ḥolal el-Maoûchîya*], Abou 'l-Walîd était venu demander secours à 'Ali ben Yoûsof. Ce serait probablement à la suite de cette démarche que 'Ali ben Yoûsof nomma son fils Tâchfîn, gouverneur général de l'Espagne [cf. Codera, *Decadencia y desaparicion de los Almoravides en España*, 171] et Yaḥia gouverneur de l'Espagne occidentale [pour les dates, voyez : Dozy, *Recherches*, IIIe éd., t. I, 361, 362, qui donne une traduction d'un passage d'Ibn Ouazzân (Abou 'l-Ḥasan Moḥammed ibn Abî 'l-Hosein ben Ibrahîm ben Yaḥia)].

les deux frères aux princes régnants de la dynastie almoravide. Ils étaient fils d'un nommé 'Ali ben Yoûsof l'un des principaux chefs de la tribu des Mesoûfa (1). C'est à cette qualité, que 'Ali ben Yoûsof dut d'occuper, à la cour du souverain Yoûsof ben Tâchfîn (2), une haute situation (3).

Celui-ci lui fit même épouser, ainsi qu'il a été dit, une de ses parentes nommée Ghânya (4). Il en eut deux fils,

1. Les Mesoûfa sont une branche de la grande famille des Çanhâdja au lithâm, cette puissante tribu berbère qui habitait le désert et la région des oasis (cf. *Hist. Berb.*, éd. I, 195, 196; *Jour. asiat*, mars 1842, 255; sup., Intr., p. v, note 1: le *Ḥolal el-Maoûchîya* attribue aux Çanhâdja une origine himyarite : cf. R. Basset, *Notice som. des mss. orientaux des deux bibliothèques de Lisbonne*, Lisbonne, 1894, in-8°, p. 14. Ce fut la fraction des Lemtoûna qui avec l'aide des Mesoûfa (voy. sup. intr., p. v-vi) réussit à propager les doctrines d'Ibn Yâsîn (عبد الله بن ياسين) et à fonder l'empire almoravide (cf. *Hist. Berb.*, édit., I, 248).

2. Yoûsof ben Tâchfîn, de la tribu des Lemtoûna, fraction des Çanhâdja, naquit dans le Sahara, l'an 400 de l'hégire et mourut l'an 500. Il fut d'abord lieutenant d'Abou Bekr ben 'Omar, chef des Almoravides (les Marabouts المرابطين; cf. *Ḥolal el-Maoûchîya*, ap. R. Basset, *loc. cit.*, p. 14 et Doutté, *Notes sur l'Islâm maghribin*, in *Rev. Hist. des relig.*, janv.-février 1900, p. 26 et suiv.). Avec ce dernier, Yoûsof fit la conquête d'une partie du Maghrib extrême. Se sentant assez fort, il s'empara du commandement en chef des Almoravides, avant même qu'Abou Bekr ne fût mort. Yoûsof ben Tâchfîn est le premier des souverains musulmans du Maghrib qui prit le nom de « Commandeur des Croyants » [Amîr el-Mouminîn]. Ce titre lui fut pour la première fois décerné par les princes musulmans espagnols, après sa grande victoire de Zellaka sur les chrétiens. On fait généralement dater son règne de l'année 453, dans laquelle Abou Bekr ben 'Omar lui abandonna le commandement en chef du Maghrib. Yoûsof est, à proprement parler, le fondateur de l'empire almoravide, qui comprenait déjà à sa mort, le Maghrib et une partie de l'Ifrîqîya ainsi que l'Espagne musulmane (au Nord jusqu'à Fraga). Yoûsof ben Tâchfîn est le fondateur de la ville de Marrâkoch. On trouvera d'autres détails sur ce personnage ap. *Qarṭas*, 87 et suiv.; *Hist. Berb.*, éd., I, 240 et suiv.; Ibn Khallikân, II, 481, d'après le *Kitâb el-Maghrib 'an sîrati moloûk il-Maghrib* (ouvrage achevé en 599 par un auteur anonyme); *Ḥolal el-Maoûchîya*, ms. de Lisbonne, fol. 12-61 d'ap. R. Basset; R. Basset, *Documents géographiques sur l'Afrique septentrionale*, p. 26, n. 3.

3. Alî ben Yoûsof el-Mesoûfî, dut suivre en Espagne le souverain Yoûsof ben Tachfîn, car nous avons vu plus haut (p. 2, note) que Yaḥîa, son fils, naquit à Cordoue.

4. Elle donna son nom à toute la famille, de sorte que ses descendants sont

Yaḥîa et Moḥammed, qui furent élevés et grandirent à la cour de Marrâkoch (1) sous les règnes de Yousof ben Tâchfîn et de son successeur et fils 'Ali (2).

Au cours de cette même année 520, une révolte ayant éclaté aux îles Baléares et le gouverneur almoravide ayant été emprisonné par ses administrés, le souverain dut en nommer un autre. Il chargea Moḥammed ben Ghânya de cet important gouvernement (3).

désignés sous le nom matronymique de Benou Ghânya. C'est ce nom de femme (Ghânya) que les auteurs de la traduction française de Qairowâni ont pris pour un nom d'homme (cf. *Exploration de l'Algérie* pendant les années 1840, 1841, 1842, t. VII, p. 201).

1. Marrâkoch [مَرَّاكُش], ville située au pied du Haut-Atlas, fut fondée en 454 de l'H. [1062 de J.-C.], par le souverain almoravide Yoûsof ben Tâchfîn, qui en fit sa capitale. Cf. *Ḥolal el-Maoûchîya*, ms. Lisbonne, f° 49 *ap.* R. Basset; *Hist. Berb.*, tr. II, 73; R. Basset, *Doc. géog.*, p. 26; *Istibçâr*, 179 et suiv.; Yâqoût, IV, 478 et *passim*: *Mochtarik*, 402; *Marâçid*, III, 70; Léon l'Africain, éd. Schefer, I, 343.

2. Ces renseignements sont fournis par Ibn Khaldoûn (*Hist. Berb.*, éd., I, 249). Le souverain almoravide 'Ali ben Yoûsof ben Tâchfîn, naquit à Ceuta en 477 (1084). Il succéda à son père, le 3 moharram 500 (4 septembre 1106 de J.-C.) et mourut en 537 (1142-1143 de J.-C.) (cf. *Qarṭas*, 107).

3. La date de cette nomination et les événements qui la déterminèrent sont loin de concorder chez les rares chroniqueurs qui en font mention : 'Abd el-Wâḥid donne deux versions plus invraisemblables l'une que l'autre; voici la première : « A la mort de Yaḥîâ (cette mort eut lieu en 543 à Grenade, ainsi que nous l'établirons plus loin), Moḥammed qui était gouverneur d'un faubourg de Cordoue (en 543, Cordoue n'était plus entre les mains des Almoravides), perdit sa situation et mena une vie errante en Espagne. Il vint enfin à Majorque avec sa famille et devint chef des Baléares. » « Moḥammed — nous dit le même auteur, d'après la seconde version — avait été relégué prisonnier à Majorque par 'Ali ben Yoûsof » ('Abd el-Wâhid, édit. 193, 194). De pareilles erreurs, ne valent pas qu'on s'y arrête. Faute de source plus autorisée, nous avons suivi les indications de M. Alvero Campaner, dans son *Bosquejo historico de la dominacion islamita en las islas Baleares*, p. 136, qui renvoie à Ibn Khaldoûn, *Berb.*, trad. de Slane, II, 87 et 207 et à El-Maqqari (*ap.* Gayangos, *The history of the mohammedan dynasties in Spain*, II, append. LXII). Nous remarquerons toutefois : 1° que M. Campaner donne par erreur, à Moḥammed ben Ghânya (ou ben 'Ali), les noms de Moḥammed ben 'Ali ben (Isḥâq ben Ghânya) el-Mesoûfi; — 2° que ce même savant, dans un autre de ses ouvrages (*Numismatica Balear*, p. 55, 56), donne la date de 527 (au lieu de 520) pour la nomination de Moḥammed au gouvernement des îles.

Moḥammed demeura gouverneur des Baléares jusqu'à sa mort et fonda une dynastie, qui, à la chute de celle de Yoûsof ben Tâchfîn à Marrâkoch, représenta l'empire almoravide dans le bassin occidental de la Méditerranée. Telle est l'origine du pouvoir des Benou Ghânya.

De 520 à 538 (1126 à 1143 de J.-C.) (1) les Almoravides, en Espagne, avaient résisté aux attaques des chrétiens et les avaient repoussées de toutes parts (2). Alphonse le Batailleur, roi d'Aragon, le plus redoutable des princes chrétiens, avait été complètement battu en 528 (1133-34) à Fraga (3) par Yaḥîa ben Ghânya, alors gouverneur de Murcie et de Valence.

Un événement inattendu allait précéder la conquête almohade et lui préparer un facile terrain; je veux parler de la révolte des musulmans d'Espagne contre l'empire des Marabouts.

Un certain Aboul-Qâsim Aḥmed ben el-Ḥoseîn (le Abencasi des chroniques espagnoles), dans l'Espagne occidentale, son pays d'origine, avait réussi à s'attacher un grand nombre de partisans. Se sentant déjà puissant, encouragé d'autre part, par les revers que 'Abd el-Moumin (4) infli-

1. Pour l'exposé qui va suivre, nous avons suivi l'excellent travail de M. Francisco Codera, *Decadencia y desaparicion de los Almoravides en España*, publié récemment (1899) à Saragosse. L'étude de ce savant arabisant espagnol est un tableau admirable de clarté, d'après les chroniques musulmanes et chrétiennes, d'une époque troublée et fort obscure de l'histoire de l'Espagne musulmane.

2. Cf. Codera, *op. cit.*, 5-27.

3. Cf. Codera, *ibid.*, 19; Dozy, *Rech.*, IIIe édit., t. 1, p. 352.

4. 'Abd el-Moûmin ben 'Ali, originaire de la tribu berbère des Koûmya (sur laquelle nous aurons plus loin l'occasion fournir des détails) était né en 487 de l'H. (1094 de J. C.) et mourut en djoumada second 558 (mai-juin 1163). Il fut le fondateur de la dynastie almohade et succéda au Mahdi Ibn Toûmert (524 de l'H. = 1130 de J.-C.) dont il avait tenu la mort cachée pendant 3 ans (522-424 de l'H. = 1128-1130 de J. C.); outre les chroniques musulmanes, voir aussi sur ce personnage une note importante, *ap.* R. Basset, *Doc. géog.*, 21, n. 2.

geait aux Almoravides du Maghrib (1), il songea à chasser ceux-ci d'Espagne et à s'installer à leur place (538 de l'H. = 1143 de J.-C.) à la tête du gouvernement de ce pays (2).

Au début, favorisé par la fortune, il enleva aux Almoravides nombre de villes, villages et châteaux-forts. S'étant emparé de Mertola (3), il s'y établit sous le nom de El-Imâm el-Mahdi billah (l'imam bien conduit par Dieu). Il prit dès lors les allures d'un véritable roi, écrivit aux chefs et aux seigneurs espagnols de suivre son exemple et de se joindre à lui. L'appel fut entendu et l'exemple suivi; la révolte se propagea rapidement. Le gouverneur des villes d'Evora (4) et Béja (5), celui de Silves (6) se soulevèrent à leur tour.

Yaḥia ben Ghânya, réussit cependant à arrêter le vassal

1. Les Français orthographient ce nom de bien des façons (Maghreb, Moghreb, etc...). Les indigènes d'Algérie prononcent Maghrib et Moghrib. Cette prononciation est du reste conforme à la grammaire (voy. Caspari, *Gramm.*, 117, rem., *b*); voir aussi Fournel, *Les Berbers*, t. I, p. 31; A. Mouliéras, *le Maroc inconnu*, I, 19.

2. Cf. Codera, *op. cit.*, 30, note 1.

3. Mertola (مارتلة) dans le Portugal actuel, sur la Guadiana. C'était, nous apprend El-Idrisi, une ville remarquable et réputée pour la puissance de ses fortifications (voyez : El-Idrisi, 175, 179, 180, 181, 186 de l'édit. Dozy).

4. Evora (يابرة ou bien يابورة ou encore يبورة) dans l'Espagne occidentale, était une des principales dépendances de Badajoz : cf. Yâqoût, IV, 1000; Marâçid, III, 330; Aboulféda, *ap.* Reinaud, II, 248; El-Idrisi, édit. 175 et 181. Evora est la patrie du poète Ibn 'Abdoûn, qui y mourut en 529 (1134-5).

5. Béja ou Badja (باجة) est le nom de plusieurs villes (de cinq selon Yâqoût, I, 455, et le Marâçid, I, 115). Celle dont il est ici question se trouvait à l'ouest de Séville et fut soumise par les musulmans pour la première fois par les soldats de Târiq [cf. El-Ya'qoûbi, *Kit. el-Bold.*, éd. Juynboll, 144]. Elle est connue sous le nom de Bâdja-t-ez-Zît (Badja de l'huile), selon Ed-Dimichqi, 245.

6. Silves (شلب) fut dans la première moitié du IXe siècle de J.-C. le siège du gouvernement des Beni Mozain. Elle fut ensuite annexée au royaume de Séville. Silves, d'après El-Idrisi, était une jolie ville bâtie dans une plaine et pourvue de solides murailles [El-Idrisi, édit., 175, 179, 180; Yâqoût, III, 312]; Mehren écrit ce nom شليب dans son édition d'Ed-Dimichqi, 244.

du prince de Mertola, Ibn Mondsir, gouverneur de Silves, qui marchait sur Séville (1). Il lui infligea une défaite (539 H. = 1145 J.-C.) et vint assiéger dans Niébla (2) un des lieutenants d'Abou'l-Qâsim (3). Malgré les efforts déployés par Yaḥîa, la révolte éclatait aussi dans l'Est.

A Cordoue, le qaḍi Ibn Ḥamdîn, apprenant que le gouverneur général avait quitté Séville pour aller à la rencontre d'Ibn el-Mondsir, se proclamait indépendant (4) et ne tardait pas à recevoir l'adhésion d'Ibn Aḍa de Grenade, de Abou 'l-Ghamar ben Es-Sâïb ben Gharroûn (5) de Xé-

1. Séville (اشبيلية), durant la domination musulmane, fut longtemps la capitale de l'Espagne occidentale. Séville, conquise par Moûsa ben Noçeir, tomba en 93 de l'hégire, au pouvoir des musulmans. Après le démembrement de l'empire omayade espagnol, Séville devint la capitale d'un des royaumes indépendants qui se formèrent alors, celui des Beni 'Abbâd. Elle acquit alors une réelle splendeur artistique et littéraire qui ne sombra qu'avec la chute du dernier des Beni 'Abbâd, El-Mo'tamid, sous les coups de Yoûsof ben Tâchfîn ; Ed-Dimichqi (p. 243) est moins bref dans sa description de Séville, que pour les autres villes d'Espagne. D'après Yâqoût (*Mouchtarik*, 145) Séville aurait été surnommée Ḥimç (حمص), Ḥiçn d'après le *Mo'djam el-Boldân*, I, 275], par les Omayades d'Espagne; c'est là une erreur, car le nom de Ḥimç fut donné à Séville par les Arabes de Syrie qui y furent cantonnés par le gouverneur de l'Espagne, le Kelbite Abou 'l-Khaṭṭâb. Pour des renseignements sur l'histoire de Séville sous les Omayades de Cordoue, voyez Dozy, *Musulmans d'Espagne* II, 232. Pour des renseignements géographiques, voyez : Aboulféda, *ap.* Reinaud, II, 248 ; El Ya'qoûbi, *Kit. el-Bold.*, 144; *El-Idrisi*, 73, 174, 177, 178, 181, 196, 204, 206, 207, 212, etc. Sur Séville et les Abbadides, cf. l'ouvrage capital où Dozy a rassemblé les documents arabes : *Scriptorum Arabum loci de Abbadidis*, Leyde, 3 vol. in-4°, 1846-63.

2. Niébla (لبلة) place forte à l'est d'Okchonoba (اشكونبة) au lieu de اكشونبة comme l'écrit l'auteur du *Marâçid*) et à l'ouest de Cordoue. Les environs sont couverts d'une abondante végétation arborescente (*Marâçid*, III, 5). Niébla est située à l'ouest de Séville. Elle tomba aux mains de Ṭâriq affranchi de Moûsa ben Noçaïr lorsqu'il fit la conquête de la péninsule (El-Ya'qoûbi, 144 ; cf. Idrisi, 178, 179.

3. Cf. Codera, *op. cit.*, 41.

4. Cf. Codera, *op. cit.*, 56, 57 et note 23.

5. Nous avons suivi l'orthographe adoptée par M. Dozy dans son édition de la *Ḥollat es-Siara* d'Ibn el-Abbâr (*Notices sur quelques manuscrits*, Leyde, 1847-51, in-8, p. 222), ابو الغفر ابن السائب بن فرون.

rès (1) ainsi que celle de la plupart des qâḍis qui commandaient au nom des Almoravides.

A Malaga le qâḍi Abou 'l-Ḥâkim ibn Ḥassoûn (2) secouait également le joug en ramḍân 539 (1144-1145 de J.-C.) (3).

Yaḥia ben Ghânya reprit Cordoue à Ibn Ḥamdîn en cha'bân (janv.-fév. 1146) et vint l'assiéger à Andujar (4). Ibn Ḥamdîn sollicita alors l'appui d'Alphonse VII, roi de Castille. A l'arrivée de celui-ci, à la tête d'une armée, Yaḥia dut lever précipitamment le siège et s'enfuit à Cordoue. Le roi chrétien l'y poursuivit et s'empara même de la ville ; mais Yaḥiâ s'était réfugié dans la citadelle dont Alphonse dut entreprendre un siège en règle (dsou 'l-qada 540 (avril-mai 1146 de J.-C.) (5). Pendant qu'il était ainsi occupé à Cordoue, il apprit l'arrivée des Almohades en Espagne et le soulèvement de Séville contre les Almoravides. Il traita alors avec Yaḥia ben Ghânya, à qui il abandonna la possession de Cordoue (6).

1. Xérès (شريش) a de tous temps été réputée pour ses richesses agricoles. Voyez : El-Idrîsi, 206 ; Yâqoût, III, 285 ; *Maraçid*, II, : 106 Ed-Dimichqi, p. 244.

2. El-Ḥoseîn ben el-Ḥoseîn ben 'Abd Allah ben el-Ḥoseîn, connu sous le nom de Abou 'l-Ḥâkim b. Ḥassoûn.

3. Cf. Codera, *op. cit.*, 68.

4. A l'est de Cordoue, sur le Guadalquivir.

5. Cf. Codera, *op. cit.*, 61 et note 1.

6. A cette occasion, le roi chrétien adressa un discours aux gens de Cordoue pour leur présenter le gouverneur Yaḥia ben Ghânya qu'il leur laissait. Le texte de cette proclamation nous a été conservé par le célèbre Lisân eddin ibn el-Khâṭib dans l'*Iḥaṭa*. Voici encore un fait qui nous montre une fois de plus que les rapports entre chrétiens et musulmans pendant tout le moyen âge ne furent pas faits uniquement de haine et que ces voisins, de religion différente, furent loin de n'avoir entre eux que des relations belliqueuses. La protection dont jouissaient, en Maghrib, les marchands chrétiens de l'Europe méditerranéenne durant tout le moyen âge, les relations amicales entre ces peuples, de part et d'autre de la Méditerranée, ont été exposées en détail dans l'ouvrage de M. de Mas Latrie (*Traités de paix et de commerce, concernant les relations des Chrétiens avec les Arabes de l'Afrique septentrionale au moyen âge*, Paris, 1868, 1 vol. in-4, dont la préface a été réimprimée sous le titre de *Relations et commerce de l'Afrique septentrionale avec les nations*

Ainsi Yaḥîa après avoir vu se détacher de son autorité la plupart des villes de son gouvernement en Espagne, dans l'espace de deux années, était devenu le vassal du roi chrétien. Ce dernier exigea d'abord d'Ibn Ghânya la cession des villes d'Ubéda et de Baëza (1) et plus tard celle de Cordoue, ou une augmentation du tribut qu'il lui payait. Ibn Ghânya, lassé de tant d'exigences, eut une entrevue à Ecija (2) avec le général almohade Berrâz (3), gouverneur de Séville, et lui donna les villes de Cordoue et Carmona (4)

chrétiennes au moyen-âge. Paris, 1886, 1 vol. in-12. Il y aurait encore à étudier le mode de recrutement, le rôle et la situation des *milices chrétiennes* entretenues par les rois du Maghrib à la même époque, milices pour lesquelles les souverains toléraient des églises (dont on ne sonnait pas les cloches) et dont les soldats recevaient des rations de vin, ainsi qu'il en est fait mention par les auteurs musulmans du temps. En ce qui concerne l'Espagne, Dozy, nous a fait entrevoir les situations respectives des musulmans vis-à-vis des chrétiens et les influences réciproques des uns sur les autres; mais il reste beaucoup à faire dans ce sens.

1. Ubéda (وبذة) et Baëza (بايسة) sont deux villes voisines, situées à peu de distance et sur la rive droite du Guadalquivir, dans la province de Jaën. Voy. Aboulféda, *ap.* Reinaud, II, 252.

2. Ecija (استجة), ville du canton de Cordoue (Aboulféda, II, 250). L'orthographe استجة est celle qu'a adoptée Dozy dans son édition d'El-Idrisi (pp. 174, 205, 206). C'est l'Astigi de Pomponius Mela et de Pline et l'Ἀστυγίς de Ptolémée.

3. Berrâz ben Moḥammed el-Masoûfi (برّاز بن محمد المسوفي), d'abord officier almoravide, avait abandonné son parti en 537 de l'hégire (1142 de J.-C.), peu après la mort de l'émir 'Ali ben Yoûsof, pour passer dans celui de 'Abd el-Moumin (voy. Ibn Khaldoûn, *Berb.*, éd., I, 304). Quelques années plus tard, lorsque le souverain almohade, sollicité par les rebelles espagnols, voulut envoyer une armée dans la péninsule, il en confia le commandement à Berrâz (540 H. = 1145-1146 J.-C.) [*cf.* Ibn Khaldoûn, *loc. cit.*, 310). Ce général s'empara de Séville en cha'bân 541 (janvier 1147). De Slane, dans son édition du texte arabe de l'Histoire des Berbères orthographie ce nom propre de deux façons différentes; برّاز [t. I, 304 (avec la variante بران) et 310], et برّان [I, 249].

4. Carmona (قرمونة) ville située à l'est de Séville et au S.-O. de Cordoue. Yâqoût (IV, 69 et *passim*) et son plagiaire, l'auteur du *Marâçid* (II, 402), donnent l'orthographe قرمونية; voyez sur cette ville : El-Idrisi, 206; Aboulféda, II, 166.

contre Jaën (1), vers le milieu de 543 H. (1148) (2).

Nous ne terminerons pas cet aperçu de la rébellion contre les Almoravides en Espagne sans mentionner le soulèvement d'El-Mostançir ben Hoûd (le Zafadola [pour Seif ed-daoûla] des chroniques chrétiennes), dernier roi de Saragosse (3). Il était à Tolède quand éclata la rébellion générale contre les Almoravides. Secouant le joug lui aussi (539), il vint à Cordoue où commandait Ibn Ḥamdîn. Peu après il partit pour Grenade et se fit reconnaître seigneur de cette place en dsou 'l-qa'da 539 (avril-mai 1145 de J.-C.) (4). Il eut à repousser les attaques continuelles des Almoravides de la forteresse (alcazaba pour el-qaçba) qui le harcelèrent tellement qu'il fut obligé de quitter Grenade pour se retirer à Jaën, puis à Murcie (radjab 540 = 1145-1146. Grenade retomba ainsi au pouvoir des Almoravides, qui y commandaient encore, alors que tout le reste de l'Espagne musulmane avait reconnu l'autorité

1. Jaën (جَيَّان) est le chef-lieu d'un important canton à l'est de Cordoue. La ville de Jaën est à dix-sept parasanges de Cordoue. Cf. El-Ya'qoûbi, 145; El-Idrisi, 174, 202, 203, 214; Yâqoût, II, 169 et *passim*; *Marâçid*. I, 276; Aboul'féda, II, 251-252.

2. Voyez *Hist. Berb.*, édit., I, 312. Pour le récit des premières conquêtes almohades en Espagne, M. Codera, dans son travail sur la chute de l'empire almoravide, a suivi Ibn Khaldoûn, comme il le dit du reste. Il s'en écarte toutefois en ce qui concerne les conventions du compromis passé entre Yaḥia avec Alphonse d'une part, et avec Berrâz d'autre part; voici ce qu'il dit : « ... quien (il s'agit d'Alphonse) en una entrevista en Andujar le exigio le entregara las ciudades de Ubeda y Baeza, como poco despuès le exigiera lo mismo respecto à Jaèn, ò que pagase mayor tributo, Ibn Gania se puso secretamente de acuerdo con Berraz, gobernador de Sevilla, y despues de una entrevista en Ecija, le hizo entrega de las ciudades de Cordoba y Jaèn... » Ce récit comme on voit diffère sensiblement du nôtre, que nous avons puisé dans Ibn Khaldoûn.

3. Cf. Codera, *op. cit.*, 71. Saragosse (سَرَقُسْطَة), capitale de l'Aragon, sur l'Èbre (إِبْرُه). La plupart des géographes arabes consacrent des lignes élogieuses à l'ancienne capitale des Beni Hoûd ; voyez p. ex. : Aboulféda, *ap.* Reinaud, II, 259 ; El-Ya'qoûbi, 145; El-Idrisi, 176, 189, 190, 191, 194.

4. Cf. Codera, *loc. cit.*, 81.

des Almohades ou d'Ibn Merdentch (1) de Murcie, roi indépendant de Valence, Murcie et toute l'Espagne orientale depuis l'année 542 (1147-1148).

Tel était donc, depuis la révolte d'Abou 'l-Qâsim en 538, l'état d'anarchie politique dans lequel était plongée l'Espagne musulmane. Ce fut à ce moment qu'arrivèrent les Almohades. Les auteurs musulmans s'accordent à reconnaître que ce fut sur les sollicitations des rebelles espagnols que 'Abd el-Moûmin se décida à faire passer une armée dans la péninsule. La plupart de ces chroniqueurs, avec Ibn Khaldoûn (2) placent en 541 H. (1146-1147) la première invasion almohade ; cependant El-Bernoûsi lui assigne la date de 539 (3).

Une armée almohade, sous les ordres de Berrâz et guidée par Abou 'l-Qâsim, l'ancien seigneur de Mertola, passa le détroit. Ces troupes avaient mission de combattre

1. Son nom était : Abou 'Abd Allah Moḥammed ben Sa'd ben Moḥammed ben Aḥmed ben Merdenich. Sur ce personnage, son nom, son origine, et le rôle qu'il joua en Espagne, on trouvera de longs et curieux détails, d'après les chroniques chrétiennes et musulmanes, *ap.* Dozy, *Recherches*, IIIe éd., t. I, pp. 365 à 371. Cette étude du savant hollandais a été traduite textuellement en espagnol par M. Codera dans sa *Decadencia y desaparición* », pp. 112 à 120, lig. 6.

2. Cf. *Hist. des Berbères*, édit., I, 310, 311 ; trad. 183, 184, 185. L'auteur du *Kitâb el-'Ibar* y dit en substance : « La première khoṭba au nom des Almohades en Espagne fut prononcée par 'Ali ben 'Isa ben Meimoun, seigneur de Cadix (540 = 1145-1146) ». L'auteur ajoute que ce ne fut qu'en 541, après la prise de Marrâkoch et sur la demande d'Abou 'l-Qâsim, que 'Abd el-Moûmin envoya une armée sous les ordres de Berrâz.

3. Cf. El-Bernoûsi cité par l'auteur du *Qarṭâs*, 122. C'est probablement là une erreur, et El-Bernoûsi doit dater la première expédition en Espagne de la démarche faite par Abou Bekr ben Ḥabîs (ou Ḥobeich) de la part d'Abou 'l-Qâsim auprès de 'Abd el-Moûmin assiégeant Tlemcen, pour l'engager à passer en Espagne. Or, Ibn Khaldoûn nous apprend que le souverain almohade ne répondit pas à ce premier appel, car il fut choqué du titre de Mehdi que s'attribuait alors Abou 'l-Qâsim (Voy. Ibn Khaldoûn, *Hist. Berb.*, éd. I, 310 ; trad. II, 184 ; et aussi Ibn el-Abbâr *ap.* Dozy, *Notices*, p. 200). Un *lapsus calami*, a fait écrire à l'auteur de la traduction française du *Qarṭâs*, 529 au lieu de 539 comme date de la prise de Tlemcen par 'Abd el-Moûmin (voy. trad. Beaumier, 267).

les Almoravides ainsi que les révoltés (Cf. Codera, p. 45). Berrâz s'empara de Tarifa et d'Algésiras ; il soumit, successivement, Abou 'l-Ghomar ben Gharroûn en révolte à Xérès (1) et Yoûsof el-Baṭroûdji (2) à Niébla, traversa Mertola, capitale d'Abou 'l-Qâsim et réduisit les places de Silves, Béja et Badajoz (3). Enfin, après un siège de plusieurs mois, Séville tomba à son tour en son pouvoir (cha'bân 541-janvier 1147) (4).

Les Almohades indisposèrent bientôt contre eux les seigneurs andalous, qui se détachèrent peu à peu de leur autorité. Seul Abou 'l-Ghamar, seigneur de Xérès et de Ronda (5) leur resta fidèle.

Yaḥia ben Ghânya avait à cette époque été établi à Cor-

1. Il est appelé Abou 'l-Qamar ibn Azroun par M. Codera. Nous avons donné plus haut la leçon adoptée par Dozy. Dans l'écriture arabe, ces deux noms ne diffèrent que fort peu et l'on comprend comment on a pu facilement au lieu de غمر lire قمر (en écriture maghribine) et au lieu de غرّون lire عزّون. L'auteur du *Qarṭâs* (p. 122) citant El-Bernoûsi, estropie aussi le nom du seigneur de Xérès et l'appelle Abou 'l-Qamar des Beni Ghânya (il faut entendre évidemment : « nommé par les Beni Ghânya »). M. Codera ne précise pas si Abou 'l-Ghamar résista dans Xérès aux Almohades ou s'il leur en ouvrit sans combat les portes ; voici les paroles de cet historien : « El ejercito almohade que pasó à Andalus à las ordenes de Berraz, tomadas Tarifa y Algeciras, sometio uno tras otro à Abulgomar Abenazrùn, rebelde en Jerez... » Le mot « rebelde » en effet s'adresse aux Almoravides et non aux Almohades. El-Bernoûsi est plus explicite : « Leur première conquête en Espagne fut celle de la ville de Xérès, où ils entrèrent sans coup férir. Le qaïd de cette place, Abou 'l-Qamar, vint au-devant d'eux avec sa garnison de 300 cavaliers almoravides pour proclamer 'Abd el-Moûmin et faire sa soumission... »

2. يوسف البطروجي qu'on trouve aussi écrit يوسف البطروقي par suite de la permutation fréquente du ج et du ق (djîm et qâf) pour rendre le son *g*.

3. Sur Badajoz (بَطَلْيُوسُ) voyez : Aboulféda, II, 247 ; Yâqoût, I, 664 ; *Marâçid*, I, 159. Dans son édition d'El-Idrisi, Dozy écrit, بطليوش. Cf. pp. 175, 179, 180, 181, 186, 213.

4. Cf. Codera, *op. cit.*, 46 et note 2. La date de 540 donnée par le *Qarṭâs* est inexacte.

5. Ronda رندة, sur le Guadiaro, ne doit pas être confondue avec Aranda ارندة (El-Idrisi, 188) sur la Guadiana. Voyez : Yâqoût, II, 825 ; *Marâçid*, I, 585.

doue par Alphonse VII (1), ainsi qu'il a été dit. Grâce à l'appui du roi de Castille, il put reprendre l'offensive et s'empara d'Algésiras. Pendant qu'il occupait cette ville, il reçut la visite du qâḍi 'Iyâḍ (2). Ce personnage venait lui demander un gouverneur militaire pour la ville de Ceuta (3) qui avait secoué le joug almohade. Yaḥia ben Ghânya y envoya Eç-Çaḥrâwi (4), général almoravide qui avait fui

1. De Slane (*Hist. des Berb.*, trad., II, 187) fait une double erreur, il prend Alphonse VII de Castille pour Alphonse II et appelle Yaḥia fils de 'Ali époux de Ghânya, Yaḥia ben 'Ali ben Ghânya.

2. Son nom était : Abou 'l-Faḍl 'Iyâḍ ben Moûsa ben 'Iyâḍ ben 'Omar ben Moûsa ben 'Iyâḍ el-Yaḥçobi es-Sebti; né à Ceuta en 476 (1084), il mourut à Marrâkoch le vendredi 6 djoumâda second (ou en ramḍân selon une autre version) 544 (1149-1150) [Cf. Ibn Khallikân, I, 496-497]. On pourra consulter aussi sur ce célèbre jurisconsulte : R. Basset, *Notice des mss. arabes de la zaouya d'El-Hamel*, Florence, 1897, in-8, p. 16-17, à propos de l'ouvrage intitulé ازهار الرياض في اخبار القاضي عياض de Maqqari († 1041); Bou Râs مجايب الاسفار ولطايف الاخبار ms. d'Alger, fol. 64 et trad. Arnaud, p. 60; *Salouat el-ânfâs*, éd. Fâs, I, 151.

3. La ville forte de Ceuta (Sebta سبتة) avait dû se soumettre aux Almohades comme le reste du Maghrib el-Aqça. Les habitants de cette place, ainsi que leur qâḍi 'Iyâḍ étaient restés cependant fermement attachés à la cause almoravide. Ils profitèrent de la première occasion pour se mettre en révolte après avoir assassiné le gouverneur almohade de la place, le nommé Yoûsof ben Makhloûf de Tinmâl (cf. de Slane, *Berb.*, éd. I, 309; *Qarṭâs*, 124). Au sujet de la rebellion du qâḍi 'Iyâḍ, l'auteur du *Qarṭâs* fournit d'assez longs détails. Ce fut à l'instigation de 'Iyâḍ que les Almohades furent massacrés dans Ceuta. Puis après quelques succès, les troupes du général almoravide Eç-Çaḥrâwi furent défaites par 'Abd el-Moûmin et les habitants de Ceuta firent de nouveau leur soumission. Le pardon leur fut accordé, mais les murs de la ville furent rasés et le qâḍi 'Iyâḍ envoyé à Marrâkoch avec les principaux personnages de Ceuta. — On trouvera des détails sur l'histoire et la position géographique de Ceuta *ap.* Ibn Adzari, *Bayân*, éd. Dozy, pp. 208, 210, 211; Idrîsi, 167, 168 et *passim*; Léon l'Africain, éd. Schefer, t. II, 249-253; *ibid.*, 460-466 (d'ap. Marmol); Fournel, *Berbers*, I, 93, note 2 et *passim*; sur les événements de Ceuta dont il est ici question et le rôle du qâḍi 'Iyâḍ, cf. aussi *Kitâb el-Istiqça* I, ١٤٥ ١٤٦.

4. Eç-Çaḥrâwi dont le nom était Yaḥia ben Abi Bekr eç-Çaḥrâwi (يحيى بن ابي بكر الصحراوي) était un officier almoravide qui avait fui successivement de Tlemcen et de Fâs (539 et 540 de l'hégire) devant l'envahisseur almohade. Il était venu finalement se réfugier à Cordoue (cf. *Hist. Berb.*, éd., I, 309; *Qarṭâs*, 124). M. Mercier qui fait mention de la fuite d'Eç-Çaḥrâwi de Fâs

le Maghrib après la prise de Fâs (540 H. = 1145-1146 J.-C.). Il était venu rejoindre Yaḥîa à Cordoue (1).

Les Almohades, avec l'appui d'Abou 'l-Ghamar ben Gharroûn, ne tardèrent pas à reprendre Algésiras dont la garnison almoravide fut massacrée. 'Abd el-Moûmin envoya alors à Séville, avec une armée, un certain Yoûsof ben Soleïmân qui remplaça le général Berrâz et reprit l'offensive. Il soumit en peu de temps à ses armes la majeure partie de l'Espagne occidentale ; Cordoue fut reprise à Alphonse VII qui l'avait enlevée à Berrâz.

On a vu par les pages qui précèdent comment l'empire almoravide d'Espagne a pu tomber si vite sous les coups des Almohades. Tant que le puissant gouverneur Yaḥîa ben Ghânya n'avait eu à lutter que contre les chrétiens, il les avait victorieusement repoussés. Lorsqu'éclata la révolte des musulmans espagnols, il résista avec toute l'énergie dont il était capable, mais il dut céder entraînant avec lui l'empire almoravide de la péninsule. Il vint mourir à Grenade (cha'bân 543 = décembre 1148 (2) après avoir assisté à la chute irréparable de la domination des Lemtoûna en Espagne.

Tels sont les faits et les récits que nous livrent les chroniques avec plus ou moins de détails. Mais pour saisir et expliquer les raisons qui amenèrent l'écrasement des Almoravides — raisons que les annalistes ont par trop négligé de mettre en relief — il convient de se rappeler

assiégée, dit qu'il se réfugia à Majorque (voy. *Hist. de l'Af. sept.*, II, 80); cette assertion n'est appuyée d'aucune référence. Il ne serait toutefois pas impossible qu'Eç-Çaḥrâwi se fût d'abord rendu aux Baléares — où commandait Moḥammed ben Ghânya — et de là à Cordoue.

1. Codera, *op. cit.*, pp. 49, 65 et note 3, qui renvoie à Ibn Khaldoûn, édit. du Caire, VI, p. 235.

2. El-Maqqari, I, 685 ne donne pas la date de la mort de Yaḥîa. Nous avons vu précédemment qu'Ibn el-Khaṭîb la fixe au 10 cha'bân 543.

combien étaient différentes l'une de l'autre les civilisations respectives des peuples qui s'entrechoquèrent.

Il est un fait constant dans l'histoire des peuples, c'est que le plus civilisé, même vaincu, impose fatalement sa civilisation au vainqueur. Or l'invasion almoravide en Espagne avait amené le heurt violent de deux civilisations profondément différentes, de deux peuples (les Almoravides et les musulmans espagnols) complètement opposés par leurs idées et par leurs mœurs. Les uns nomades, illettrés, à demi-sauvages ne pouvaient point comprendre ni apprécier la finesse, l'art, en un mot la supériorité intellectuelle des vaincus. Les Almoravides, trop pétris de grossière barbarie, étaient incapables de s'assimiler les qualités morales des Andalous ; il leur eût fallu franchir peu à peu les étapes nombreuses qui les séparaient de la civilisation raffinée au contact de laquelle ils étaient brusquement tombés.

Au point de vue administratif, les Almoravides, au début, aveuglés par leur fanatisme d'apôtres avaient usé de la force brutale, cette arme si dangereuse pour une main manquant de souplesse. Les chroniqueurs nous apprennent que par la volonté du prince 'Ali ben Yoûsof ainsi qu'il a été dit, l'administration des cités était passée entre les mains des qâḍis. Les faqîhs (clergé) étaient les maîtres absolus (1) et la faiblesse autant que l'apathie naturelle de l'émir Tâchfîn ne contribuèrent pas peu à asseoir leur autorité.

Cependant, l'ardeur religieuse des généraux et des princes lemtouniens (2), bientôt amollie par le bien-être

1. Voy. Dozy, *Musulm. d'Espag.*, t. IV, 248 et suiv.

2. « Les généraux de Yoûsof, quand ils arrivèrent en Espagne, étaient illettrés il est vrai, mais pieux, braves, probes, et accoutumés à la vie simple et frugale du désert. » Cf. Dozy, *Mus. d'Esp.*, IV, 261 d'après le *Ḥolal el-Maouchya*.

au milieu de cette Espagne fine, délicate et riche (1) fit place à une folle passion du vice et des plaisirs : des principales obligations religieuses, on ne tint plus aucun compte. « Le clergé a rarement compté la reconnaissance au nombre de ses vertus » (2). Il ne tarda pas à faire le procès de ces princes débauchés et sans foi et organisa une révolte qui devait trouver chez les Maures andalous le terrain propice pour réussir. Ce ne fut bientôt plus d'un bout à l'autre de la péninsule qu'un seul cri : Sus aux Almoravides ! (3).

Il suffit de porter ses regards quelques siècles en arrière pour trouver, dans l'histoire de ces pays d'Occident, une page qui présente une analogie frappante avec celle des Marabouts en Espagne : nous voulons parler de la domination des Vandales en Afrique. Le joug brutal imposé par ces barbares aux populations africaines civilisées par un long contact avec les Romains, les persécutions des chrétiens par les prêtres ariens, sont autant de raisons qui provoquèrent la révolte en Afrique, facilitèrent la conquête byzantine et mirent fin à l'empire éphémère des Vandales (4). Ne sont-ce point des motifs analogues qui, après soixante-quatre ans anéantirent, en Espagne, la puissance almoravide ?

1. Cf. Dozy, *Mus. d'Esp.*, IV, 261 ; 'Abd el-Wâḥid, 148.
2. Dozy, *Mus. d'Esp.*, IV, 268.
3. Cf. Dozy, *ibid.*, IV, 267-268.
4. Cf. R. Basset, cité par Doutté, *Les Marocains et la société marocaine*, *Revue générale des sciences pures et appliquées*, 20 fév. 1903, p. 201.

CHAPITRE II

Les Benou Ghânya gouverneurs des Baléares au nom de l'empire almoravide. — Les Almohades poursuivent leurs conquêtes en Espagne. — Les Benou Ghânya, princes indépendants des Baléares. — 'Ali ben Ghânya se met en révolte ouverte contre l'empire almohade.

Nous avons vu dans le chapitre précédent que le souverain almoravide 'Ali ben Yoûsof, nomma en 520 H. (1126 de J.-C.) Moḥammed ben Ghânya, gouverneur des îles Baléares (1).

Nous ne savons que fort peu de choses de son installation à Majorque et des premières années de son gouvernement (2). Il est toutefois certain qu'à mesure qu'avait

1. Les îles Baléares ou îles Orientales, comme les appelaient les Musulmans d'Espagne, forment un groupe important au milieu de la Méditerranée. Les principales de ces îles sont Majorque où se trouvait le siège du gouvernement, Minorque, Iviça et Formenteira. Elles jouissent d'un excellent climat et possèdent un bon port dans la baie de Palma. Voici ce qu'en disait au milieu du XIIe siècle de notre ère le géographe El-Idrîsi : « L'île d'Ivisa (يابسة) est jolie, plantée en vignobles et produisant beaucoup de raisin ; on y remarque une ville petite, mais agréable et bien peuplée. ... A l'orient de cette île et à une journée de distance est l'île de Majorque, dont la capitale est grande et dont le prince gouverneur commande une nombreuse garnison et peut disposer de beaucoup d'armes et de ressources. Également à l'Orient, on remarque l'île de Minorque (منورقة), située en face de Barcelone, à une journée de distance. De Minorque à l'île de Sardaigne (سردانية), on compte quatre journées de navigation. » Idrîsi, éd. 214, trad., 266.

2. Nous ne chercherons pas à éclairer ici ce point obscur de l'histoire des Baléares, c'est en dehors du but que nous poursuivons. Nous nous bornerons à renvoyer aux travaux de MM. Alvero Campaner, *Bosquejo historico de la domination islamita en las islas Baleares*; *Numismatica balear*; Codera, *Décadencia y desaparicion de los almoravides en España*.

diminué l'influence de la dynastie fondée par Yoûsof ben Tâchfîn en Maghrib, l'indépendance du gouverneur s'était accrue. En 541 (1146-7 de J.-C.), quand Marrâkoch tomba aux mains d'ʻAbd el-Moûmin, Isḥaq, dernier souverain de la dynastie régnante ayant été mis à mort, le gouverneur Moḥammed ben Ghânya devint complètement indépendant. Il continua néanmoins à faire dire la prière au nom des Abbassides (1). Son petit royaume, qu'il gouvernait (2) assisté d'un conseil, dont il était président (3) devint le point vers lequel les derniers partisans de la dynastie déchue commencèrent à tourner leurs regards.

Moḥammed ben Ghânya donna largement asile dans son royaume aux réfugiés almoravides chassés d'Espagne. Comme gouverneur, Moḥammed avait fidèlement servi la dynastie almoravide. Ses rapports avec son frère Yaḥia avaient toujours été empreints de sympathie (4). Comme

1. Les princes de la dynastie de Yoûsof ben Tâchfîn avaient toujours fait dire la *khoṭba* au nom des khalifes Abbassides. « Le prédicateur, en chaire, introduisait le nom du khalife dans le prône et le préconisait, en priant Allah de lui accorder la grâce de faire le bonheur de l'univers. On pensait qu'une invocation faite en ce moment ne manquerait pas d'être exaucée, et l'on tenait de bonne autorité que les premiers musulmans avaient dit : « Celui qui fait une prière pure et sainte doit l'offrir pour le souverain. » Le premier qui, en prononçant le prône, pria pour le khalife, fut Ibn ʻAbbâs, qui gouvernait alors la ville de Baçra, au nom de ʻAli. Il disait : « Grand Dieu ! aide ʻAli dans sa juste cause. » Depuis lors cet usage s'est maintenu. Cf. I. Khaldoûn, *Prolégom.* dans les *Not. et Ext. des mss.*, t. XX, p. 73; voyez aussi : d'Herbelot, *Bibliothèque orientale*, Maestricht, 1776, 511; Perron, *traduction de Sidi Khelîl*, dans l'*Exploration scientifique de l'Algérie*, t. X, p. 542, 543; pour des renseignements sur la *khoṭba* sous les Almohades, cf. Abd el-Wâhid, 250, 251; sous les Fatimites, cf. *Baiyân*, éd. Dozy, t. I, p. 149; etc.

2. Moḥammed se considérait si bien comme roi indépendant, qu'il désigna — comme nous le verrons plus loin — son fils ʻAbd Allah pour lui succéder. En 544 et 545 (1147-1150 de J.-C.), il signe des traités de commerce avec les républiques de Pise et de Gênes et entretient avec elles des relations officielles (cf. Codera, *op. cit.*, 173, d'ap. Amari et Mas Latrie).

3. Voyez Codera, *ibid.*, 172 et note 1.

4. En 538 (1143-4 J.-C.) Moḥammed va en Espagne féliciter son frère Yaḥia

roi indépendant, il s'attacha à conserver les traditions almoravides. Il créa une dynastie, celle des Benou Ghânya, qui, dans l'empire almoravide, succéda dans une certaine mesure, à celle des Benou Tâchfîn.

De son vivant, Moḥammed désigna, pour lui succéder, son fils aîné 'Abd Allah (1). Le deuxième de ses fils, Isḥaq, mécontent d'avoir été écarté, trama un complot et assassina son frère et peut-être même son père, comme l'affirment certains auteurs (2). Craignant ensuite que les conjurés ne tournassent leurs armes contre lui, il les fit massacrer par les troupes de l'amiral Moḥamed ben Meïmoûn (3). Isḥaq devint ainsi gouverneur indépendant, ou mieux souverain des Baléares en 550 (1155-6 J.-C.) (4).

de sa nomination au gouvernement général de ce pays. Yaḥia de son côté, confie aux deux plus âgés de ses neveux, 'Abd Allah et Isḥâq le commandement des places de Grenade et de Cordoue (cf. A. Campaner, *Numismatica balear*, 55 et suiv.).

1. 'Abd Allah ben Moḥammed ben Ghânya, avait d'abord été nommé par son oncle Yaḥia, gouverneur de Grenade. Quelque temps après (en 539 = 1144-5 J.-C.), il fut appelé au gouvernement de Valence. Voici en quels termes El-Maqqari mentionne cette nomination. « Plus tard, lorsque Yaḥia ben Ghânya se fut rendu maître de toute l'Espagne orientale, il mit à la tête de Valence son neveu 'Abd Allah ben (Moḥammed ben) Ghânya ». Le texte arabe porte à tort : فقدم عليها اخاه عبد الله بن غانية, il nomma gouverneur (de Valence) *son frère* 'Abd Allah ben Ghânya; il faut lire : فقدم عليها ابن اخيه عبد الله بن غانية. « Quand survint la révolte (des musulmans d'Espagne) au VIe siècle (de l'hégire), il fut chassé par Merouân ben 'Abd el-'Azîz (le chef de la révolte à Valence) ». Maqqari, II, 755. Voyez aussi : Codera, *op. cit.*, 102 ; Ibn el-Abbâr, ap. Dozy, *Notices*, p. 212.

2. Voyez : de Gayangos, *The history of the moham. dyn.*, app., LXIII ; Ibn Khald., *Berb.*, éd., I, 249 ; Abd el-Wâḥid, in *princ.*, 195.

3. Sur le mot *amiral*, voyez *Hist. Berb.*, II, 85 de la trad., note 2. Moḥammed ben Meïmoûn est le même amiral almoravide qui en 516 (1122-3 J.-C.), opéra une première descente sur les côtes de Sicile ; il y descendit pour la seconde fois deux ans plus tard. Il vint ensuite en 539 (1144-5 J.-C.), prêter l'appui de sa flotte à Tâchfîn ben 'Ali assiégé dans Oran par 'Abd el-Moûmin.

4. Certains auteurs placent en 546 H. (1151-2 J.-C.) l'assassinat de 'Abd Allah ben Moḥammed par son frère. M. Codera incline à croire qu'il eut lieu en 550 et cherche à établir ce point resté vague dans les chroniques. Nous ren-

En Espagne, les Almohades avaient continué leurs conquêtes. En 552 de l'hégire (1157 J.-C.) ils étaient maîtres de l'occident de la péninsule. La place forte de Mertola, que le prince Abou 'l-Qâsim avait cédée aux Almoravides, était elle-même obligée de capituler (1).

Dans l'Espagne orientale, un représentant du parti national espagnol, Moḥammed ibn Merdenîch (2), avait acquis une grande influence et remporté victoire sur victoire. Il tenait en échec les armées almohades. Ce seigneur musulman était dans d'excellents rapports avec les chrétiens et nous est présenté, par quelques chroniques, comme vassal des princes d'Aragon, de Castille et du comte de Barcelone.

Grenade, après avoir échappé à El-Mostançir ben Hoûd (Zafadola) ainsi qu'il a été dit précédemment, était retombée sous la domination almoravide (3). Mais vers 550, le gouverneur Meîmoûn ben Yeddâr, avait fait sa soumission aux Almohades et la garnison almoravide de la place avait été déportée à Marrâkoch. En 557 (1162 J.-C.), le lieutenant d'Ibn Merdenîch, un certain Ibn Hemochko (4) s'emparait de Grenade en l'absence du sîd Abou Sa'îd gouverneur de la place et infligeait ensuite à ce dernier une sanglante défaite. 'Abd el-Moûmin, devant un pareil désastre, envoya contre Ibn Merdenîch une forte armée à la tête de

voyons, pour les détails, à l'excellent ouvrage de ce savant espagnol : *Decad. y desaparicion de los Almoravides*.... 174 à 179 et les notes importantes, nos 40, 41, 42, 43, 44.

1. *Hist. Berber.*, éd., I, 315.

2. Voy. dans Dozy, *Rech.*, IIIe éd., I, 365, d'intéressants renseignements sur la situation et l'origine de ce prince.

3. Une preuve que Grenade était bien, en 545 (1150-1 J.-C.), aux mains des Almoravides, est qu'on a retrouvé un dinar qui portait le coin de l'empire lemtounien. Ce dinar a été catalogué par Vivès (no 1779 de son traité de *Numismatique*).

4. ابن همشك. Sur ce nom propre, voyez, Dozy, *Rech.*, I, 368.

laquelle il plaça son fils Abou Ya'qoûb (557=1162 de J.-C.). Les troupes d'Ibn Merdenîch furent mises en pleine déroute, et un grand nombre de soldats (chrétiens et musulmans) furent tués (1). Ibn Merdenîch se retira dans ses États. Deux ans après, il tentait de prendre Cordoue; mais le khalife almohade Abou Ya'qoub ben 'Abd el-Moûmin (2) donnait le commendement d'une armée à son frère Abou Sa'îd avec ordre de marcher contre cet ennemi. La rencontre eut lieu dans la plaine de Murcie. Ibn Merdenîch fut battu et s'enfuit après avoir vu périr la plupart des siens [560-561 = 1164-6 J.-C.)] (3).

Devant la puissance de plus en plus redoutable des armes almohades, les princes de l'Espagne orientale, alliés ou vassaux d'Ibn Merdenîch l'abandonnèrent peu à peu pour faire leur soumission aux vainqueurs. En 564 (1168-9 J.-C.) c'est Ibn Hemochko son lieutenant; en 565 (1169-70 J.-C.) son neveu, Moḥammed ben 'Abd Allah, gouverneur d'Alméria (4); en 567 (1171-2 J.-C.) son frère Abou 'l-Ḥadjdjâdj,

1. Ces événements sont racontés par Ibn el Atsîr (éd. Tornberg), t. XI, 186, 187 sous le titre : ذكر اخذ ابن مردنيش غرناطة من عبد المومن وعودها اليه ; voyez aussi : *Hist. Berb.*, éd., I, 317; Dozy, *Rech.*, IIIe éd., I, 372-380 d'après le récit d'*Ibn Çâḥib eç-Çalât*. Ibn Çâḥib eç-Çalât (m. à m. le fils de l'Imâm), mort, selon Amari, en 1182 de J.-C., est l'auteur d'un ouvrage intitulé *Al menn bil imâma 'ala 'l-mostaḍ'ifîn*, etc..., qui est une des sources du *Qarṭâs.* Cet ouvrage a également été utilisé, par Ibn Khaldoûn ('Abd er-Rahmân), Ibn el-Khaṭîb et l'auteur anonyme du *Ḥolal el-Maoûchiya.* De cette œuvre qui traite de l'histoire des Almohades et comptait trois volumes (de Gayangos, II, 519, *ap.* F. Pons Boigues, 246) il ne reste plus que le second livre (Bodléienne, 758). Ce volume commence avec la révolte d'Ibn Merdenîch (554 = 1189 J.-C.) et finit en 580 (1184-5 J.-C.).

2. Abou Ya'qoûb ben 'Abd el-Moûmin ben 'Ali, né le 3 radjab 533 (7 mars 1139) fut proclamé en djoumâda, II, 558 (mai-juin 1163) [voyez R. Basset : *Doc. géog. sur l'Afriq. sept.*, 22 et n. 2 de la p. 21]. Abou Ya'qoûb mourut en Espagne le 18 Rabî' II, 580 (30 juillet 1184). Voy. aussi, *Qarṭâs*, 136, 179 et *Hist. Berb.*, tr., II, 205. On trouvera la biographie détaillée de ce personnage, *ap.* Ibn Khallikân, II, 491 et suiv.

3. *Hist. Berb.*, I, 318.

4. *Ibid.*, I, 320; tr. II, 199.

gouverneur de Valence. Le roi Lope (1) résista cependant à Murcie, mais il mourut en 567 (1171-2 J.-C.) et son fils Hilâl se soumit aux Almohades (2).

Jusqu'alors, comme nous venons de le voir, depuis la prise de Marrâkoch (541 = 1146-7 J.-C.), les efforts des Almohades avaient été complètement absorbés en Espagne dans de pénibles luttes contre les Almoravides d'abord, les princes andalous ensuite et enfin contre les chrétiens, cet éternel ennemi de la domination musulmane. La mort du roi Lope, l'âme de la résistance du parti national musulman et la soumission du fils de ce dernier, avaient assis l'autorité almohade dans la péninsule. Dès l'année 567 (1171-2 J.-C.), le khalife Abou Ya'qoûb Yoûsof en personne était passé en Espagne avec une armée. Il s'installa à Séville (3) et y resta jusqu'en 569 (1173-4 J.-C.) à administrer le pays, à embellir les villes et organiser la guerre contre les chrétiens.

Tandis que l'Espagne était le théâtre des progrès incessants des Almohades, Isḥâq ben Moḥammed établissait solidement son autorité sur les îles, qu'il administrait sagement et fortifiait chaque jour. Il était entouré de nombreux réfugiés almoravides d'Espagne (4), qui n'avaient pas voulu accepter le joug almohade. Ils avaient préféré venir offrir leurs bras et leur sang au dernier représentant

1. C'est le nom que les chrétiens donnaient à Ibn Merdenîch (cf. Dozy, *Rech.*, I, 365).

2. Les dates fournies par Mercier dans son *Histoire de l'Afr. sept.*, ne sont pas toujours exactes. En ce qui concerne les événements de la conquête almohade en Espagne par exemple, on est étonné d'y rencontrer des anachronismes du genre de ceux-ci : Prise de Grenade 1156 de J.-C., au lieu de 1162; soumission d'Alméria en 1157 au lieu de 1169, etc.

3. En 566 d'ap. le *Qarṭâs*, 138; en 567 d'ap. Ibn Khaldoûn (*Hist. Berb.*, éd., 320 du t. I); en 567 également d'après 'Abd el-Wâḥid qui nous semble avoir le plus d'autorité en la matière (cf. 'Abd el-Wâḥid, 178 *in fine* et 181 *in medio*. Pour des détails sur cette expédition voyez 'Abd el-Wâḥid, 178-181.

4. 'Abd el-Wâḥid, 195.

de leur ancien gouvernement. C'étaient donc à n'en pas douter, des hommes convaincus de la justice de leur cause et prêts à tout pour sauvegarder leur indépendance ; Isḥâq pouvait entièrement compter sur leur dévouement.

Avec ces précieux auxiliaires, le prince de Majorque avait pu donner de l'extension à la course sur mer (1) et faisait même en pays chrétien de fréquentes razzias (2). Ces expéditions, outre qu'elles étaient toujours fructueuses, avaient l'avantage de tenir en haleine les farouches Almoravides, qui se seraient rapidement amollis dans l'inaction et le bien-être. Elles procuraient aussi de nombreux captifs chrétiens que l'on occupait dans les îles aux pénibles besognes et aux travaux de la culture.

1. La piraterie musulmane dans la Méditerranée, qui fut élevée par les Barbaresques au rang d'institution d'Etat, existait dès les premiers temps de la domination musulmane dans le Maghrib. Sous les divers royaumes, la course se continuait, mais d'une manière fort irrégulière, et en général, on peut dire que les relations entre les chrétiens du bassin occidental méditerranéen et les musulmans de la Berbérie furent plutôt amicales, ainsi que cela a été remarqué dans une note (p. 8-9) du chap. précédent. On trouvera encore des renseignements sur la course dans la Méditerranée, au temps des Almoravides, dans *Cronica Adefonsi Imper.*, c. 45, 46, 94, et *Ḥolal el-Maouchiya*, cit. p. Dozy ; Dozy, *Mus. d'Esp.*, IV, 263 ; *Recherch.*, II, 437 ; Codera, *Decad. y desap.*, p. 30, note 1 ; voy. aussi *infrà*, chap. IX, L'auteur de l'*Istibçar* reproche à Isḥâq (ben Ghânya) entre autres méfaits, de faire la course toute la journée et de faire des descentes à terre à la tombée de la nuit. Ceci semblerait indiquer, dans la bouche d'un musulman, qu'Isḥâq ne razziait pas seulement les chrétiens. Cf. *Istib.*, 85.

2. Les relations que le prince des Baléares Isḥâq entretenait avec les chrétiens nous sont confirmées par des traités de paix et de commerce. Voici en substance ce que dit à ce propos A. Campaner dans son *Bosquejo historico*, p. 229 : « Le premier traité dont nous ayons connaissance nous est parvenu seulement par une ancienne chronique italienne : *Italia sacra*, *Annales rerum Pisanorum ab anno* 951 *usque* 1156 (app. t. X, col. 116). D'après cette chronique, en 1177 (de J. C.) les consuls de Pise envoyèrent une ambassade au roi maure de Majorque pour faire la paix avec lui. Le roi, heureux de cette proposition, l'accepta et signa la paix d'après les clauses qui lui étaient proposées. » Le 2e traité (1181 de J. C.) [dont l'original a été traduit par de Sacy, cf. Romey : *Historia de España*, t. III, p. 53, col. 1] fut signé avec la république de Gênes. Cf. *Bosquejo hist.* ; app. VIII, p. 314, et IX, 319 ; de Mas Latrie, *Relat. et comm. de l'Afr.*, 98 et 101.

Dans les dernières années de son règne, Isḥâq ben Moḥammed s'émut de la puissance menaçante des Almohades. Ils étaient maîtres de toute l'Espagne musulmane et ne cessaient d'étendre leurs conquêtes dans la péninsule. Le prince des Baléares, dit M. Codera (1) faisait deux fois l'an la guerre aux chrétiens et envoyait au khalife almohade Abou Ya'qoûb des prisonniers qu'il en ramenait et de riches cadeaux (2). Il cherchait ainsi à capter la confiance et l'amitié du puissant souverain. Ces présents que les Almohades acceptaient, ne firent qu'exciter leur avidité et éveiller leur convoitise. En 578 (1182-3 J.-C.) Abou Ya'qoûb somma le prince indépendant (3) des Baléares d'avoir à lui faire hommage de vassalité et de faire figurer son nom dans la *khoṭba* (578 = 1182-3 J.-C.). Cette grave question fut soumise au conseil (4). Les opinions, selon 'Abd el-Wâḥid el-Marrâkochi (5) furent divisées, les uns étant partisans d'obtempérer aux ordres d'Abou Ya'qoûb, les

1. Cf. Codera, *Decad. y desap.*, 176.

2. Cf. 'Abd el-Wâḥid, 195 ; *Hist. Berb.*, éd., I, 323 et trad., II, 208; Campaner, *Bosq.*, 140.

3. Isḥâq, comme du reste tous les souverains almoravides, reconnaissait la suprématie spirituelle des Abbassides. Du gouvernement d'Isḥâq, il existe à Madrid, au Musée national des Monnaies, deux dinars d'or des années 565 et 567 de l'hégire ; ils portent mention de la soumission religieuse au khalife de Baghdâd : voyez Campaner, *Bosq.*, 243.

4. Les renseignements sur ce conseil et sa composition précise font malheureusement défaut. (Voyez cependant : Codera, *Decad. y desap.* p. 172 note 1, citant Amari, I *Diplomi arabi del R. archivio fiorentino*, 448.) Il était formé des principaux personnages almoravides (voy. 'Abd el-Wâḥid, 195 يدعونه الى الدخول في طاعتهم و الدعاء لهم على المنابر ويتوعدونه على ترك ذلك فوعدهم ذلك و استشار وجوه اصحابه فاختلفوا عليه) Ces principaux étaient pour la plupart des émigrés d'Espagne; ils avaient été chassés des hauts emplois qu'ils occupaient dans la péninsule, par la conquête Almohade; de sorte que, à la haine de parti qu'ils professaient à l'égard des Almohades, venait encore s'ajouter le mécontentement personnel d'avoir été dépossédés des emplois lucratifs.

5. 'Abd el-Wâḥid, 195 = فمن مشير عليه بالامتناع بمكانه وحاضّ له على الدخول فيما دعوه اليه.

autres d'y résister énergiquement. Isḥâq très embarrassé, différa la réponse et pour faire diversion, entreprit une expédition contre les chrétiens. Ce fut sa dernière campagne, nous apprend El-Marrâkochi (1) : il y trouva la mort du martyr (579 = 1183-4 J.-C.) (2).

Abou Ibrâhîm Isḥâq ben Moḥammed ben Ghânya, en mourant laissait un certain nombre de fils : Moḥammed, 'Ali, Yaḥîa, 'Abd Allah, El-Ghazi, Syr, El Mançoûr, Djobbâra, Tâchfîn, Ṭalḥa, 'Omar, Yoûsof, El-Ḥasan (3). Ce fut l'aîné d'entre eux, Moḥammed qui lui succéda comme roi des îles Baléares. Son père lui-même, ainsi que c'était l'usage, l'avait désigné pour le remplacer sur le trône.

Moḥammed prenait une succession difficile et qui demanmandait non seulement du tact, mais aussi une forte dose d'énergie. Ainsi que nous l'avons dit, le khalife almohade

1. *Ibid*, 195 *in fine*.

2. Les chroniqueurs ne sont pas tous d'accord sur les circonstances de ce te mort et tandis que 'Abd el-Wâḥid, fait mourir Isḥâq des suites d'un coup de lance, à la gorge, reçu dans sa dernière expédition contre les chrétiens, Ibn el-Abbâr prétend qu'il mourut dans son palais à la suite d'un soulèvement des chrétiens de Majorque. La date de la mort n'est pas moins difficile à établir (voyez : de Gayangos, *The history of the Mohamm. dyn.*, II, app. LXIII, cité par Campaner, *Numismatica Balear*, 56, 57). M. Codera dit que, le 19 çafar 580 (3 juin 1184), [date du traité avec les Pisans], Isḥâq n'était pas mort (Cf. *Decad. y desap. de los Almor.*, p. 181). On trouvera aussi dans le même ouvrage (illust., 334-336, n° 44), une étude de l'auteur, qui, d'après la chronique chrétienne de San Salvador de Marseille (*Espag. Sagr.*, t. XXXVIII, p. 346) et l'auteur musulman Ibn el-Abbâr, arrive à fixer approximativement la date de cette mort. Nous aurons du reste plus loin l'occasion de revenir sur cette note de l'érudit professeur de Madrid.

3. Cf. de Gayangos, *The hist. of the moham. dyn.*, app., LXIII, et *Histoire d. Berb.*, éd., I, 325. Nous remarquerons qu'Ibn Khaldoûn ne lui attribue ailleurs (*Hist. Berb.*, éd., I, 249) que huit fils, les huit premiers. Campaner (*Bosq. hist.*, 140) fait la même observation, sur les deux relations différentes d'Ibn Khaldoûn, mais par un lapsus, il écrit *cinco* (au lieu de *ocho*) qu'il fait suivre du nom des huit fils. Le même auteur (*Numismatica Balear* 57) donne un tableau généalogique des Benou Ghânya, mais il fait remonter cette généalogie à un nommé Yaḥîa el-Masoûfi. De plus il appelle l'époux de Ghânya, 'Ali ben Yaḥîa.

Tableau généalogique des Benou Ghânya

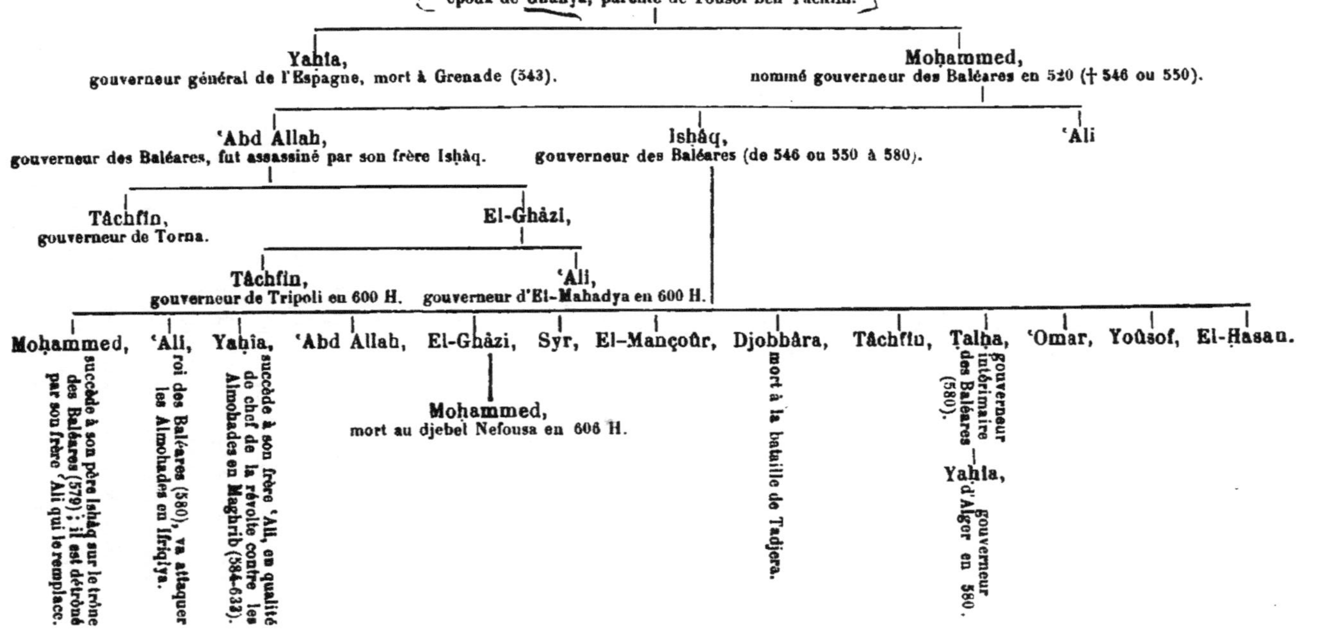
'Ali ben Yoûsof el Mesoûfi,
époux de Ghânya, parente de Yoûsof ben Tâchfîn.
Yahia,
gouverneur général de l'Espagne, mort à Grenade (543).
Mohammed,
nommé gouverneur des Baléares en 520 († 546 ou 550).
'Abd Allah,
gouverneur des Baléares, fut assassiné par son frère Isḥâq.
Isḥâq,
gouverneur des Baléares (de 546 ou 550 à 580).
'Ali
Tâchfîn,
gouverneur de Torna.
El-Ghâzi,
Tâchfîn,
gouverneur de Tripoli en 600 H.
'Ali,
gouverneur d'El-Mahadya en 600 H.
Moḥammed,
succède à son père Isḥâq sur le trône des Baléares (579) ; il est détrôné par son frère 'Ali qui le remplace.
'Ali,
roi des Baléares (580), va attaquer les Almohades en Ifrîqiya.
Yahia,
succède à son frère 'Ali, en qualité de chef de la révolte contre les Almohades en Maghrib (584-633).
'Abd Allah,
El-Ghâzi,
Mohammed,
mort au djebel Nefousa en 606 H.
Syr,
El-Mançoûr,
Djobbâra,
mort à la bataille de Tadjera.
Tâchfîn,
Talha,
gouverneur intérimaire des Baléares (580).
Yahia,
gouverneur d'Alger en 580.
'Omar,
Yoûsof,
El-Ḥasan.

Yoûsof avait sommé Isḥâq de se soumettre à son autorité de gré ou de force. Celui-ci avait réussi à retarder la réponse en partant en guerre contre les chrétiens; de sorte que son successeur Moḥammed se trouvait en présence de cette terrible question dont il ne pouvait ni retarder, ni esquiver la réponse. Refuser de se plier de bon gré au joug almohade, c'était amener l'invasion et la conquête certaine de l'île par les puissantes armées d'Abou Ya'qoûb; pour lui-même c'était la perspective de la prison ou de la mort! se soumettre au contraire, c'était sa déchéance immédiate prononcée par le conseil, c'était peut-être même la guerre civile déchaînée dans le royaume. Ne trouvant pas de solution commode à ce pénible dilemme, Moḥammed essaya de temporiser : ce n'était plus possible. Vivement sollicité par le souverain almohade (1), effrayé à l'annonce de la grande expédition que celui-ci avait entreprise en Espagne (2), Moḥammed ne se sentant pas l'énergie de résister à pareil ennemi, envoya sa soumission. Le khalife almohade chargea aussitôt un de ses officiers, 'Ali ben er-Reberter (3) d'aller s'établir à Majorque auprès de Moḥammed pour le surveiller et mettre à l'épreuve sa sincérité (4).

1. Cf. Dozy, *Rech.*, II, 440.

2. Il s'agit de l'expédition de 580 dans laquelle le khalife almohade trouva la mort. Voici en quelques mots ce que furent les préparatifs de cette expédition : dès la fin de l'année 579 (1183-1184 J.-C.) le souverain de Marrâkoch avait fait un appel aux armes; de nombreux Maçmoûda, des Arabes, des contingents de toutes les tribus du Maghrib, y avait répondu. Le 4 moḥarram, premier mois de l'année 580 (18 avril 1184) l'armée quitta Fâs pour se rendre à Sebta (Ceuta). L'embarquement dura jusqu'à la fin du mois. L'armée débarqua au djebel el-Fatḥ (montagne de la victoire) le 5 çafar (19 mai) ; cf. 'Abd el-Wâhid, 185; *Qartâs*, 140.

3. Sur l'orthographe de ce nom propre et l'origine de ce personnage, on peut consulter : Dozy (*Rech.*, II, 437 et suiv.) publiant une traduction d'un passage de la chronique d'Alphonse VII (tiré de l'*España Sagrada* de Flores, t. XXI, col. 45, 46).

4. Il était d'usage chez les souverains almohades d'attacher un officier au

'Ali ben er-Reberter qui est appelé à jouer un rôle important dans ce qui va suivre, mérite que nous disions quelques mots de sa personnalité. C'était, nous apprend la chronique de l'empereur Alphonse VII, le fils d'un chrétien, noble décurion de Barcelone nommé Reberter (Robert). Ce décurion ayant été fait, dans une expédition, prisonnier par l'amiral almoravide Ibn Meimoûn, fut emmené en Maghrib. Il reçut dans ce pays le commandement de la milice chrétienne (1) par ordre du souverain 'Ali ben Yoûsof et le conserva jusque sous le règne de Tâchfîn ben 'Ali. Er-Reberter à la tête de sa troupe chrétienne eut l'occasion d'infliger bien des échecs aux troupes de 'Abd el-Moûmin. Son fils Abou 'l-Ḥasan 'Ali dont il est ici question, s'était fait musulman et était entré au service des Almohades auquel il rendit à son tour des services signalés.

Ainsi que l'avait pensé Moḥammed, la soumission au

gouvernement qui avait fait hommage de vassalité. C'était là un habile moyen de gouvernement de laisser aux peuples soumis l'administration qu'ils avaient, la transition était moins sensible. L'officier délégué dans ces fonctions de résident était un *ḥâfidz* (حافظ), ou surveillant, car il était chargé de veiller à l'observation stricte des conditions imposées par le gouvernement almohade. Voyez à ce propos : *Jour. Asiat.*, 1852, août-sept., p. 136.

1. Sur le recrutement de cette milice, voyez Dozy, *Musulmans d'Espagne*, IV, p. 263. Cette milice chrétienne exista sous les différents empires berbers musulmans qui se succédèrent au Maghrib, et les renseignements que fournissent à ce propos les chroniques musulmanes, permettraient de mettre en lumière ce point curieux et de rechercher comment étaient traités les soldats chrétiens. M. de Mas Latrie (*Relat. et comm.*, 370) fait remarquer qu'au moyen âge, les musulmans ne se cachaient pas pour acheter du vin sur les marchés des échelles de la Berbérie et ajoute qu'une partie de ce vin était detinée à la milice chrétienne. Malgré les bons rapports qui existaient entre chrétiens et musulmans, il arrivait parfois que les milices se révoltaient, mais elles agissaient, semble-t-il, plutôt mues par un motif politique, que par haine contre leurs maître musulmans. 'Abd er-Raḥmân ben Khaldoûn nous apprend par exemple que la milice chrétienne qui formait la garde du palais du roi Yaghmorâsen ben Zeyân à Tlemcen, se révolta et assassina Moḥammed ben Zeiyân, frère du roi, en l'an 652 (1254) [cf. *Hist. Berb.*, trad., III, 353]. Voyez aussi, Yaḥia ibn Khaldoun, *Bighyat er-Rouwâd...*, Bibliothèque Nationale de Paris, fonds arabe, n° 5031, f° 38 v.

souverain almohade, lui aliéna la sympathie et la confiance de ses sujets. On se concerta en secret et l'on complota de renverser Moḥammed. L'arrivée d'Ibn er-Reberter fut l'étincelle qui mit le feu aux poudres. Une révolte à la tête de laquelle se trouvaient les frères du prince régnant, éclata aussitôt (1). Moḥammed fut jeté en prison et son frère 'Ali s'installa à sa place. Il est difficile de déterminer si le résident almohade fut emprisonné en même temps que Moḥammed ou après lui, les renseignements précis font défaut, pour éclaircir ce point spécial. Nous adopterons la version d'Ibn Khaldoûn (2), d'après laquelle 'Ali ben er-Reberter, devant la tournure des événements aux Baléares songea à fuir pour aller rejoindre son maître en Espagne. Mais les Almoravides ne le laissèrent pas mettre son projet à exécution; il fut arrêté à son tour et emprisonné lui aussi. Les vaisseaux qui l'avaient amené de Sebta (Ceuta) furent saisis par les Almoravides. A bord de ceux-ci, des matelots majorquains et des soldats des îles, remplacèrent les marins almohades (3).

Tous les événements dont nous venons de donner le récit succinct, se passèrent dans l'espace de quelques mois, et si le manque de renseignements ne nous permet pas d'en préciser la date, du moins savons-nous qu'ils eurent lieu entre celle du départ d'Abou Ya'qoûb Yôusof pour l'Espagne (Moḥarram 580 = avril-mai 1184) et celle de sa mort, le 2e samedi de Rabi' II, 580 (fin juillet 1184) (4).

1. *Histoire Berb.*, éd., I, 249.

2. *Ibid.*, I, 249.

3. Voyez là dessus des détails *ap.* Codera, *Decad. y desap.*, 338-340 qui donne un extrait, intéressant ce point, de l'Anonyme de Copenhague, d'ap. le ms. de Gayangos, n° 490 de la Bib. nat. de Madrid, fol. 63, 64, 65.

4. Ces dates sont données par l'auteur du *Qarṭâs*, 141. Ibn Khaldoûn ne fixe pas la date de la mort du souverain (voy. *Hist. Berb.*, édit., I, 325; trad., II, 205); Ibn el-Atsir donne la date du 1er Rabi' I (voy. éd. Tornb., XI, p. 332).

Telle était la situation quand parvint aux Baléares la nouvelle de la mort du khalife almohade. Les troupes musulmanes venaient d'éprouver un rude échec au siège de Santarem (1). La formidable armée d'Abou Ya'qoûb, forcée de lever le siège de la place, avait été battue par une poignée de chrétiens. L'effet produit par ce désastre pouvait avoir des conséquences très graves pour l'empire almohade, dont les ennemis, les infidèles envahissaient les frontières. Le nouveau khalife Abou Yoûsof Ya'qoûb (2) dut passer en Espagne le reste de cette même année, pour y relever aux yeux des chrétiens le prestige des armes almohades (3).

1. Les chroniqueurs musulmans donnent généralement d'assez longs détails sur le siège de Santarem et la mort d'Abou Ya'qoûb. Ils ne sont pas tous d'accord sur les dates et encore moins sur les faits. D'aucuns font mourir le souverain sur le champ de bataille; d'autres disent qu'il mourut quelques jours après, des suites de ses blessures. La plupart des chroniqueurs placent la mort d'Abou Ya'qoûb dans le mois de Rabi' IIe. On verra par exemple que : le *Qarṭas*, p. 136 et 179 donne la date du 18 Rabi' IIe et à la page 141 il donne la date du 2e samedi de Rabi' IIe; Ezzerkechi, p. 10 donne la date du 8 Rabi' IIe; Ibn Khaldoûn (ap. *Hist. Berb*. éd., I, 323, 324) ne précise pas, il ne mentionne que l'année 580 (voy. aussi : *Hist. Berb*., trad., II, 205, note 2); 'Abd el-Waḥid, contemporain de ces faits, raconte le siège de Santarem avec force détails et fixe au 7 Radjab la date de la mort d'Abou Ya'qoûb (voy. 'Abd el-Waḥid, 185 à 190); cf. sur cette expédition, Dozy, *Recherches sur l'histoire et la littérature de l'Espagne*, 3e éd., t. II, p. 443-480.

2. Ya'qoûb ben Yoûsof ben 'Abd el-Moûmin ben 'Ali, surnommé El-Mançour fut le 3e khalife almohade. Il fut proclamé à Séville à la fin de Rabi' IIe (le 19 d'ap. le *Qarṭâs*) de l'an 580 et mourut à Marrâkoch le 22 Rabi' Ier 595 (cf. *Qarṭâs*, 142 ; Ibn el-Khaṭîb, *Ḥolal el-Marqoûma*, Tunis, 1317 hég., in-8, p. 58; Casiri, *Bib. arab. hisp*., II, 221 ; etc. On peut remarquer que les renseignements fournis par 'Abd el-Wâḥid ne sont ni précis, ni exacts. Ce chroniqueur ne nomme pas même le mois de la proclamation (c'est toutefois après le 7 Radjab 580 = 15 octobre 1184) qu'il donne comme date de la mort d'Abou Ya'qoûb). De plus, plaçant la mort de Ya'qoûb en çafar 595, il ajoute que son règne dura 16 ans, 8 mois et quelques jours, alors que c'est moins de 15 ans qu'on doit lire. Voyez aussi, *infrà*, chap. IV.

3. Ibn Khaldoûn *ap. Hist. Berb*., éd., I, 324, lig. 5.

CHAPITRE III

'Ali ben Isḥâq et ses partisans se préparent à la lutte contre les Almohades. — La guerre entre les Almoravides et les Almohades était une guerre de religion. — 'Ali conçoit le plan de transporter en Afrique le théâtre des hostilités; ses raisons. — Il débarque à Bougie, dont il s'empare (580 = 1184 J.-C.); ses premiers succès; il s'avance jusqu'à Milyâna et revenant vers l'Est, assiège Constantine.

Pendant que les Almohades étaient ainsi occupés en Espagne, 'Ali ben Isḥâq n'était pas resté inactif à Majorque. Du jour où il avait fait jeter en prison l'officier almohade 'Ali ben er-Reberter, il avait compris qu'il fallait s'attendre à de terribles représailles et avait organisé la défense dans les îles, en même temps qu'il entamait des relations avec l'Ifriqîya (1).

Ce prince était, nous l'avons vu, entouré de nombreux seigneurs du parti déchu en Berbérie comme en Espagne. Proclamé par ces seigneurs, il était leur chef légitime, tant par les liens qui unissaient sa famille à celle du grand Yoûsof ben Tâchfîn, que par la haute valeur de ses ancêtres. Lui-même était un homme d'action, plein de sagacité dans le jugement, plein d'énergie dans la décision. Admirablement secondé par ses frères, il avait su gagner l'estime des Almoravides ses sujets, derniers débris des Masoûfa et des Lemtoûna. Ceux-ci ne doutaient pas que la

1. 'Abd el-Wahid, 196.

haine fanatique des réformateurs almohades (1) ne dût les poursuivre jusque dans leurs derniers retranchements.

1. Je dois dire ici quelques mots des profondes divergences qui séparaient si nettement la doctrine almoravide de la doctrine almohade : En théologie, les Almoravides se basaient d'une manière absolue sur la tradition littérale du Qorân dont ils n'admettaient pas l'interprétation allégorique ou Tâwil (تاويل). Cette manière d'entendre la parole divine les conduisait naturellement à l'anthropomorphisme (تجسيم). On trouve par exemple dans le Livre d'Allah, répétée par deux fois dans la même sourate (Sour. XXII, versets 60 et 74 : cf. Baiḍâwi, 638 et 640) la phrase : إِنَّ ٱللَّهَ سَمِيعٌ بَصِيرٌ « Certes Dieu entend et voit ». Les Almoravides l'interprétaient en disant que Dieu entendait et voyait réellement, avec des *oreilles* et avec des *yeux*, en prenant les mots سميع et بصير dans leur sens propre. Cet anthropomorphisme était réfuté et combattu par les doctrines des Unitaires, qui, à l'instar des 'Acharites, ne voyaient en Dieu qu'un pur esprit. L'anthropomorphisme était bien naturel et ne saurait étonner chez des gens qui professaient l'agnosticisme de Malek ben Anas. Ce dernier n'avait-il pas dit en effet : « Que Dieu soit assis sur son trône, c'est chose connue, mais on ne sait comment cette parole doit être entendue. Le croire c'est un devoir, poser des questions là-dessus, est une hérésie. » [Cf. Goldziher, *Die Zahiriten*, Leipzig, 1884, in-8°, p. 133.] En droit, comme en théologie, les Almoravides étaient des malékites convaincus. D'après eux, la période de l'*Idjtihâd* (création d'un système juridique basé sur les ḥadîts et le Qorân) doit être close après Ibn Ḥanbal, dernier des quatre fondateurs de rites ; par conséquent il n'y avait plus qu'à étudier le système juridique pratique tel qu'il se trouvait dans les œuvres de ceux-ci (*Taqlîd*), sans jamais remonter aux sources mêmes de la Loi (Qorân et traditions) et en tirer un nouveau système juridique personnel (*Idjtihâd*) [Cf. Ibn Khaldoûn, *Prolégomènes*, Boûlâq, p. 374]. Les paroles suivantes de 'Abd el-Wâḥid el-Marrâkochi sont du reste suffisamment édifiantes sur ce point : « Les traités de cette école (celle de Mâlek) étaient alors en faveur et servaient de guides, à l'exclusion de tout ce qui n'en était pas, au point que l'on en vint *à négliger l'étude du Qorân et des Traditions*..... et l'on allait jusqu'à traiter d'impie, quiconque s'adonnait à l'une ou à l'autre branche de la philosophie scolastique... (cette science) était, selon les faqîhs, une nouveauté introduite dans la religion qui se traduisait souvent par une altération dans la foi. » Plus loin on lit encore : « Quand les ouvrages d'El-Ghazâli pénétrèrent en Occident, le prince ['Ali ben Yoûsof qui régna de 500-537 (1106-1142 J.-C] les fit brûler et menaça de la peine de mort et de la confiscation des biens quiconque serait trouvé détenteur de quelque fragment de ces livres ; des ordres très sévères furent donnés à ce sujet. » Cf. 'Abd el-Wâḥid, 123. Les Almohades rejetaient en droit les applications juridiques, en particulier celle du rite malékite pour tout ramener au Qorân et aux Traditions, véritables sources du droit et auxquelles selon eux, il était encore permis de puiser, contrairement à ce que prétendaient les Almoravides. C'est ainsi par exemple, selon 'Abd el-Wâiḥd (p. 183), que le

C'était en effet le *Djihâd* (1), la guerre sainte, que le Mahdi Ibn Toûmert, ce disciple des théories ach'arites (2) et de la philosophie scolastique d'El-Ghazâli (3) avait dé-

Commandeur des Croyants, Yoûsof ben 'Abd el-Moûmin, lorsqu'il préparait sa dernière expédition contre l'Espagne, ordonna aux *'Oulama* (savants) de réunir les traditions relatives à la guerre sainte pour les dicter aux Almohades et les leur faire apprendre. Le prince manifestait par ce fait son intention de laisser de côté les recueils des applications juridiques qui tous, on le sait, consacrent un chapitre à la guerre sainte. (Voyez aussi à l'appui de ces dires : Et-Tenessy, *Hist. des Zeiyan*, tr. Bargès, p. 20). L'auteur de l'histoire des Almohades que nous venons de citer, nous apprend un peu plus loin (p. 201) que les traditionnistes étaient fort bien vus à la cour du souverain Abou Yoûsof Ya'qoûb, fils et successeur du précédent, et il ajoute : « Alors disparut la science des applications juridiques, par crainte du khalife (dont les idées y étaient opposées). Abou Yoûsof fit brûler les ouvrages du rite (malékites si en honneur sous les Almoravides), après les avoir fait débarrasser des *traditions* et des *passages du Qorân* qu'ils contenaient.

1. Sur le caractère religieux de la guerre déclarée aux Almoravides par les Almohades, voir aussi : *Journ. asiat.*, juillet 1842, p. 42-44.

2. L'École ach'arite fut fondée par Abou 'l-Ḥasan el-Ach'ari (874-935 de J.-C.) qui enseigna longtemps à Baghdâd. Ce savant théologien et ses disciples rejetaient l'anthropomorphisme. Ils professaient que Dieu n'a aucune limite dans ses attributs, tout est soumis à sa puissance, il est créateur de toutes choses sans exception. Dieu, d'après eux, parle depuis l'éternité, c'est-à-dire que de tout temps, il s'est manifesté aux humains par les *Anges*, les *Prophètes* et les *Envoyés*... Ils admettaient dans une certaine mesure la prédestination et prétendaient que les actions des hommes, bien qu'étant l'œuvre de Dieu sont cependant la propriété particulière des hommes. C'est l'homme, en un mot, qui fixe le caractère moral de ses actions et en conséquence il est puni ou récompensé dans l'au-delà... (Cf. Houtsma *ap.* Chantepie de la Saussaye, *Lehrbuch der Religionsgeschichte*, Fribourg-Leipzig, 1897, in-8, 372-378). Pour plus amples détails sur ce point nous renvoyons aux ouvrages spéciaux de Spitta, *Zur Geschichte Abu 'l-Hasan al Aš'arîs* (1876); Mehren, *Exposé de la réforme de l'islamisme commencée au IIIe siècle de l'hégire par el-Ash'ari et continuée par son école* (3e sess. du Congrès des Orientalistes, vol. II); Schreiner, *Zur Geschichte des Aš'aritenthums* (VIIIe Congrès international des Orientalistes, I, 77 et suiv.).

3. Abou Ḥâmid Moḥammed ben Moḥammed ben Aḥmed el-Ghazâli eṭ-Ṭoûsi naquit en 450 ou 451 (1058 ou 1059 J.-C.) dans la ville de Ṭoûs (Khorasân), il y fit ses études et professa à Baghdâd (484 à 488); après avoir accompli le devoir religieux du pèlerinage, il se rendit à Damas où il enseigna, puis à Jérusalem, au Caire, à Alexandrie. On dit que d'Alexandrie il eut l'intention de se rendre auprès de Yoûsof ben Tâchfîn, mais il dût changer d'avis à la nouvelle de la mort de celui-ci (500). Il revint s'installer à Ṭoûs, sa ville natale, et se mit à écrire des ouvrages. Ce fut alors qu'il composa, entre autres traités,

clarée aux Almoravides et qu'il avait imposée à ses partisans; c'était au nom de la vraie religion du Dieu unique que les farouches Maçmoûda s'étaient rués sur les Lemtoûna, ces impies chez lesquels les hommes se voilaient la face, tandis que les femmes allaient à visage découvert, ces mécréants qui donnaient à la Divinité des attributs humains.

M. Goldziher a si bien montré cette cause fondamentale de la lutte entre ces deux grands empires berbères, que nous ne saurions mieux faire que de rapporter ici ce que dit ce savant :

« La lutte d'Ibn Toûmert contre la dynastie régnante, écrit-il, fut une suite directe de son hostilité contre les idées théologiques qu'elle protégeait, de son enthousiasme pour le mode de croyance que les princes almoravides faisaient poursuivre et injurier par leur *faqihs*..... Le motif de sa révolte fut la réapparition du *Tadjsim* (conception anthropomorphique de Dieu et de ses attributs), qui était devenu la doctrine religieuse des Maghribins et leur attachement à l'opinion que l'on doit éviter toute explication profonde (allégorique) des passages anthropomorphiques du saint Livre.

« La différence qu'il y eut entre Ibn Toûmert et d'autres théologiens, qui déjà avant lui avaient cherché à combattre l'anthropomorphisme par l'interprétation allégorique appelée *Tâwîl*, fut qu'il éleva sa différence doctrinale avec

son *Iḥya 'Ouloûm ed-dîn* et dans la science des sources du droit son *Moustaçfa* qui fut achevé le 6 moḥarram 503 (5 août 1109) ainsi qu'un grand nombre d'autres ouvrages « qui se répandirent dans tout le monde (musulman) ». Il mourut à Ṭâbrân (Ṭoûs), le lundi 14 djoumada II 505 (19 décembre 1111 J.-C.) [Cf. Ibn Khallikân, édit. du Qaire, I, 586-588 et 35 *in princip.*; Yâqoût, III, 560-561]; cf. sur la doctrine d'El-Ghazâli, Dugat, *Histoire des philosophes et théologiens musulmans* (Paris, 1878, in-8, p. 219-241) et surtout Asin, *Al-Gazel*, t. I, Saragosse, 1901, in-8°, auquel le récent ouvrage de M. Carra de Vaux n'ajoute que peu de chose en ce qui concerne le philosophe.

les anthropomorphistes à la hauteur d'un *casus belli.* Il considéra l'anthropomorphisme comme infidélité (كُفْر) et comme cette infidélité était favorisée par la plus haute autorité du pays (les Almoravides), il considéra qu'il y avait là un motif suffisant pour combattre cette autorité au nom de la religion et la renverser. *La guerre sainte contre les Almoravides était aussi bien une obligation religieuse* (فَرْض) *que contre n'importe quels autres infidèles.* Au reste, le mot *Moudjassim* (anthropomorphiste) est l'habituelle désignation des Almoravides dans la bouche d'Ibn Toûmert et des Almohades.....

« Anthropomorphistes et chrétiens sont les ennemis que les Almohades sont tenus de combattre également. La guerre contre la chrétienté leur était commune avec tout l'Islâm de leur époque ainsi qu'avec leurs prédécesseurs politiques, mais le combat contre le *Tadjsîm* et ses partisans était leur domaine spécial, dans lequel aucune dynastie ne les avait précédés, avec de tels procédés de guerre à feu et à sang. Comme il est leur propriété caractéristique, il reste pendant toute la dynastie almohade le point le plus fermement établi de leurs traditions » (1).

On comprendra dès lors facilement, d'après ce qui précède, quelle haine profonde les Almoravides des Baléares, conscients de leur orthodoxie, professaient pour ces sédentaires du Haut-Atlas marocain, ces Maçmoûda qui les traitaient d'infidèles et d'impies. Aussi, les débris de l'empire lemtounien, groupés autour d'un chef de la valeur de Ben Ghânya, étaient-ils bien résolus à lutter jusqu'à la mort pour leur indépendance. La plupart d'entre eux, chefs de gouvernements ou hauts fonctionnaires au nom

1. D'après Goldziher, *Materialen zur Kenntniss der Almohadenbewegung in Nordafrika* (*ZDMG.*, 1887, pp. 67, 68).

de l'empire almoravide en Espagne, avaient préféré fuir dans les îles plutôt que de se soumettre aux Almohades et à leurs doctrines, ce qui leur aurait valu l'avantage de conserver leurs fonctions ou au moins de recevoir en échange quelque emploi lucratif. On ne saurait donc s'étonner lorsqu'on les voit manifester dans tous leurs actes leur hostilité et leur haine pour l'envahisseur almohade. Ce sont eux qui, dans le conseil de gouvernement, s'opposèrent à ce qu'Isḥâq ben Moḥammed fit sa soumission au khalife Abou Ya'qoûb Yoûsof; ce sont eux encore qui poussèrent 'Ali à renverser son frère Moḥammed pour le punir d'avoir reconnu la suzeraineté almohade; c'est encore grâce à leur appui et sur leurs instances, semble-t-il, qu''Ali empoisonna Ibn er-Reberter (1).

Habitués comme nous l'avons vu à de fréquentes expéditions guerrières contre les chrétiens, ces Almoravides faisaient de bons soldats. L'argent ne leur manquait pas non plus. Leurs expéditions contre les chrétiens étaient très fructueuses et l'on en ramenait toujours du butin et des captifs (2). Le sol des Baléares était d'une remarquable fertilité et le climat d'une idéale clémence (3), ce qui a fait dire au poète Ibn el-Labbâna (4) parlant de Majorque :

1. L'anonyme de Copenhague (cit. p. Codera, *Decad. y desap.*, 339) prétend qu''Ali ben er-Reberter reçut un accueil cordial et honorable à son arrivée à Majorque. C'est le seul chroniqueur chez qui nous ayons trouvé une pareille version; elle nous semble invraisemblable et contraire aux sentiments des Majorquins. Il n'est pas facile d'admettre que les mêmes hommes qui destituent et emprisonnent leur roi pour avoir amené Ibn er-Reberter chez eux, aient fait bon accueil à ce dernier pour le jeter en prison à quelques jours de là.

2. Voyez *suprà*, et Mas Latrie, *Relat. et Comm.*, pp. 98 à 102.

3. Cf. 'Abd el-Wâḥid, 194; El-Maqqari, I, 104; A. Campaner, *Bosquejo hist.*, app. VII.

4. ابن اللبّانة, Abou Bekr ed-Dâni, naquit à Denia, résida à Almeria, mourut à Majorque en 505 Hég. (1113-4 J.-C.). Il fit de nombreuses

« C'est un pays auquel la colombe a prêté son collier et que le paon a revêtu de son plumage. On dirait que ses fleuves versent du vin et que les seuils de ses maisons sont des coupes (attirantes) » (1).

Avec des compagnons comme les siens et les richesses dont il disposait, 'Ali ben Ghânya avait compris qu'il pourrait peut-être tenir tête aux légions almohades et il n'avait pas hésité à secouer le joug pour conserver son indépendance. Les Baléares toutefois, n'offraient pas un terrain assez vaste pour la lutte; il eût été imprudent d'y attendre l'ennemi. 'Ali conçut dès lors un plan audacieux autant qu'habile; il résolut d'aller attaquer les Almohades chez eux dans la Berbérie. Ce plan, loin d'être nouveau, n'était autre dans ses grandes lignes que celui imaginé bien des siècles plus tôt par Agathocle, tyran de Syracuse et par les généraux de Rome Régulus et Scipion, contre Carthage. Un envahisseur adroit pouvait, encore au XIIIe siècle ap. J.-C., penser trouver en Maghrib d'autres Massyles et d'autres Masséssyles, qui seconderaient ses efforts. 'Ali

poésies à la louange d'El-Mo'tamid (dernier prince de Séville et qui fut exilé au Maghrib par Yoûsof ben Tâchfîn, cf. Dozy, *Musulm. d'Esp.*, IV, passim). Ce poète est fréquemment cité par Ibn el-Abbâr dans son ouvrage intitulé *El-Ḥollat es-siyara* [publiée en partie par Dozy, *Notices sur qq. mss. arabes* (Leyde, 1 vol. in-8, 1847-1851)]. Sur le poète Ibn el-Labbâna, cf. Pons Boigues, *Ensayo bio-bibliog.*, p. 172, n° 138; Hadji Khalifa, III, 603; Ibn Khallikân, III, 188; De Gayangos, I, 379; Dozy, *Rech.* I, 273; Ibn Khaqân, *Qalâyd el-'Iqyân* (Le Qaire, 1283 hég., in-8), p. 245 à 252; Aḥmed Bâba, *Neil el-Ibtihâdj*, Fas, 1617, in-4°, 229; Dozy, *Scriptorum arabum loci de Abbadidis*, passim.

1. Voici d'après El-Maqqari (I, 104) le texte de ces deux vers :

(الكامل)

بلد اعارته الحمامة طوقها   وكساه حلّة ريشه الطاؤوس

فكانّها الانهار فيه مدامة   وكانّ ساحات الديار كؤوس

Ces deux vers ont été traduits en français par Dugat dans l'introduction à l'édition d'El-Maqqari, p. XXX. Le premier seul est traduit en anglais par de Gayangos (*The histor. of the moham. dyn.*, I, 73). Le même vers a été traduit en espagnol par Campaner (*Bosq. hist.*, app. VII, 311).

escomptait l'appui des Arabes hilaliens, ces éternels ennemis de tous les empires berbères. Il espérait aussi rencontrer d'utiles auxiliaires parmi les Berbères dont les dynasties, comme celle des Ḥammadites par exemple (1), avaient été détruites par 'Abd el-Moûmin. Il n'ignorait pas qu'une partie des Berbères étaient restés fidèles en secret aux Almoravides et qu'ils n'avaient accepté le joug almohade que parce qu'ils y avaient été contraints par ces puissants conquérants (2). De même qu'Agathocle avait pensé en menaçant Carthage elle-même débarrasser Syracuse des armées carthaginoises qui l'assiégeaient, que Scipion avait compris que pour forcer Hannibal à quitter l'Italie, il fallait obliger Carthage à l'appeler à son secours, de même, 'Ali ben Ghânya comprenait, qu'en attaquant l'empire almohade en Afrique, il obligerait le sultan de Marrâkoch à rappeler d'Espagne une partie de ses troupes et ses meilleurs généraux et le forcerait ainsi pour un temps à abandonner l'idée d'envahir les Baléares.

La province d'Ifrîqîya était bien la partie la plus vulnérable des possessions d'Abou Yoûsof Ya'qoûb. Là, depuis près d'un siècle et demi, les Arabes de l'invasion hilalienne entretenaient le désordre et répandaient la dévas-

1. Ce sont là les seules raisons qui semblent avoir décidé 'Ali ben Ghânya à choisir Bougie comme port de débarquement. Il ne faut pas y voir, comme l'a dit Fournel, la raison d'une possession antérieure de cette ville par les Almoravides, ce qui est inexact (Cf. Fournel, *Richesses minérale de l'Algérie*, t. II, p. 23, n. 7).

2. On lit à ce propos dans l'*Istibçâr* (p. 37) « les descendants des Çanhâdja qui s'y trouvaient (à Bougie), par droit héréditaire, entrèrent en relations avec leurs pareils, des gens odieux en ce monde comme ils le seront dans l'autre, tels que les Majorquins (B. Ghânya) qui s'étaient séparés de ceux de leur race pour vivre à Bougie et dont certains dominaient dans cette ville. » D'autre part, 'Abd el-Wâḥid dans son histoire des Almohades dit textuellement : « ('Ali ben Ghânya) se rendit à Bougie après avoir reçu d'un groupe des principaux de la ville — à ce que l'on dit — un message, par lequel ils l'appelaient pour lui livrer la place. Sans cela, il n'eût pas osé sortir (des îles). » Cf. 'Abd el-Wâhid, 196.

tation. Jamais dans cette province, l'autorité des souverains n'avait été solidement assise. Avides de pillage et de vol, ces Arabes ne vivaient que de leurs continuelles *razzias*; prêtant leurs bras au premier aventurier qui les achetait, ils étaient arrivés à plonger le pays dans la plus complète anarchie. Toute la partie orientale de la Berbérie avait vu ses principales villes devenir les capitales de royaumes indépendants :

A Gafça, ç'avait été un officier çanhadjien du nom de 'Abd Allah ben Moḥammed ben er-Rend, qui en 445 (1053-4 de J.-C.) fondait un royaume indépendant. Ce royaume englobait rapidement une bonne partie du pays de Qastîlîya (1). La dynastie des Beni 'r-Rend, renversée en 554 (1159 de J.-C.) par 'Abd el-Moûmin, parvint à se rétablir et ne tomba enfin que sous les coups du khalife Yoûsof ben 'Abd el-Moûmin 576 (1180-1 de J.-C.) (2).

A Gabès une famille hilalienne, les Beni Djâmi', régna indépendante sur tout le pays. Ce royaume ne fut anéanti qu'en 555 (1160 J.-C.) par 'Abd el-Moûmin, lors de sa grande expédition en Ifrîqîya (3).

Tripoli était tombée en 540 (1145-6 J.-C.) au pouvoir des chrétiens de Sicile, mais une révolte ne tarda pas à les en chasser. Un notable de la place, Ibn Maṭroûḥ, en prit le commandement. Il fit du reste sa soumission en 555 (1160 de J.-C.) à 'Abd el-Moûmin.

Différentes autres villes eurent aussi leurs princes indé-

1. Pays qui se trouvait au sud de la Tunisie actuelle dans la région des grands chotts. Outre la cité de Qastîliya, il comptait des villes importantes comme Toûzer, Nefta, Taqyoûs, El Ḥamma, sur lesquelles nous reviendrons plus loin.

2. Cf. *Hist. Berb.*, éd., I, 213 et trad. II, 33, 34; Ibn el-Atsîr, XI, 309; *Qarṭas*, 139.

3. On trouvera des détails sur cette dynastie ap. *Hist. Berb.*, éd. I, 214, 215, 216, 193 et trad. II, 35, 36, 37; I, 316; Rousseau (in *Journ. asiat.*, 1852, août-sept., 145 et suiv.).

pendants; en guerre les uns avec les autres, ils affaiblissaient le pays par des luttes incessantes (1).

Cet état de division avait facilité la conquête de 'Abd el-Moûmin. Il avait dès 546 (1151-2 J.-C.) renversé la dynastie ḥammadite en s'emparant de sa capitale, Bougie (2). Dans une seconde expédition, il avait soumis toute l'Ifrîqîyâ à son autorité, 553-555 (1158-1160 J.-C.) (3). Des gouverneurs avaient été placés dans les principales villes de ce pays, mais leur autorité était bien plus nominale que réelle.

Sous le règne du souverain Yoûsof, fils et successeur de 'Abd el-Moûmin, il avait fallu réprimer la révolte des Ghomâra dans le Maghrib el-Aqça et terminer la conquête de l'Espagne. Pendant ce temps, l'Ifrîqîya loin du centre du gouvernement, était de nouveau tombée dans une situation analogue à celle dans laquelle elle se trouvait avant la conquête almohade. Les brigandages avaient recommencé et les gouverneurs étaient impuissants à les enrayer. Un parti de Turcs, soldats de Salaḥ ed-Dîn (صلاح الدين Saladin), sous les ordres d'un de leurs officiers, nommé Qarâqoûch (قراقوش) un Arménien, avait quitté l'Égypte vers 568 (4) pour venir s'installer en Ifrîqîya. Là, avec l'appui des Arabes, cet aventurier avait réussi à se créer rapidement un petit royaume (5).

'Ali ben-Ghânya n'ignorait pas cette situation et il avait

1. Cf. *Hist. Berb.*, éd., I, 218-220; trad., II, 39-43.

2. En 547 selon le *Qarṭâs*, p. 126.

3. Ibn Khaldoûn (in *Hist. Berb.*, éd., I, 316) prétend que 'Abd el-Moûmin quitta l'Ifrîqîya en 556 (1161 J.-C.), c'est évidemment là une erreur. Ce fut en 555 que ce souverain almohade fut de retour ainsi que l'attestent deux chroniqueurs : 'Abd el-Wâḥid, 168; *Qarṭâs*, 130.

4. Nous aurons à revenir plus loin sur ces événements ; j'en profiterai pour établir cette date.

5. On trouvera également un peu plus loin des renseignements détaillés sur ce personnage, qui a joué un rôle important dans la révolte des Benou Ghânya.

eu l'ingénieuse idée d'en tirer parti contre ses ennemis. A peine installé sur le trône des Baléares, il apprit la mort de sultan Abou Ya'qoûb Yoûsof. C'était là un heureux événement pour les Almoravides, car tandis que le nouveau khalife ferait reconnaître son autorité, 'Ali aurait le temps de se préparer à la lutte. Une petite flottille fut équipée ; on y embarqua des hommes, des armes et des richesses. Les préparatifs de l'expédition une fois achevés, 'Alị confia le gouvernement des îles à son frère Ṭalḥa (1). Lui-même s'embarqua avec un certain nombre de ses autres frères, parmi lesquels Yaḥta, 'Abd Allah, El-Ghâzi, Djobbâra, etc., dont il sera fait mention dans la suite.

Il avait dû armer tous les vaisseaux dont il disposait, y compris ceux que ses compagnons avaient arrachés aux mains des Almoravides venus avec Ibn er-Reberter. Il était arrivé ainsi à un total de 32 navires (2). Un vent favorable ayant enflé les voiles, le convoi quitta Majorque et prit le large, dans la direction de l'Orient. Les soldats almoravides qu''Ali emmenait avec lui étaient pour la plupart endurcis au métier de la guerre, habitués aux expéditions sur terre et sur mer contre les chrétiens, ils formaient une phalange d'intrépides corsaires et de vaillants guerriers. Ils étaient heureux d'aller *razzier* de nouvelles terres encore inconnues pour eux. Ils laissaient derrière eux les îles, leur patrie, qu'ils ne devaient plus revoir.

Au bout de quelques jours, la flotte almoravide arriva à

1. C'est là du moins la version d'Ibn Khaldoûn, *Hist. Berb.*, éd. I, 325 ; voyez aussi de Gayangos, *The hist. of the mohamed. dyn.*, app. LXIV. Ibn Khaldoûn se mettant en contradiction avec lui-même, écrit ailleurs qu''Ali laissa pour le remplacer aux Baléares, son oncle Abou Zobéïr (cf. *Hist. Berb.*, éd., I, 250).

2. Ibn el-Atsîr dit que l'escadre d'expédition comptait seulement 20 vaisseaux (cf. éd. Tornberg, XI, 334). Le nombre 32 est de préférence adopté par les autres chroniqueurs : Voyez Ez-Zerkechi, 10-11 ; *Hist. Berb.*, éd. I, 249 et trad. II, 89.

Bougie dont elle s'empara le 6 cha'bân 580 (13 novembre 1184) (1), pendant que les habitants de la ville étaient à la mosquée (2). Voici d'après Ibn el-Atsîr et l'auteur du *Qarṭâs*, le récit de cette première conquête des Almoravides (3) :

'Ali arrivé devant Bougie fit opérer le débarquement à quelque distance de la ville. Sa petite troupe se composait de 200 cavaliers et 4.000 fantassins (4). Le gouverneur almohade de la place, le sîd Abou r-Rabi' ben 'Abd Allah ben 'Abd el-Moûmin (5) était absent : il était parti pour

1. La date de 580 est donnée par le *Kitâb el-Istibçâr*, p. 37 ; *Qarṭâs*, 179 ; Ibn el-Atsîr, XI, 334 ; 'Abd el-Wâḥid, 193 et 196 ; Ibn Khallikân, II, 429 ; elle a été adoptée par Codera, *Decad. y desap.*, 335 ; elle est donnée aussi, d'après l'auteur du *Qarṭâs*, par le *Kitâb el-Istiqça*, I, ١٦٥. Toutefois on trouve ailleurs la date de çafar 581 (mai 1185) (cf. Ez-Zerkechi, 10-11 ; Ibn Khald., ap. *Hist. Berb.*, éd. I, pp. 28, 250, 325 ; *Kitâb el-Istiqça*, I, 165. C'est là une confusion de ces chroniqueurs qui donnent ici la date à laquelle la flotte Almohade reprit Bougie aux Benou Ghânya, ainsi que nous le verrons plus loin.

2. Les événements dont l'Ifrîqîya fut le théâtre pendant plus d'un demi siècle, à partir de la prise de Bougie, sont très brièvement racontés par Campaner dans son *Bosquejo hist.*, app., p. 290 et suiv., d'après le récit de l'*Hist. des Berb.*, trad. II, 86-104 ; 206-212 ; 219-223 ; 286-291 ; 294-295 ; 301, et de l'auteur du *Qarṭâs*. Les dates données par A. Campaner sont celles d'Ibn Khaldoûn. Voyez aussi : de Mas Latrie, *Relat. et comm.*, pp. 111 et suiv., qui résume également d'après Ibn Khaldoûn les exploits d''Ali et de son frère Yaḥia ben Ghânya.

3. Cf. Ibn el-Atsîr (éd. Tornb.), XI, 334, *Qarṭâs*, 179.

4. Cette troupe, comme on l'a vu, était composée exclusivement d'Almoravides tout dévoués à 'Ali ben Ghânya. C'était ce petit corps d'armée qui formait le noyau autour duquel devait bientôt se grouper un grand nombre de Berbères, mécontents des Almohades, ou qui, n'ayant rien à perdre s'ils étaient vaincus, avaient au contraire la perspective de la fortune et du bien-être s'ils remportaient la victoire. En outre, Bougie, ancienne capitale des Ḥammadites, était un foyer de sourd mécontent contre l'usurpateur almohade qui avait renversé leur empire. Ils n'attendaient que la première occasion pour résister à leurs ennemis et oppresseurs. En promettant leur appui effectif à 'Ali ben Ghânya ils n'avaient pas peu contribué assurément à le décider à débarquer à Bougie, ainsi qu'on l'a remarqué. Ce sont donc les Ḥammadites qui facilitèrent les premières victoires d'Ibn Ghânya ; ce seront ensuite surtout les Arabes hilaliens qui viendront grossir les rangs de l'Almoravide, comme nous le raconterons dans ce qui va suivre.

5. Cf. Ibn Khaldoûn, *Hist. Berb.*, éd. I, 250 et trad. II, 89.

Marrâkoch depuis quelques jours seulement (1), emmenant avec lui toute la garnison de Bougie. Les portes étaient ouvertes, les Almoravides pénétrèrent dans la ville sans coup férir. C'était, comme nous l'avons dit, l'heure de la prière et les habitants étaient à la mosquée ; 'Ali ordonna de cerner le lieu saint et fit ainsi prisonniers d'un seul coup tous les Bougiotes. Il accorda la liberté à ceux qui se soumirent à son autorité et fit massacrer tous les autres (2). A partir de ce jour, ajoute l'auteur du *Qarṭâs*, les musulmans de Bougie fermèrent les portes de la ville pendant la prière du vendredi.

Le gouverneur de Bougie continuait sa route vers la capitale almohade quand il apprit que la ville, dont il avait la garde, était tombée entre les mains d'Ibn Ghânya. Il s'empressa de revenir sur ses pas. Le sîd Abou 'r-Rabi' avait avec lui une escorte de 300 cavaliers almohades. Les Arabes et les Kabyles du pays lui fournirent encore 1.000 cavaliers environ. Avec cette colonne de cavalerie, il marcha sur Bougie. De son côté, 'Ali avait réussi à gagner à sa cause les derniers partisans de la dynastie ḥammadite (3).

1. Ceci semble confirmer ce qui a été dit plus haut, c'est-à-dire qu''Ali entretenait des relations de Majorque avec quelques habitants de Bougie. Nous ne croyons pas en effet devoir mettre simplement sur le compte du hasard cette heureuse coïncidence qui aurait fait arriver le Majorquin précisément pendant l'absence du gouverneur de la place.

2. Il fit cependant jeter en prison quelques grands personnages qui se trouvaient dans la place. De ce nombre, les chroniques mentionnent le sîd Abou Moûsa 'Isa ben 'Abd el-Moûmin venant d'Ifrîqîya dont il était gouverneur en même temps que son frère Ḥasan. Le sîd Abou Moûsa 'Isa était ce jour-là de passage à Bougie et se rendait lui aussi à Marrâkoch (cf. 'Abd el-Wâḥid, 196 ; *Hist. Berb.*, éd. I, 250). 'Abd el-Wâḥid raconte même d'une manière détaillée la curieuse odyssée de ce chef almohade. Abou Moûsa, fait d'abord prisonnier par les Arabes d'Ifrîqîya ne fut relâché par eux que moyennant une rançon considérable (36.000 mitskâl). Abou Ya'qoûb le sultan, fit pour la circonstance frapper de la fausse monnaie en cuivre doré, avec laquelle il paya la somme demandée. Mis en liberté, le sîd Abou Moûsa continuait sa route vers Marrâkoch, quand il tomba aux mains des Almoravides.

3. Cf. Ibn el-Atsîr, XI, 334.

A l'annonce de l'approche du sîd Abou 'r-Rabi', il sortit de Bougie à la tête d'environ 1.000 cavaliers et s'avança à la rencontre de l'ennemi. Lorsque les deux troupes furent en présence, les Arabes et les Berbères, alliés des Almohades firent défection et passèrent du côté de 'Ali (ben Ghânya). C'est ce qui décida de la victoire. Le sîd Abou 'r-Rabi' réussit à échapper au massacre, et, suivi de quelques cavaliers, il s'enfuit dans la direction du Maghrib extrême (1). Il se réfugia à Tlemcen où commandait alors son cousin germain, le sîd Abou 'l-Ḥasan ben Abi Ḥafç ben 'Abd el-Moûmin.

'Ali rentra à Bougie avec ses nouveaux alliés. Ces premières victoires avaient suffi pour gagner à la cause du vainqueur une bonne partie des tribus arabes hilaliennes du voisinage. Les Djochem, les Riâḥ, tous les Atsbedj se rangèrent sous la bannière de 'Ali; les Zoghba seuls restèrent fidèles aux Almohades (2). 'Ali, maître de Bougie, organisa sommairement l'administration du pays conquis. Au commandement de la ville, il mit comme gouverneur militaire son frère Yaḥîa avec une garnison. Il laissa comme prédicateur à la grande mosquée le savant jurisconsulte

1. Ibn el-Atsir est le seul auteur chez qui nous ayons trouvé mention de cette bataille et il ne cite pas l'endroit où elle eut lieu. Ibn Khaldoûn parle bien, lui aussi d'une victoire remportée par 'Ali ben Ghânya sur les troupes almohades peu après la prise de Bougie. Il est probable que ces deux victoires n'en font qu'une seule racontée différemment. Voici du reste le récit d'Ibn Khaldoûn : ...Le sîd Abou 'r-Rabi' ben 'Abd Allah ben 'Abd el-Moûmin qui commandait à Bougie, était alors absent, ayant fait une excursion à Aïmîloûl (ايميلول)....... Le gouverneur (almohade) de la Qala'a (des B. Ḥammâd) qui se rendait à Marrâkoch, arrivé à Mitîdja (متيجة) y apprit la prise de Bougie, il revint sur ses pas pour porter secours au sîd Abou 'r-Rabi' 'Ali (ben Ghânya) marcha contre eux, mit leur armée en déroute et s'empara de leur camp et de leurs trésors. Les deux chefs almohades parvinrent à atteindre Tlemcen où ils s'arrêtèrent chez le sîd Abou 'l-Ḥasan... (cf. *Hist. Berb.*, éd. I, 250 et trad. II, 89).

2. *Hist. Berb.*, éd. I, 27.

'Abd el-Ḥaqq ben 'Abd er-Raḥmân El-'Azdi (1) qui conserva cet emploi jusqu'à sa mort. 'Ali ben Ghânya s'attacha les tribus arabes, qui étaient venues à lui, en leur distribuant une partie du butin. Puis sans s'attarder à Bougie, il continua la conquête du pays.

Après avoir soumis la banlieue de l'ancienne capitale ḥammadite, 'Ali remontant la vallée de l'Oued Sahel, marcha vers l'Ouest et arriva devant Alger. La place tomba en son pouvoir (2). L'Almoravide y laissa comme gouverneur Yaḥîa, fils de son frère Ṭalḥa (يحيى بن اخيه طلحة) (3). Continuant sa marche conquérante vers l'Ouest, sans rencontrer de résistance, il vit tomber successivement en son pouvoir les villes de Moûzaïya مُوزَيَّة et de Milyâna مِلْيَانَة (4).

1. Ce savant qui fut à la fois poète et juriste, écrivain et orateur, naquit à Séville en 500 et mourut à Bougie en 581 (juillet 1185). On trouvera d'autres détails sur ce personnage dans 'Abd el-Wâḥid 197; Ez-Zerkechi, 11; Eḍḍabbi, *Bighyat-el-Moltamis*, éd. Codera, Madrid, 1885, in-8, p. 378, nº 1104; Ibn el-Abbâr, *Takmilat-eç-Çila*, éd. Codera, Madrid, 2 v. in-8, 1888-89, p. 647-648; Maqqari, II, 657 et pass.; Pons Boigues, *Ensayo bio-bl.*, 250.

2. Ibn Khaldoûn (*Hist. Berb.*, éd. I, 250, 326), qui mentionne cette conquête, dit : افتتح الجزاير ce qui signifie « il s'empara d'Alger de vive force ». Nous n'avons jamais rencontré افتتح avec le sens de « s'emparer par surprise » que lui a donné de Slane (in *Berb.*, tr. II, 208). Les chroniqueurs sont du reste muets sur ce point ou tout au moins tellement brefs, qu'il ne nous a pas été possible de déterminer les conditions dans lesquelles la place d'Alger tomba au pouvoir de l'Almoravide, pas plus que la date précise de cette conquête.

3. Nous avons suivi ici la leçon d'Ibn Khaldoûn (*Hist. Berb.*, éd., I, 326, lig. 2) qui nous a paru la plus logique. Le même auteur donne encore deux autres versions : يحيى ابن اخي طلحة (*éd.* I, 250) et يحيى بن طلحة (*éd.* I, 326). Or cette dernière équivaut à celle que nous avons adoptée : يحيى بن اخيه طلحة, puisque nous savons que Ṭalḥa était le frère de 'Ali.

4. Ces faits sont racontés par Ibn-Khaldoûn (*Hist. Berb.*, éd. I, 250 et 326). Nous observerons que le texte arabe d'Ibn Khaldoûn porte مازونة (Mâzoûna) au lieu de موزية (Moûzaïya) comme l'a remarqué de Slane dans sa traduction française (t. II, 89, note 2). L'auteur du *Kitâb el-Istiqça* (I, 165) qui plagie,

Peut-être ʿAli avait-il alors l'intention de poursuivre sa route sur Tlemcen et Marrâkoch? Il avait dû être encouragé dans cette idée par la facilité avec laquelle étaient venus se joindre à lui les Berbères des environs de Bougie. Il n'avait pas songé que, si dans l'empire ḥammadite, à peine renversé depuis quelques années, il pouvait trouver des alliés parmi les nombreux partisans des Beni Ḥammâd, il n'en serait plus ainsi dans l'Ouest où toutes les tribus étaient dévouées à la cause almohade. Quoi qu'il en soit, si ʿAli avait agi ainsi dans le but de marcher sur la capitale de l'empire almohade, il changea d'avis à Milyâna. Cette détermination nouvelle eut-elle pour motif la froideur manifestée à son égard par les tribus de la région, ou bien la nouvelle du départ d'Espagne du khalife almohade, Abou Yoûsof Yâʿqoûb, revenant en Maghrib? nous ne saurions le dire faute de renseignements précis (1). En tous cas, ʿAli ben Ghânya ne dépassa pas Milyâna vers l'Ouest. Il laissa dans la ville une poignée d'hommes avec un gouverneur almoravide nommé Yedder ben ʿAïcha (يدّر بن عائشة) et s'en revint vers l'Est. Toutefois il ne prit pas le même chemin qu'à l'aller et laissant sur sa gauche la plaine de la Mitidja qu'il venait de parcourir; il appuya plus au Sud et suivit la ligne des hauteurs de l'Atlas tellien. Il arriva ainsi sous les murs de la forte position appelée la Qalʿaa des Beni Ḥammâd (2). Au bout de trois jours de

sans doute encore ici Ibn Khaldoûn, n'a pas vu la faute et a conservé l'orthographe مازونة.

1. Les chroniques que nous avons eues entre les mains sont muettes sur ce point. Nous n'avons même pas pu fixer la date exacte de la prise de Milyâna, pas plus que celle du débarquement d'Abou Yoûsof Yaʿqoûb à Ceuta.

2. El Qalʿa (القلعة); ville fondée en 398 (1007-1008 de J.-C.) par le Ziride Ḥammâd ben Bologgîn (حماد بن بلقين) qui en fit sa capitale. Ḥammâd ben Bologgîn fut le premier souverain de l'empire ḥammâdite auquel il donna son nom (cf. *Hist. Berb.*, éd. I, 221). C'est à peine s'il reste aujourd'hui quel-

siège, comme la place résistait toujours, 'Ali lui fit donner l'assaut et s'en rendit maître (1). D'El-Qal'a, le chef almoravide, suivi d'une véritable armée d'Arabes assoiffés de pillage, se rendit sous les murs de Constantine. Mais cette place admirablement fortifiée par la nature et par l'art était à l'abri d'un coup de main; 'Ali ben Ghânya dut en entreprendre un siège en règle (2).

ques ruines de cette ancienne capitale. La *Revue Africaine* (1886) renferme un article de M. Mequesse sur El-Qal'a; mais à notre grand regret nous n'avons pas pu en prendre connaissance, pas plus que du « compte rendu de la mission Blanchet » où quelques pages sont consacrées à cette forteresse de l'époque musulmane. La Qal'aa fut abandonnée par En-Nâçir ben 'Alennâs (الناصر بن علناس), cinquième prince de la dynastie ḥammâdite, qui fonda Bougie dont il fit sa capitale et le lieu de sa résidence (cf. *Hist. Berb.*, éd. I, 226). Elle s'appela longtemps Qal'at-Abi Ṭawîl (*Istibçâr*, 32, 99 et suiv.). El-Qal'a (avec son diminutif El-Qoliy'a d'où El-Goléa et Coléa) est un nom très répandu en pays musulman, il signifie : « château fortifié et bâti sur une éminence. » De ce mot arabe, les Espagnols ont fait « alcala ». Sur El-Qal'aa, voyez : El-Idrîsi, 52, 82, 91, 92, 93, 94; El-Bekri, éd. 49; Yâqoût, IV, 162; Fournel, *Berbers*, II, 272, note 2.

1. Il semble bien qu'en la circonstance, 'Ali ben Ghânya ait agi sur les instances de ses alliés les Ḥammadites, qui désiraient rentrer en possession de l'ancienne capitale de leurs pères.

2. Cf. *Hist. Berb.*, éd. I, 250; et trad., II, 89, 90; l'auteur de l'*Istibçâr* dit seulement que 'Ali ben Isḥâq ben Ghânya (!) après s'être rendu maître de Bougie (580) et lui avoir causé beaucoup de mal ainsi qu'aux environs, monta à Constantine, d'où il fut chassé par les troupes Almohades (cf. *Istibçar*, p. 37).

CHAPITRE IV

Premiers revers de 'Ali ben Ghânya. — Les Almohades sous la conduite d'Abou Zeïd le repoussent au désert. — 'Ali s'établit dans le pays du Djerîd où il reçoit l'appui des Ghozz et des Arabes.

Jusqu'alors, la fortune avait paru sourire aux Almoravides. 'Ali avait fait fuir devant lui les troupes almohades, trop faibles pour résister ; les villes lui avaient ouvert leurs portes, les populations s'étaient soumises ou même étaient venues augmenter ses contingents ; la réputation de ses succès s'était répandue dans le pays. Le prince des Baléares s'était laissé griser par ses faciles conquêtes et tromper par son ignorance du pays. Il n'avait pas compris, semble-t-il, que les Arabes et la plupart des Kabyles qui étaient devenus ses alliés, l'avaient suivi par esprit de rapine et l'abandonneraient dès les premiers revers. Il allait bientôt en faire l'expérience.

Le khalife Abou Yoûsof Ya'qoûb (1) qui était resté en Espagne pour y asseoir son autorité, était à peine revenu en Maghrib, qu'il apprit les succès d'Ibn Ghânya dans des

1. Ya'qoûb ben Yousof ben 'Abd el-Moûmin surnommé El-Mançour bi faḍli-llah naquit à Marrâkoch en 555 (1160 de J.-C.) Il fut proclamé khalife étant en Espagne, à la suite du désastre de Santarem et quelques jours après la mort de son père, le 19 Rabi' II de l'an 580 (août 1184). Il mourut à Marrâkoch le 22 Rabi' I de l'an 595 (22 janvier 1199) ; cf. *Qarṭâs*, 142. On trouvera sa biographie, sous forme de compilation d'après le *Qarṭâs*, l'histoire d'Ibn Khaldoûn, le *Roqm el-Ḥolal* d'Ibn Khaṭîb, etc., ap. *Kitâb el-Istiqça* I, 181, 183.

États. Il s'empressa d'organiser une forte expédition (1) pour couper court au mal en le prenant à la racine. Le corps expéditionnaire devait être appuyé par la flotte almohade qui opérerait de conserve avec lui. Le khalife désigna le sîd (2) Abou Zeïd ben Hafç ben 'Abd el-Moûmin, son cousin par conséquent, pour prendre le commandement en chef de l'expédition et le nomma en même temps gouverneur du Maghrib central (3). Abou Moḥammed ben Abou Isḥâq ben Djâmi' (4) fut chargé de conduire la flotte, assisté de deux lieutenants, Abou

1. Cette expédition aurait été décidée par Abou Yoûsof Ya'qoûb à la suite des instances du gouverneur détrôné de Bougie, Abou 'r-Rabi', qui serait venu trouver le sultan, lui aurait exposé les succès remportés par les Almoravides et lui aurait montré le danger qu'il y avait à laisser s'étendre la révolte dans la Berbérie (cf. Ibn el-Atsîr, XI, 334).

2. *Sîd* ou *Sîyed* (سيد) est le titre donné aux descendants d''Abd el-Moûmin à partir de l'an 551, date de la nomination du Sîd Abou Ya'qoûb ben 'Abd el-Moûmin au gouvernement de l'Espagne. Cf. Codera, *Dec. y desap. de los almor.*, p. 52 et n. 1; *Hist. Berb.*, trad., II, 89 et n° 1; A. Campaner, *Bosq. hist.*, 292, n° 2. — Cette dénomination de *sîd* employée par les chroniqueurs musulmans, aide à éviter la confusion qui pourrait s'établir entre les descendants d'Abou Ḥafç, fils de 'Abd el-Moûmin et ceux d'Abou Ḥafç 'Omar, le compagnon du Mahdi Ibn Toûmert qui sont appelés *cheïkh* (شيخ), comme leur aïeul. On reviendra plus loin sur ce mot *cheïkh*.

3. « Le *Maghrib el-Aoûsat* ou Maghrib central se prolonge depuis Oran, à une journée de Tlemsen, dans la direction de l'Orient, jusqu'à l'extrémité orientale du pays de Bougie », (dit Aboulféda, trad. Reinaud, II, 168); on le nomme Maghrib du milieu parce qu'il est situé entre l'Ifrîqîya à l'est et le Maghrib extrême à l'ouest. Du reste les limites, comme toutes frontières en pays de nomades, ont toujours été très flottantes. Il est à peine nécessaire de relever l'erreur que commet Aboulféda en disant que Tlemsen n'est séparée d'Oran que par une journée de marche, alors que la route la plus courte (par 'Aïn Témouchent) compte aujourd'hui 140 km. Ibn Khaldoûn qui donne une description fort détaillée des Maghrib (*Hist. Berb.*, traduct., I, 186 et suiv.) indique comme limite occidentale du Maghrib central, le fleuve Moloûîya (*ibid.*, 194); selon l'*Istibçâr* (p. 115, 120, 134) le Maghrib central finit dans la région de Târza; voyez encore : Mercier, *Hist. de l'établissement des Arabes dans l'Afrique septentrionale*, p. 20; Fournel, *Berbers*, I, p. 31.

4. Abou Moḥammed 'Abd Allah ben Abou Isḥâq Ibrâhîm ben Djâmi', appartenait à une famille jouissant d'une grande influence à la cour almohade. Son père Ibrâhîm ben Djâmi' se trouvait au nombre des compagnons du Mahdi Ibn Toûmert quand celui-ci quitta Marrâkoch. Il était d'origine espagnole,

Moḥammed ben 'Aṭoûch et Aḥmed le Sicilien. Le corps expéditionnaire, fort de 20.000 hommes, au dire d'Ibn el-Atsîr (1), se mit en marche vers l'Est. Le sîd Abou Zeîd arriva à Tlemcen, dont il trouva les fortifications parfaitement restaurées, grâce aux soins de son frère le sîd Abou 'l-Ḥasan, qui commandait la place. Il continua sa marche en avant en faisant proclamer une amnistie générale.

A la nouvelle de l'approche d'une armée almohade, les gens de Milyâna, rejetant l'autorité d'Ibn Ghânya, firent à nouveau leur soumission à leurs anciens maîtres. Le gouverneur Yedder ben 'Aïcha, impuissant à résister, chercha son salut dans la fuite et quitta Milyâna pendant la nuit avec quelques compagnons. Les partisans des Almohades s'étant aperçus de ce départ, se mirent à la poursuite des fugitifs qui furent atteints à Oumm el-'Alou (أُم العلو) sur les bords du Chélif (2). Un combat s'engagea et, malgré tous

ses parents habitaient Tolède et lui-même avait été élevé au village de Roûṭa (روطة) sur le littoral de Xérès (شريش)... Ibrâhîm passa dans le Maghrib, comme ouvrier en cuivre. C'est alors qu'il fit la connaissance d'Ibn Toûmert et devint un de ses principaux compagnons. Ses fils eurent dans le gouvernement almohade une influence considérable et y occupèrent un rang élevé ; l'un d'eux, Abou 'l-'Olâ Idrîs fut vizir d'Abou Yoûsof Ya'qoûb. Tombé en disgrâce il fut jeté en prison par ordre de ce souverain en 577 (1181-2 J.-C.) (cf. 'Abd el-Wâḥid, 176). 'Abd Allah avait été sous Abou Ya'qoûb, gouverneur de Ceuta et dépendances, puis commandant général de la flotte almohade, fonctions qu'il exerçait encore lorsqu'il mourut (cf. 'Abd el-Wâḥid, 228). 'Abd Allah, comme le pense 'Abd el-Wâḥid, ne fut pas mis à mort par ordre du souverain Abou Ya'qoûb, puisque nous le retrouvons, sous le fils de celui-ci, à la tête de la flotte. (Voyez *Hist. Berb.*, éd. I, 250, 326 ; trad. II, 90, 209.) Le Mouḍafi' dont parle 'Abd el-Wâḥid serait peut-être un membre de la famille hilalienne des Beni Djâmi' qui régna à Gabès (voy. *infrà*).

1. Ibn el-Atsîr, XI, 334 ; Le *Kitâb el-Istiqça* parle de cette expédition, sans toutefois donner le chiffre des troupes du corps expéditionnaire, ni citer la source à laquelle il a puisé : cf. *K. el-Istiq.*, I, 165.

2. Les documents pour déterminer la position de cette localité, aujourd'hui disparue font malheureusement complètement défaut. Tandis que de Slane, la place sur les bords du Chélif (*Hist. des Berb.*, trad., II, 90), M. Mercier qui

les efforts de ses compagnons d'infortune, Yedder ben 'Aïcha fut fait prisonnier. Il fut conduit devant le sîd Abou Zeîd qui le fit mettre à mort (1).

Pendant que ces événements se déroulaient à Milyâna, Alger avait été replacée sous l'autorité almohade d'une manière analogue. A peine les habitants d'Alger avaient-ils eu connaissance de l'arrivée d'une armée et d'une flotte almohades, qu'ils s'étaient révoltés contre le gouverneur almoravide. Yaḥîa ben Ṭalḥa avait été jeté en prison avec ses soldats et la suzeraineté d'Abou Yoûsof Ya'qoûb avait été proclamée dans la place. Quand la flotte d'Ibrâhîm ben Djâmi' se présenta devant la ville, les Almohades furent reçus avec beaucoup d'empressement et les prisonniers furent remis entre leurs mains. Tandis que la flotte était ancrée devant Alger, il semble qu'un corps almohade fut débarqué et alla au devant du sîd Abou Zeid, pour lui conduire les prisonniers almoravides et les soumettre à son verdict (2). Les Almoravides furent tous mis à mort par ordre de ce prince, à l'exception toutefois peut-être de Yaḥîa ben Ṭalḥa, qui fut gardé comme ôtage (3). Après

en fait le théâtre de la bataille entre les Almohades et les troupes du dernier Ḥammadite de Bougie, estime qu'elle devait se trouver dans la vallée de l'Oued Sâḥel (cf. *Hist. de l'Af. sept.*, II, 92).

1. Ibn Khaldoûn, *Hist. Berb.*, éd. I, 250; trad. II, 90. Le même auteur donne une deuxième version de ces événements (*ibid.*, I, 326). Elle diffère un peu de la première et renferme une inexactitude. Le texte porte en effet : فثار اهل مليانة على ابن غانية فاخرجوه; alors que nous savons qu'Ibn Ghânya était alors sous les murs de Constantine. De Slane a essayé de tourner la difficulté en traduisant : « Les habitants de Miliana prirent aussitôt les armes et chassèrent de leur ville le membre de la famille Ghânya, qui en avait reçu le commandement. » Or le gouverneur de Miliana au nom de 'Ali ben Ghânya était Yedder ben 'Aïcha qui ne faisait nullement partie de la famille des B. Ghânya.

2. Voyez, *Hist. Berb.*, éd. I, 250 et 326; traduct., II, 90 et 209.

3. D'après l'une des deux versions d'Ibn Khaldoûn — le seul historien qui mentionne ces faits avec quelques détails — Yaḥîa ben Ṭalḥa aurait été épargné en considération de la soumission de son père — et non pas de son oncle

Alger et Milyâna, c'était Mouzaiya qui avait ouvert ses portes à Abou Zeïd. L'effet produit par ces premières victoires avait été salutaire et avait suffi pour effrayer les tribus rebelles aux Almohades qui abandonnèrent la cause d'Ibn Ghânya.

L'escadre et l'armée de terre marchèrent alors sur Bougie. La flotte arriva la première devant la ville où se trouvait encore Yaḥîa et 'Abd Allah, frères de 'Ali ben Ghânya (1). Ceux-ci, à la vue de l'escadre ennemie s'empressèrent de quitter la place avec la garnison almoravide qui s'y trouvait (2). Ils vinrent rejoindre leur frère sous les murs de Constantine. La ville de Bougie retomba ainsi, à son tour, au pouvoir des Almohades, après être restée sept mois entre les mains des Benou Ghânya (çafar 581 ; mai 1185) (3). La flotte avait commis la faute de marcher trop rapidement sur Bougie et de ne pas attendre l'arrivée sous les murs de la place de l'armée de terre avec Abou Zeïd. Cette maladresse avait permis aux Almoravides d'échapper à l'ennemi, ce qui n'aurait pas eu lieu s'ils eussent été cernés à la fois par terre et par mer. Le sîd Abou Zeïd, obligé pour se rendre à Bougie, de contourner le massif de la grande Kabylie, avait sans doute mis, pour effectuer ce voyage, plus de temps qu'il n'avait

comme le dit l'auteur du *Kitâb el-'Iber*, — Ṭalḥa, à la cause almohade. Ceci nous montre bien que Ṭalḥa, débordé par la révolte aux Baléares, en faveur des Almohades, fit sa soumission au khalife Abou Yoûsof (voyez *infrà*).

1. Le texte d'Ibn el-Atsîr porte : وكان بها يحيى و عبد الله اخا علي بن اسحاق الملثم فخرخا منها هاربين و.... (cf. Ibn el-Atsîr, XI, 334)

L'éditeur de ce texte arabe dans la note 1 de la page 334 dit qu'il a corrigé اخو de son ms. en اخا. Ce mot étant ici au nominatif du duel, ce n'est ni اخو, ni اخا qui sauraient convenir, mais bien اخوا علي.

2. Selon Ibn Khaldoûn (*Hist. Berb.*, éd., I, 250), le gouverneur de Bougie Yaḥîa b. Ghânya, aurait été chassé de la ville par les habitants, à l'approche de la flotte almohade.

3. Ibn el-Atsîr, XI, 334; *Qarṭâs*, 179; *Hist. Berb.*, éd., I, 250.

espéré. Il n'arriva à Tiklât (تكلات) (1) qu'après la prise de possession de Bougie par l'amiral Ibn Djâmi'. Le sîd Abou Moûsa, qui avait été rendu à la liberté après le départ des Almoravides (2), vint rejoindre le sîd Abou Zeîd à Tiklât. Ces deux officiers, laissant Bougie à la garde de l'escadre, marchèrent rapidement sur Constantine, à la tête de l'armée de terre. C'était là que 'Ali avait concentré toutes ses forces et la ville était réduite à la dernière extrémité lorsqu'apparut l'avant-garde de l'armée almohade.

'Ali ben Ghânya avait été peu à peu délaissé, nous l'avons vu, par ses alliés arabes ou berbères, dès que sa bonne fortune avait commencé à l'abandonner. Il pouvait craindre de voir encore passer à l'ennemi les dernières tribus restées fidèles, et jugea prudent de ne pas tenter les chances d'une bataille. Il leva précipitamment le siège de Constantine et s'enfuit dans le désert (3). Le général

1. Tiklât (تكلات = orthographe adoptée par de Slane dans son édition des *Berb.*) dont il est ici question et que de Goeje appelle تاكلات (ou plutôt حصن تاكلات) dans son édition d'El-Idrîsi, est détruite aujourd'hui. On trouve encore actuellement, dans la vallée de l'Oued Sahel, en amont et à peu de distance (1500 m. environ) du village français d'El-Kseur, des ruines importantes d'une ancienne cité; on les appelle les ruines de Tiklât. Ces murailles qui semblent marquer l'emplacement d'un ancien *oppidum* furent restaurées au temps de la domination musulmane. Tiklât devint alors une ville d'une certaine importance, grâce à sa position stratégique dans la vallée de la rivière de Bougie. Au temps de la domination des B. Ḥammâd, Tiklât, sentinelle avancée au Sud de la capitale, fut l'objet de toute la sollicitude de ces princes. Voici ce que nous apprend El-Idrisi : « Ḥiçn Tâcolât est une place forte située sur une hauteur qui domine les bords de la rivière de Bougie; c'est un lieu de marché. On y trouve des fruits ainsi que de la viande en abondance. Ḥiçn Tâcolât renferme plusieurs beaux édifices, des jardins et des vergers appartenant au prince Yaḥia ben 'Abd el-Azîz (dernier souverain des Beni Ḥammâd) » : cf. El-Idrîsi, tr., p. 107. Ce fut sur l'emplacement de Tiklât que le sultan zeîyanite Abou Tâchfîn, fit bâtir la ville de Temzezdikt : cf. *Hist. Berb.*, tr., IV, 208.

2. Voyez *suprà*, et *Hist. Berb.*, éd. I, 326.

3. L'évacuation de Constantine par les Almoravides dut avoir lieu quelques jours seulement après la prise de Bougie, puisque le sîd Aboû Zeîd ne prit pas même le temps d'entrer dans cette dernière ville et qu'arrivé à Tiklât, venant d'Alger, il repartit immédiatement pour Constantine.

Abou Zeîd s'élança à la poursuite des fuyards. Il traversa les centres de Maggara (1) et de Nigaoûs (2). Devant l'inutilité de sa poursuite, il revint prendre possession de son gouvernement et s'installa à Bougie.

'Ali ben Ghânya, franchissant l'Atlas Saharien par la coupure du Hodna, pénétra dans les oasis au sud du massif de l'Aurès et, pillant les riches peuplades de ces régions, il atteignit le Djerîd (3). Grâce à ses largesses, il parvint à se concilier l'appui des Arabes, fractions des Rîaḥ et des Djochem établies dans ces régions (4) et, avec ces renforts, il entreprit le siège de Toûzer (5). La ville

1. Berceau de la famille des Maqqari. Elle est située à cinq ou six lieues à l'est d'El-Msîla, d'après de Slane (*Berb.*, trad., I, *xc*), entre Ṭobna et Msila et à une journée de marche de chacune de ces deux villes selon Ibn Haoûqâl (*J. A.*, mars 1842, p. 219); voy. Yâqoût, IV, 606 qui donne la leçon مُقَّرَة ; Msîla est située au N. du Hodna, dans le pays des Kotâma. Elle fut fondée en 315 de l'hég. (927-928 J.-C.) et resta au temps de la dynastie ziride, la capitale du Zâb et le siège du gouvernement de cette province. Voy. *Hist. Berb.*, tr., app., III, 553 et suiv.; *J. A.*, 1848, sept., p. 257, n. 27; Aboulféda, trad. Reinaud, II, 191; Ibn Ḥaoûqal, *J. A.*, mars 1842, p. 219; El-Idrisi, 93; Bekri, 59 et *passim*, *Istibçâr*, 107 et 108; Yâqoût, 534, t. IV.

2. Nigaoûs نقاوس qu'on prononce Ngaoûs ou Mgaoûs, est située à l'extrémité N.-E. du Hodna, à 14 lieues E. d'El-Msîla et à 4 lieues N.-E. de Ṭobna. C'était une des principales villes du pays des Kotâma. Voyez : Ibn Haoûqâl, *J. A.* mars 1842, p. 241; El-Idrîsi, 94; *Istibçâr*, p. 108.

3. Le Bilâd el-Djerîd بلاد الجريد, *le pays des dattiers*, est la région des chotts et des oasis située au S. de la Tunisie actuelle. Les sources y abondent et par suite les oasis y sont nombreuses. La population y était très dense au temps de la domination musulmane et l'on y trouvait de grandes villes. Voyez : *Hist. Berb.*, I, 122; trad., I, 192; *Istibçâr*, 68.

4. Cf. *Hist. Berb.*, I, 53.

5. *Toûzer* توزر, l'ancienne *Tisurus* des Romains, ville du Djerîd dans la région des grands chotts, se trouve sur la route des caravanes venant du Sahara pour se rendre à la côte tunisienne. A l'époque des exploits d'Ibn Ghânya dans cette région, Toûzer était une ville importante, bien arrosée et possédant une vaste forêt de dattiers. D'après une légende rapportée par le *Kitâb el-'Adouâni* (tr. Féraud, p. 149), cette ville aurait été fondée par une femme nommée Toûzer qui travaillait l'argile à Constantine et qui aurait été chassée de cette ville par les habitants gênés par la fumée du four à poterie de la dame Toûzer. On trouvera sur le régime des eaux de cette ville, ses habitations, sa population, la cynophagie en pratique chez ses habitants, etc.,

résista longtemps, mais quelques habitants la livrèrent aux assiégeants qui y pénétrèrent (582 H. = 1186-7 J.-C.) (1). 'Ali épargna seulement ceux des habitants qui lui avaient facilité la prise de la ville. Les biens des autres furent confisqués et eux-mêmes, vendus à l'encan. Ceux qui purent fournir la somme nécessaire pour se racheter fu-

de curieux renseignements ap. Et-Tidjâni, *Riḥla* (ms. d'Alger, B. U. n° 2014), f. 65 et suiv. Les quelques pages consacrées à Toûzer par le cheikh et-Tidjâni fourniraient d'utiles matériaux pour qui voudrait faire la monographie de cette ancienne capitale du Djerid. M. Rousseau qui a donné une traduction abrégée de la *Raḥla* d'Et-Tidjâni, a négligé de traduire une importante pièce de vers, description élogieuse de Toûzer. Et-Tidjâni cite également un certain nombre de vers sur la coutume, des gens de Touzer, de manger du chien ; M. Rousseau a omis aussi de les traduire (voy. *J. A.*, août-sept. 1852, p. 198 et suiv.) ; l'*Istibçar*, 76 et s. donne aussi sur Toûzer de curieux renseignements ; voyez aussi : El-Bkri, 48 ; Aboulféda, trad. Reinaud, II, 200, 201 et *J. A.*, 1848, p. 255, n° 10 ; *J. A.*, fév. 1859, p. 132 ; El-Idrisi, 104 ; Yâqoût, I, 892 ; Léon l'Africain, III° vol., 257.

1. Le siège et la prise de Toûzer par 'Ali ben Ghânya sont mentionnés par l'auteur de l'*Istibçâr* (p. 76-77) et racontés par Et-Tidjâni (*Riḥla*, ms. d'Alger 2014, f. 67 r: et v.). Voici le texte inédit de ce passage :

و قد كان علي بن اسحاق الميورقي نزل عليها هو و اخوه يحيى فحاصراها (a) مدّة و قطعا (b) غابتها و لو لا المخامرة (c) من اهلها لما تمكنا منها و لما افتتحاها سالما اهلها الذين باطنوهما على فتحها و استصيبا اموال الاخرين ثم الزماهم بعد ذلك اموالا اخرى يفتدون انفسهم بها فكان الرجل منهم ينادي عليه فان وجد من يفديه اطلق و الّا رمى بعد قتله في بئر هناك يسمونها بئر الشهداء اضيعت الى هولاء الذين رموا بها وكان هذا بعد فرارهما من بجاية عند وصول جيش المنصور اليها سنة اثنتين و ثمانين و خمسمئة (d)

(*a*) Le ms. d'Alger porte à tort فحاصرها

(*b*) Le ms. donne la leçon قطفا qui signifie faire la cueillette. Nous avons préféré suivre la leçon قطعا du ms. qui a servi à A. Rousseau pour sa traduction.

(*c*) المخامرة est *la veulerie* et non pas *l'inconséquence*, comme l'a traduit Rousseau (in *J. A.*, août-sept. 1852, p. 203).

(*d*) L'auteur veut évidemment parler ici de l'expédition du sid Abou Zeid qui eut lieu en 581 comme nous l'avons vu et non en 582.

rent mis en liberté. Quant à ceux qui n'eurent pas le moyen de payer leur rançon, ils furent exécutés et jetés dans un puits qui fut nommé de ce fait le puits des martyrs (بئر الشهداء). De Toûzer ruinée, 'Ali partit pour Gafça (1), qui, ainsi qu'il a été dit plus haut, était depuis 576 (1180-1181 J.-C.) retombée au pouvoir des Almohades (2). Cette place forte semble lui avoir ouvert ses portes sans essayer de résister, ainsi que le raconte l'auteur de l'*Istibçâr*. De là, 'Ali se rendit à Tripoli (3) où il contracta une

1. Qafça que l'on prononce Gafça (قَفْصَة) est une ville du Djerîd à 30 lieues W-S-W du port de Sfaks (صفاقس). C'était d'après Ibn Sa'îd (cité par Aboulféda) un chef-lieu considérable de province ; elle possédait de nombreux palmiers et oliviers. On en exportait de l'huile de violette et du vinaigre d'oignon (voyez : Aboulféda, *ap.* Reinaud, tr., II, 195, 197 ; *Jour. asiat.*, août-sept. 1848, p. 255, n. 11 ; Ibn Haoûqâl, in *Journ. asiat.*, mars 1842, p. 244 ; et El-Idrîsi, p. 105 ; El-Bekri, 47 ; *Istibçâr*, 68 ; Yâqoût, IV, 131 ; 'Abd el-Wâḥid, 258 *in fine*).

2. Les chroniqueurs musulmans présentent d'assez grandes divergences sur la question de savoir à qui appartenait Gafça lorsque 'Ali ben Ghânya s'en rendit maître. La version d'Ibn Khaldoûn (*Hist. Berb.*, éd., I, 214) nous a paru la plus claire et comme elle était confirmée par le récit d'Ibn el-Atsîr, nous l'avons adoptée. Gafça était bien, d'après ces renseignements, entre les mains des Almohades et la place fut probablement livrée aux Almoravides par un certain Ibrahîm ben Qarâtikîn, dont nous allons bientôt avoir l'occasion de parler. On lit d'autre part dans l'*Istibçâr* : Les habitants de Gafça se tinrent tranquilles jusqu'en 581, époque à laquelle ce misérable séducteur de Majorquin étant venu à passer de ce côté, ils lui ouvrirent leurs portes.

3. L'ancienne *Tarbolita*, le *Ṭrablos* ou *Atrabolos* des Arabes appelée aujourd'hui Tripoli de Barbarie. Comme son nom (Τριπολις) l'indique, sous l'appellation de Tripoli on comprenait trois villes : *Leptis magna*, *Œa* et *Sabrata* (cf. une note de Reinaud à sa trad. d'Aboulféda, II, 201, n. 3 ; sur *Leptis magna*, voy. Fournel, *Berb.*, I, 563, n. 4). Selon Aboulféda, Tripoli était autrefois la dernière ville digne de ce nom du côté de l'Égypte, en venant du Maghrib (*Ibid.*, II, 201) ; Yaqoût, I, 309, se borne à dire que Tripoli forme la limite entre le pays de Barqa et l'Ifrîqîya, puis donne une longue liste de savants traditionnistes de Tripoli. D'après El-Bekri, elle aurait eu pour fondateur l'empereur Sévère (voyez de longs renseignements sur cette ville, *ap.* Bekri, p. 6-7-8 ; tr. de Slane, *Jour. asiat.*, oct.-nov., 1858, p. 429 et note 1 ainsi que p. 434) ; voyez aussi : *Istibçâr*, 2, 3 ; El-Idrîsi, 121, 122. En 131 H. (748 de J.-C.), 'Abd er-Raḥmân b. Ḥabîb, qui gouverna l'Ifrîqîya de 129 à 140 de l'hég., fit entourer la ville de Tripoli d'un rempart (cf. *Bayân*, éd. Dozy, I, p. 51), qui

alliance avec Qarâqoûch, seigneur de la région (1).

Avant d'entreprendre le récit des événements qui suivirent cette alliance et dont toute la Berbérie orientale fut le théâtre, il convient de dire ici quelques mots de l'histoire de Qarâqoûch, personnage, qui va occuper un rôle considérable dans la révolte des Benou Ghânya, ainsi que de celle des soldats Ghozz, qui l'accompagnèrent en Ifrîqîya.

Asad ed-dîn Chîrkoûh ben Châdsi (اسد الدين شيركوه بن شاذي) avec le concours de son neveu Çalâḥ ed-dîn Yoûsof ben Ayoûb ben Châdsi (صلاح الدين يوسف بن ايوب بن شاذي) [Saladin] avait fait la conquête de l'Égypte au nom de son maître Noûr ed-din (نور الدين), renversé la dynastie fatimite et s'y était établi (564 = 1168-9 J.-C.). Deux mois plus tard, Asad ed-dîn mourait (22 djoumada IIe, 564 = 24 mars 1169) (2). De ce fait Saladin devint gouverneur de l'Égypte à la place de son oncle (3). Il ne tarda pas à se soustraire à la suzeraineté de Noûr ed-dîn (567 = 1171-2 J.-C.) (4). Dans la crainte que celui-ci n'envahît l'Égypte, et pour se conserver une issue en cas de revers, Saladin songea à se ménager un lieu de refuge. Il autorisa donc son neveu Taqi ed-dîn 'Omar (تقي الدين عمر) surnommé El-Modaffar, à aller fonder un établissement en Ifrîqîya.

Taqi ed-dîn, redoutant les difficultés de cette expédition, abandonna son projet. Un de ses officiers, un Arménien, peut-être bien d'origine chrétienne, son affranchi Qarâ-

ne fut achevé semble-t-il qu'en 795-796 de J.-C. (cf. *ibid.*, p. 80). De Slane dans son édition d'El-Bekri) écrit ce nom propre اطرابلس ; Wüstenfeld dans son édition de Yâqoût a suivi la même orthographe.

1. *Kit. el-Istiqça*, I, 165.
2. Cf. Ibn el-Atsîr, XI, 225.
3. Cf. Ibn el-Atsîr, XI, 226.
4. Cf. Ibn el-Atsîr, XI, 244.

qoûch (1) qui commandait à une légion turque de l'armée de Taqi ed-dîn, résolut d'entreprendre l'expédition à lui seul avec ses soldats ghozz (2). Sans demander l'autorisa-

1. Ce personnage ne saurait en aucune façon être confondu avec celui du même nom, qui vivait vers la même époque à la cour de Saladin et y occupait une haute situation. Ce dernier a été l'objet d'un mémoire de M. Casanova (*Mém. publiés par les membres de la miss. archéol. franç. au Caire*, t. VI, 3e fascic., in-4, 1893). Bien que ces deux personnages présentent de grandes analogies de nom, d'origine, de situation, etc., il suffira de voir que le Qarâqoûch dont parle M. Casanova, qui de 566 a 584 (1170-1189 J.-C.) cumula les fonctions de surveillant de la famille fatimite en Égypte et de directeur d'importants travaux de fortifications dans ce pays (cf. Casanova, *op. cit.*, 451), qui fut fait prisonnier après la prise de Saint-Jean d'Acre (587 hég., 1191 J.-C.) (*ibid.*, p. 453) et qui mourut en 597 [1200-1 J.-C.] ne saurait être le personnage dont nous nous occupons ici. Sur le premier de ces deux homonymes on consultera la bibliographie donnée par M. Van Berchem dans les *Mémoires de la Mission archéolog. franç. au Caire*, t. XIX, Paris, in-4, 1894, p. 84 et note 3. El-Maqqari, citant une pièce de vers du khalife Abou Yoûsof Ya'qoûb d'après es-Sarkhasi et dans laquelle il est question de Qarâqoûch, détermine parfaitement ce personnage de qui il dit : « ...يعني بالارمني قرقوش (lisez : قراقوش) مملوك بني ايوب الذي كان ذهب إلى بلاد الغرب الادنى و اوقد الثار الحربية من طرابلس إلى تونس مع ابن غانية اللمتوني و حديثه مشهور..... » El-Maqqari, II, 71). (C'est lui en effet qui vint fonder un royaume en Ifriqya (568 = 1172-3 J.-C.), passa le reste de sa vie dans le Maghrib et mourut à Waddân en 609 (1212-1213 J.-C.). L'orthographe du nom de Qarâqoûch a été altérée par la plupart des chroniqueurs musulmans ou chrétiens qui ont eu à s'occuper de lui ; قراقوش est un mot turc, composé قوش = oiseau et de قرا ou قره = noir. — De Slane, dans sa traduction de l'*Hist. des Berbères*, l'appelle Caracoch, indique l'origine turque de ce nom dans une note spéciale (n. 2. p. 91 du tom. II) et emploie dans son édition du texte des Berbères l'orthographe défectueuse de قراقش. — Dans l'édition (Leyde) d'El-Maqqari, ce nom est écrit قرقوش (t. II, 71). — Dans notre appendice nous signalerons les diverses orthographes données à ce nom par le copiste du ms. d'Alger, de la *Riḥla* d'Et-Tidjâni, dans les passages que nous avons publiés. Le copiste du ms. d'Alger, de l'ouvrage du cheikh Abou Râs, intitulé « *'Adjâïb el-Asfâr* »... l'appelle قراقش (cf. ms. 1632 du catal., f. 65). Cet officier de Saladin se nommait : Cherf ed-dîn Qarâqoûch l'Arménien (شرف الدين قراقوش الارمني), on l'appelait aussi el-Moudaffari parce qu'il était l'affranchi d'El-Moudaffar et En-Nâçiri, parce qu'il fit dire la prière au nom du souverain En-Nâçir (Saladin).

2. On trouvera des renseignements sur cette famille turcomane, originaire du Turkestan occidental, *ap.* de Guignes, *Hist. des Huns*, III, 206. On pourra consulter aussi : Bargès, *Complément de l'histoire des Beni Zeiyan*, 52 ; *Hist.*

tion à son maître Taqi ed-dîn, il parti pour l'Ifrîqîya (1) en l'an 568 = 1172-3 J.-C. (2). Cet exemple de défection aurait

Berb., tr., III, 413 et suiv.; les Ghozz vinrent dans le Maghrib vers 574 (1178-9) d'ap. 'Abd el-Wâḥid, 184 *in fine* ou en 583 ou 582 (1186-8) *ibid.*, p. 210-211; ils formaient un corps d'archers sous Yaghmorâsen (cf. *Berb.*, tr. III, 341; Zerkechi, 23).

1. Ces détails, ainsi que ceux qui vont suivre, sont tirés de la *Riḥla* d'Et-Tidjâni, ms. d'Alger, Bib. Universitaire, 2014, f. 46 r. et suiv. et *Jour. asiat.*, 1852, août-sept., 158-163.

2. Cette date est donnée par Ibn el-Atsîr (XI, 256). La date de 586 donnée par de Slane dans sa traduction des *Berbères* (II, 91) est évidemment une erreur de ce savant, erreur qu'il a commise aussi dans l'édition du même ouvrage où l'on lit (t. I, p. 251) وذلك في سنة ست وثمانين. Cette faute est d'autant plus manifeste que le même auteur dit un peu plus loin (édit. I, 253 et trad. II, 94) que Gabès était restée aux mains de Qarâqoûch jusqu'en 583, date à laquelle, comme nous le verrons plus loin, après la bataille d'El-Hamma, cette ville passe sous l'autorité d'El-Mançoûr. Nous voyons encore (*loc. cit.*) qu'en 584, au départ d'El-Mançoûr pour le Maghrib, Ibn Ghânya et Qarâqoûch recommencent les déprédations dans le Djerîd... En outre, la date de 568 est confirmée par Et-Tidjâni (ms. f. 46 r.); cet auteur après nous avoir montré Saladin, en 568, établi en Egypte, au moment où il va étendre son autorité sur le Yémen et l'Ifrîqîya s'exprime en ces termes : فقال له توران شاه بن ايوب.... وافتتحها في السنة التى بعدها وهي سنة تسع وستون وقال له الملك المظفر تقي الدين ابن اخيه شاهن شاه بن ايوب انا الخ....

De ce texte il ressort que Taqi ed-dîn demanda l'autorisation d'aller en Maghrib à peu près en même temps que Tourân Châh demanda celle d'aller dans le Yémen, c'est-à-dire en 568 en non pas « quelque temps après » comme le dit Rousseau, dont voici du reste la traduction à notre avis défectueuse : « ... et en fit la conquête (du Yemen) l'année suivante c'est-à-dire en 569. *Quelque temps après*, le neveu de Salah ed-din, el-Modhaffar Taqi ed-dîn... lui proposa à son tour de se rendre dans les contrées du Maghrib... » Cf. *J. A.*, 1852; août-sept., 159. Nous devons remarquer que dans une autre partie de son livre, Et-Tidjâni, au sujet de l'historique de Tripoli, commet aussi la faute de placer en 586 (au lieu de 568) l'arrivée de Qarâqoûch en Ifrîqîya. C'est une erreur évidente des copistes car la phrase, dans laquelle se trouve cette date de 586, montre clairement qu'Et-Tidjâni a bien eu l'intention de donner la même date (568) que dans sa première recension. Voici la phrase en question : وقد قدمنا فيما سلف من كتابنا هذا الخبر عن وصول قراقش (*sic*) من المشرق في سنة ست وثمانين وخمسمية (cf. Ms. f. 101 r.). « Dans ce qui précède, nous avons déjà parlé de ce qui a trait à l'arrivée, en l'an *586*, de Qarâkoûch venant d'Orient » A. Rousseau a négligé de remarquer dans sa traduction de ce second passage que la date de *586* ne concordait pas avec celle (*568*) du premier (voy. *J. A.*, fév.-mars, 1853, p. 147).

été suivi, selon Et-Tidjâni et Ibn Khaldoûn, par un autre officier de la cour de Saladin, le nommé Ibrâhîm ben Qarâtikîn (1). Ce dernier officier était attaché à la personne du frère de Saladin, le prince Chems ed-daoûla, auprès de qui il occupait les fonctions de Silâḥdâr (2), ou premier officier. A cette époque Ibrâhîm avait sous ses ordres un corps de Ghozz de l'armée de Taqi ed-dîn. Il abandonna l'Égypte et avec ses soldats rejoignit Qarâqoûch avec qui il fit route vers l'Ifrîqîya (3).

Les deux aventuriers se séparèrent à El-'Aqaba (4). Ils opérèrent dès lors chacun de leur côté et cherchèrent à se créer un royaume dans le pays. Qarâqoûch s'empara d'abord de Santarîya (5), à neuf journées de marche de la

1. Ce mot turc est diversement orthographié ; il doit être lu قراتكين (Tikîn le noir).

2. Le mot arabo-persan سلاحدار signifie actuellement « celui qui porte l'épée devant le grand seigneur ». Jadis le Silâḥdâr était le premier officier de l'intérieur du palais. De même que tous les autres fonctionnaires de l'intérieur, le Silâḥdâr ne devait pas porter de barbe. A. Rousseau (*J.-A.*, août-sept. 1852) traduit ce mot par « intendant du palais ».

3. Ibn el-Atsîr qui ne cite pas le nom de ce personnage, parle toutefois d'un certain Bou Zâba (بو زابة) qui serait aussi venu en Ifrîqîya avec un corps de Turcs. L'auteur du *Kâmil fit-târîkh* ne fixe pas la date à laquelle cet aventurier serait arrivé, il dit simplement : ودخل ايضًا من اتراك مصر مملوك (لتقي الدين .... اسمه بو زابة) : au nombre des Turcs venus d'Égypte, arriva également (en Ifrîqîya) un esclave (blanc) de Taqi ed-dîn.... nommé Bou Zâba.

4. El-'Aqaba était habitée, avant l'invasion arabe du XIe siècle de notre ère, par la tribu berbère des Mzâta (cf. Bekri, éd. de Slane, p. 8). Le nom d'El-'Aqaba العَقَبة est très répandu en pays musulman. Il s'agit ici de 'Aqabat es-Sollam d'El-Idrîsi (p. 137).

5. Santarîya سَنْتَرِيَّة, dans l'oasis de Sîywa, est une des villes berbères les plus orientales de l'Afrique du Nord. C'était dans cette oasis que s'élevait jadis le temple de Jupiter Ammon, qui fut, comme l'on sait, l'objet d'un pèlerinage d'Alexandre-le-Grand (ذو القرنين). Les Berbères de l'oasis de Sîywa appartiennent à la grande tribu des Lowâta. Pour des détails sur cette oasis et ses habitants, nous renvoyons au travail de M. René Basset, *Le dialecte de Syouah*, Paris, 1890, in-8, chap. I. Voyez aussi Jomard, *Description de l'oasis de Syoûa* d'après les observations de MM. Drovetti et Caillaud. On lira

mer (1), et y fit dire la prière au nom de Saladin et de Taqi ed-dîn (2). Il se rendit ensuite successivement maître des oasis d'Aoûdjila (3), de Zâlla (4), de Zawîla (5) et du Fez-

également avec intérêt les quelques renseignements donnés sur cette ville par El-Idrîsi, 41, 42, 44, 45; El-Bekri, 14; Yâqoût, III, 157.

1. El-Idrîsi, *ap.* Aboulféda, tr. Reinaud, II, 181 et ap. de Goeje, trad. 52.

2. Cf. Et-Tidjâni, *Riḥla*, Ms. f. 46 v. Ce manuscrit porte fautivement ستريّة pour سنتريّة.

3. Selon El-Idrîsi, l'oasis d'Aoûdjila, l'ancienne Αὔγιλα des Grecs, est à dix journées à l'W. de Santarîya; à huit seulement d'après Aboulféda. — Voy. aussi El-Bekri, éd. 12, 14 et trad. (*J. A.*, oct.-nov. 1858, p. 443); Yâqoût, I, 397; Ibn Haoûqâl (in *J. A.*, fév. 1842, p. 163); *Marâçid*, I, 100. Si l'on en croit El-Bekri (*loc. cit.*), le pays d'Aoûdjila était à son époque d'une « luxuriante végétation ». De nos jours il n'en est plus ainsi, le pays a subi l'assèchement progressif commun à toute l'Afrique septentrionale et à toutes les grandes dépressions éloignées des mers. Voici au reste ce qu'en dit Pacho (*Relation d'un voyage dans la Marmarique, la Cyrénaïque*, Paris, 1827-29, in-4, p. 12): « Audjelah est loin d'offrir le même aspect que les oasis orientales du désert Libyque; une plaine de sables, au milieu de laquelle est une forêt de palmiers et un village, tel est le triste coup d'œil que présente cette oasis..... Isolés au milieu des déserts, n'ayant dans leur pays natal aucune des compensations que les autres oasis offrent à leurs habitants, ceux d'Audjela ont dû être essentiellement voyageurs... » Cf. aussi Rohlfs, *Von Tripolis nach Alexandrien*, Norden, 1885, 2 v. in-8, t. II, p. 44-63.

4. Zâlla زالّة se trouve à l'occident d'Aoûdjila à 10 journées de marche de cette oasis d'après El-Idrîsi et à 9 journées de Sort. Selon Aboulféda (*ap.* Reinaud, p. 182, t. II) elle n'est qu'à 8 journées d'Aoûdjila (cf. El-Idrîsi, 41, 42). Zâlla, dit El-Bekri, est une grande ville, renferme un djamî' (grande mosquée avec minaret), possède beaucoup de dattiers et une source abondante (cf. *J. A.*, oct.-nov. 1858, 442). Yâqoût et l'auteur du *Marâçid* n'ont pas mentionné Zâlla. De Slane (éd. El-Bekri, p. 12) a adopté l'orthographe زلهى; voyez aussi *Istibçâr*, p. 63 et note 1.

5. Zwîla et Zawîla est le nom de plusieurs villes ou villages en Afrique et en Asie (cf. Yâqoût, 960, 961, t. I). La ville dont il est ici question se trouve à deux jours de Temîssa — station sur la route de Zawîla à Zâlla — et à dix jours de Zâlla (cf. El-Bekri, *ap.* Aboulféda, tr. Reinaud, p. 180, t. II). — Zawîla Ibn Khaṭṭâb était la capitale du Fezzân (cf. Aboulféda, trad. Reinaud, II, 177 et 202); elle fut fondée par 'Abd Allah Ibn Khaṭṭâb el-Howârî en 306 de l'hég. (918 de J.-C.) pour lui servir de résidence ainsi qu'à sa famille. Elle porte le nom de ce personnage et c'est de lui qu'elle tire sa célébrité (El-Idrîsi, trad. de Goeje, 44). Elle est à 5 journées de Sort et à 16 de Sowîqat ibn Matskoûd... C'est une des portes du Soudan. On y boit de l'eau douce provenant de puits. Il y croît beaucoup de palmiers dont les fruits sont excellents. Zawîla est un lieu fréquenté par des voyageurs qui y apportent

zân (1) tout entier dont cette dernière ville est la capitale (2). Passant ensuite devant Tripoli, il marcha sur le Djebel-Nefoûsa (3) après avoir rallié sous ses drapeaux les Arabes Debbâb (4). Il distribua à ses nouveaux alliés le butin fait dans la région. Devant les succès remportés par Qarâqoûch, un grand nombre d'Arabes abandonnèrent les Almohades pour venir se joindre aux bandes de ce chef redoutable. C'est ainsi que l'émir des Ryâḥ (5), Mas'oud

toutes les marchandises et objets nécessaires aux habitants (cf. El-Idrîsi, tr. de Goeje, 158, 159).

1. Au midi de Tripoli, dit Ibn-Khaldoûn (ap. *Hist. Berb.*, trad., I, 192) se trouvent le Fezzân et le Waddân, territoires couverts de bourgades et possédant des dattiers et des eaux courantes. Voyez aussi : Aboulféda, tr. Reinaud, II, 177; *Marâçid*, II, 353.

2. Nous n'avons pas jugé devoir suivre l'ordre donné par Et-Tidjâni et Ibn Khaldoûn dans le récit de ces conquêtes. Il nous a semblé plus probable que Qarâqoûch venant d'Égypte pour se rendre en Ifrîqiya s'empara successivement des villes qui se trouvaient sur son passage.

3. Le massif du Djebel Nefoûsa est un long plissement montagneux qui s'étend à peu près parallèlement à la côte du golfe de Gabès et de la Tripolitaine. L'extrémité occidentale, selon Ibn Khaldoûn (*Hist. Berb.*, trad., I, 280) est le Djebel Demmer, d'une longueur de 7 journées de marche; il est habité par des peuplades Berbères des Lowâta. La partie orientale, qui porte plus spécialement le nom de Dj. Nefoûsa, est à 3 journées au sud de Tripoli et sa longueur est aussi de 7 journées de marche. La capitale des tribus berbères du Djebel Nefoûsa était Çabra avant la conquête musulmane. Les renseignements sur cette région sont forts nombreux. Le Djebel Nefoûsa passe pour avoir été une région à la fois riche et très peuplée. Le nombre des édifices religieux qui ont été élevés dans ce pays est à la fois une preuve de la densité de la population et de la richesse du pays. (Voyez à ce propos le travail de M. René Basset, *Les sanctuaires du Djebel Nefoûsa*, Paris, 1899, in-8.) C'est de ce pays que Yâqoût, IV, 800, a dit : « Un pain d'orge y est meilleur que n'importe quelle nourriture (dans un autre pays) ». Cité aussi par le *Marâçid*, III, 222. — Voyez encore : Ibn Haoûqâl (in *J.-A.*, mars, 1842, p. 245); El-Idrîsi, 57, 63, 105, 122, 123. — M. de Motylinski a publié une relation géographique du Djebel Nefoûsa en dialecte tamazir't avec une traduction française, des notes et une esquisse grammaticale. (*Le Djebel Nefoûsa*, Paris, 1898-99, in-8.)

4. Les Debbâb forment une fraction de la grande tribu de Soleïm Ibn Mançoûr (cf. *Hist. Berb.*, trad., I, 135). Ils occupaient au VIIIe siècle de l'hég. le pays qui s'étend de Gabès à Tripoli (*Hist. Berb.*, tr., I, 159).

5. On trouvera des renseignements sur cette tribu, fraction des Hilâl et sur ses subdivisions et ses chefs, ap. *Hist. Berb.*, tr., I, 70.

ben Solṭân (1) lui amena ses contingents et s'attacha à la fortune de ses armes (2). Avec l'aide de ces importants renforts d'Arabes, Qarâqoûch vint assiéger Tripoli, place forte sur la côte, qu'il n'avait pas osé attaquer à son premier passage. La ville ne tarda pas à tomber en son pouvoir et il s'y établit. Les succès remportés par ses armes lui avaient valu une grande popularité dans toute la Berbérie orientale. L'autorité almohade en fut même sérieusement compromise (3). Telle est sommairement l'histoire

1. Mas'oûd était surnommé El-Bolṭ (البلط = le pavé). Ibn Khaldoûn, *Hist. Berb.*, éd., I, 43) nous donne la raison de ce surnom de la façon suivante : « وكان يلقب البلط لشدّته وصلابته... » que M. de Slane (trad., I, 71) a traduit par : « ... il était surnommé El Bolṭ à cause de sa fermeté et de sa force de caractère ». Cette explication nous montre assez que ce mot doit être écrit بلط et non pas بلاط selon la leçon de Tornberg (*Ibn el-Atsir*, XI, 256) par exemple. Sur le mot بلاط voyez du reste : *J. A.*, mars 1846, p. 223, note 34 ; Ibn Adsâri, éd. Dozy, gloss. p. 6. Voici maintenant les noms de l'émir des Riâḥ : Mas'oûd ben Solṭân ben Zemâm ben Redînî ben Douwâd surnommé El-Bolṭ (مسعود بن سلطان بن زمام بن رديني بن دواد يلقب البلط) d'après Ibn Khaldoûn (ap. de Slane) et Ibn el Atsir (ap. Tornberg). Comparez cependant Et-Tidjâni d'après les mss. dont s'est servi A. Rousseau pour sa traduction (cf. *J. A.*, août-sep. 1852, p. 161, l. 22) et d'après le ms. d'Alger, f. 46, v. l. 14, qui l'appellent Mas'oûd ibn Remân مسعود ابن رمان.

2. La tribu des Ryâḥ, qui sera d'un puissant secours dans la suite à tous les rebelles contre l'empire almohade, avait d'abord secoué le joug une première fois lors de l'arrivée des Ghozz en Ifrîqiya. Devant les succès des armes du khalife Abou Ya'qoûb, qui s'était emparé de Gafça, 576 (1180-1 J.-C.; cf. Ibn el-Atsir, XI, 309 ; 'Abd el-Wâhid, 182), Mas'oûd, émir des Riâḥ fit sa soumission (cf. *Qarṭâs*). Il se mit de nouveau en révolte contre les Almohades, probablement un peu avant l'avènement d'Abou Yoûsof Ya'qoûb et fut déporté par ce souverain avec une partie de sa tribu, dans la province de Habaṭ هبط (Maroc actuel) en 584 (1188-9 J.-C.) [Voy. *Hist. Berb.*, éd., I, 253 et trad., II, 95 ; voy. aussi *ibid.*, I, 71]. — Entre les années 590 et 600 de l'hégire (1193 et 1204 J.-C.), selon le même auteur musulman, Mas'oûd s'échappa de l'exil avec une troupe de ses gens et vint se mettre au service de Qarâqoûch et des Benou Ghânya. Il lutta contre les Almohades jusqu'à sa mort. Son successeur à la tête de la tribu des Ryâḥ fut alors son fils Moḥammed qui suivit en tout point la politique de son père, comme nous le verrons plus loin.

3. Le manque de précision des rares renseignements fournis par les auteurs relatant ces événements, ne nous a pas permis de fixer les dates de ces différentes conquêtes de Qarâqoûch. Cependant cet aventurier dut rester à opérer dans le Fezzân, le pays de Barqa et la Tripolitaine, jusqu'en l'année

de ce chef de parti qui va prêter son concours à 'Ali (ben Ghânya).

Nous nous sommes borné à esquisser les grandes lignes de la vie d'aventures de Qarâqoûch jusqu'à son alliance avec les Almoravides. Ce n'est qu'à partir de ce moment que ce personnage entre réellement dans le champ du présent travail. Les quelques lignes qui précèdent ont pour objet de faire connaître ce curieux personnage dont l'histoire si agitée pourrait à elle seule faire l'objet d'une curieuse monographie. 'Ali et Qarâqoûch prirent l'engagement de se soutenir mutuellement contre les Almohades. A l'exception des Zoghba, tous les Arabes de ces régions vinrent se joindre à eux. C'est ainsi que les Soleîm qui menaient la vie nomades dans le pays de Barqa, les Djochem; les Ryâḥ, les Atsbedj, fractions des B. Hilâl leur donnèrent l'appui de leurs nombreux contingents. A la nouvelle qu'un membre influent de l'empire almoravide déchu avait levé, en Ifrîqîyâ, l'étendard de la révolte contre l'ennemi almohade, les débris des Lemtoûna et des Masoûfa se hâtèrent de venir se placer sous les ordres de 'Ali ben Ghânya. De nombreuses bandes d'Arabes, de Turcs et d'Almoravides opérèrent alors d'un commun accord pour chasser l'Almohade (581 = 1185-6 J.-C.) (1). Tout le Djerîd tomba bientôt en leur pouvoir et Qarâqoûch s'étant emparé de Gabès, y fit sa résidence. Il transporta dans cette ville ses trésors et ses richesses.

579 (fin) ou le début de l'an 580 (en 1184 J.-C.); voici en effet ce que dit l'auteur du *Qartâs* à ce propos : En 579 (1183-4 J.-C.) le souverain almohade Yoûsof, arrivant à Sla (Salé), reçut la visite de 'Abd Allah ben Moḥammed ben Abî Isḥâq venant d'Ifrîqîya qui lui assura que le pays était soumis et tranquille ». Qarâqoûch dut probablement profiter du départ du souverain en Espagne, pour s'emparer de Tripoli. (Voy. 'Abd el-Wâḥid, 254.)

1. Cf. Ibn el-Atsîr, XI, 342.

CHAPITRE V

Révolte aux Baléares ; Moḥammed (ben Ghânya) est rétabli sur le trône puis renversé de nouveau. — 'Abd Allah (ben Ghânya) s'empare de Majorque où il rétablit l'indépendance almoravide. — Succès d''Ali (ben Ghânya) en Ifrîqîya ; il établit son autorité sur le Djerîd.

Au moment où 'Ali ben Ghânya se disposait à faire voile vers l'Afrique, ses troupes se composaient de deux éléments bien distincts. Il y avait d'une part, les soldats almoravides, débris de l'empire déchu, et qui, restés fidèles aux traditions de leurs pères, étaient venus d'Espagne ou du Maghrib soutenir le chef du gouvernement fondé par leurs ancêtres. C'étaient surtout des gens des grandes tribus berbères des Lemtoûna et des Masoûfa (1). Habitués à des guerres presque'incessantes, soit en Espagne, soit en

1. Ces deux grandes tribus appartenaient à la famille des Çanhâdja صنهاجة dont Ibn Khaldoûn dans son *Histoire des Berbères* a retracé avec détail, et l'origine et l'histoire. (Voy. de Slane, *Berb.*, éd., I, 194 et suiv. ; et trad., II, 1 et suiv.) Les fractions des Masoûfa مسوفة et des Lemtoûna لمتونة faisaient partie, d'après cet historien, de la seconde catégorie des Çanhâdja et occupaient les régions stériles du Sahara (*Berb.*, éd., I, 235). Ils avaient pour habitude de se voiler la face — coutume encore en vigueur aujourd'hui dans le Sahara algérien — avec le *litsâm* لثام ; de là leur nom de Molatstsemîn (voilés par le *litsâm*) (cf. *Kit. el-Istiqça*, I, 98, 99). Ils formaient un grand nombre de tribus dont les principales étaient : les Guedala (ڤدالة), Lemtoûna, Masoûfa, Outzîla (وتزيلة), Târga (تارڤا) (Touaregs ?), etc. Ce sont ces tribus qui vers le milieu du cinquième siècle de l'hégire (xie de J.-C.), firent irruption sur les contrées du N. de l'Afrique, les conquirent et fondèrent l'empire des Morâbṭîn (Voy. *suprà* Introd.). Nous avons suivi pour ces noms propres l'orthographe adoptée par de Slane dans son édition des *Berbères* (I, 235), en rendant seulement le *g* par ڤ au lieu du ڭ. A propos du nom de *Toudreg* (venu de *Târga*) voy. les notes 1 et (*a*) de Fournel, *Berb.*, I, 61.

Maghrib, soit contre les chrétiens, ils étaient en outre animés du vif désir de rétablir le vaste empire de Yoûsof ben Tâchfîn que seul ils considéraient comme légitime : ils combattaient pour leur indépendance. D'autre part, à côté de ces soldats résolus, étaient les mercenaires et les esclaves ou affranchis chrétiens, sur lesquels le prince almoravide ne pouvait guère compter. C'étaient des prisonniers de guerre faits par les musulmans des Baléares. Ramassés par ceux-ci sur les côtes de la Méditerranée, ils avaient été amenés dans les îles, où le vainqueur les avait forcés à s'établir (1).

En partant pour Bougie, 'Ali avait emmené avec lui, comme il a été dit, les meilleurs de ses soldats almoravides. Il avait abandonné la garde des îles aux troupes chrétiennes sous les ordres de quelques chefs musulmans. Il avait préféré laisser les soldats chrétiens aux Baléares, plutôt que de les emmener avec lui en Afrique, où leur présence sous ses drapeaux aurait peut-être nui à son prestige religieux aux yeux des Arabes et des Turcs ses auxiliaires indispensables.

Or 'Ali ben Reberter, du fond de son cachot réussit à exploiter cette situation. S'attachant peu à peu les soldats chrétiens chargés de sa garde, il entra en relations par leur intermédiaire avec quelques habitants de la ville. Appuyé par un certain nombre de chrétiens ou de renégats, il trama un complot dans le but de renverser Ṭalḥa, le gouverneur des îles pour le remplacer par l'ancien gouverneur Moḥammed. Pour s'assurer le concours des chrétiens, il leur promit de leur rendre la liberté et de les renvoyer dans leur patrie avec leurs familles (2). L'origine

1. Voyez *suprà* ch. II, p. 23, n. 1.
2. Voy. : Dozy, *Rech.*, IIIe éd., II, 440 ; A. Campaner, *Bosq. hist.*, p. 148 ; F. Codera, *Decad. y desap.*, p. 182.

d'Ibn er-Reberter lui avait acquis les sympathies des chrétiens de Majorque, l'espoir de la liberté les fit adhérer avec enthousiasme à cette conspiration. Un vendredi, pendant que les Musulmans de Majorque faisaient les ablutions qui précèdent la prière en commun, fut le jour choisi pour ce coup de main. Le complot réussit à souhait. Les arsenaux dévalisés fournirent aux chrétiens les armes dont ils avaient besoin. Ibn er-Reberter, tiré de sa prison, s'empara de la forteresse, dont la garnison almoravide fut massacrée. Les Musulmans de la ville, appuyés par ceux du reste de l'île qui étaient venus à leur secours, assiégèrent Ibn er-Reberter dans la citadelle, mais leurs efforts furent vains et Ṭalḥa fut renversé. Ibn er-Reberter, maître de l'île, rétablit Moḥammed ben Isḥâq l'ancien gouverneur qui s'empressa de reconnaître la suzeraineté du khalife almohade (1). Si l'on s'en rapporte à la chronique de San Salvador de Marseille (2), ce soulèvement des chrétiens, à la voix d'Ibn er-Reberter, aurait eu lieu en 1185 de J.-C. (581 de l'hég.).

A partir de cette révolte, jusqu'au jour où 'Abd Allah ben Isḥâq, envoyé par 'Ali, reprendra possession de l'île, les renseignements, que nous fournissent les chroni-

1. Tous ces détails se trouvent dans Dozy, *Recherch.*, IIIe éd., 440, 441 du tome II. Ils ont été traduits textuellement en espagnol par A. Campaner, *Bosq. hist.*, 148 et suiv. Voyez aussi Ibn Khaldoûn, *Hist. Berb.*, éd., I, 327.

2. La *Cronica de San Salvador* de Marseille, in *Esp. Sagr.*, t. XXXVIII, p. 346 (cit. p. Codera) dit : « MCLXXXV. *Christiani ceperunt Palatium civitatis Majoricarum et fuerunt liberati a captivitate* ». Codera, parlant de ce même soulèvement des chrétiens de Majorque, après avoir cité ce passage de l'*España Sagrada*, ajoute qu'il ne sait s'il doit placer cette révolte à la mort d'Isḥâq, prince des Baléares, ou postérieurement à celle-ci (cf. *Decad. y desap.*, illust. 44, p. 334). Nous avons établi plus haut (ch. II) que la mort d'Isḥâq avait précédé l'expédition de 'Ali à Bougie, or celle-ci eut lieu en 580 (cha'bân) c'est-à-dire en l'année 1184 de J.-C. Il n'est donc pas douteux que l'insurrection des chrétiens de Majorque en 1185 eut lieu après le départ de 'Ali pour l'Ifrîqîya et, à plus forte raison, après la mort d'Isḥâq.

queurs, sont fort contradictoires et bien peu précis. 'Ali ben er-Reberter ne pouvait immédiatement rendre à la liberté les chrétiens de l'île et les renvoyer dans leur patrie comme il le leur avait promis, il fallait auparavant attendre les troupes almohades d'occupation des Baléares. Les chrétiens qui avaient accompli la rébellion, en furent assurément mécontents et crurent voir là, de la part de l'officier almohade, un manque de parole. Quant à Ibn er-Reberter, il partit en personne pour le Maghrib, avertir El-Mançoûr de son succès.

Le khalife almohade pensa le moment venu de prendre sa revanche contre les Benou Ghânya et de s'emparer des Baléares. Il ordonna à sa flotte — qui était probablement encore mouillée dans le port de Bougie — d'aller mouiller à Majorque et d'y opérer le débarquement d'un corps d'occupation. Pendant l'absence de l'officier almohade, Moḥammed réfléchissant au danger que pouvait présenter l'occupation des îles par les Almohades, comprit enfin que, s'il tolérait l'accomplissement de ce dessein, c'en était fait à jamais de la domination almoravide dans les Baléares. Il résolut de s'opposer au débarquement des troupes maghribines et demanda du secours au comte de Barcelone. Cette nouvelle inconséquence du faible et inconstant Moḥammed déplut à ceux de ses partisans musulmans qui avaient trempé dans la révolte en sa faveur. Ils le déposèrent pour mettre à sa place son frère Tâchfîn (1). L'infortuné Moḥammed, déposé par les siens pour la deuxième fois, eut encore recours à la clémence de l'ennemi. Il adressa sa soumission et hommage d'obéissance

1. Tous ces faits sont racontés par Campaner, *Bosq. hist.* (148-152), mais le récit qu'il en donne est assez vague sur plusieurs points. Nous avons préféré suivre l'exposé de Codera, *Decad. y desap.*, 183. Il est toutefois regrettable que ce savant espagnol n'ait pas cité les sources auxquelles il a puisé ses renseignements.

absolue à El-Mançoûr auprès de qui il se réfugia. Il fut plus tard chargé du gouvernement de Denia où il mourut.

La nouvelle de la révolte survenue aux Baléares parvint à 'Ali alors qu'il était encore sous les murs de Constantine (1). La flottille qui l'avait amené à Bougie avait été obligée de fuir à l'approche de la flotte almohade en 581 (1185-6 J.-C.). Les chroniqueurs ne disent pas où elle se réfugia : peut-être en Sicile, sous la protection du prince chrétien Guillaume II, peut-être à Tripoli de Berbérie où régnait Qarâqoûch ainsi que l'on sait. Après avoir traversé tout le Djerîd et contracté alliance avec Qarâqoûch, 'Ali embarqua sur sa flotte un corps expéditionnaire (2) sous les ordres de ses frères 'Abd Allah et El-Ghâzi. Le commandement en chef fut confié à 'Abd Allah (3). Après avoir fait escale en Sicile, la flotte almoravide arriva devant Majorque. Aidé par la population musulmane de l'île, 'Abd Allah réussit à débloquer un des amis de son père, nommé Nadjâḥ (4) qui était assiégé avec une troupe de partisans dans un château-fort. Les deux troupes réunies marchèrent sur la capitale qui leur ouvrit ses portes (5).

Cette campagne eut lieu à la fin de l'an 582 ou au commencement de 583 (vers 1187 de J.-C.) (6). Tâchfîn fut

1. Ibn Khaldoûn, *Hist. Berb.*, éd., I, 332 et trad., II, 218 ; Campaner, *Bosq.*, 148 et suiv.

2. La composition de ce corps expéditionnaire nous est malheureusement inconnue. Il est à supposer cependant que 'Ali dut y introduire un certain nombre de Ghozz et d'Arabes ses nouveaux alliés, pour pouvoir conserver avec lui un noyau d'Almoravides sur le dévouement desquels il pouvait compter.

3. Cf. *Hist. Berb.*, éd., I, 332.

4. Ce personnage, qui est appelé *Nadjâḥ* نجاح dans l'édition Dozy de 'Abd el-Wâḥid (p. 199), est appelé *Nachach* (c'est-à-dire نجاح) par A. Campaner (in *Bosq.*).

5. 'Abd el-Wâhid, 199, 200.

6. Probablement au commencement de 583 (1187 J.-C.). C'est l'opinion de F. Codera, *Decad. y desap.*, 184. La date de 583 est aussi donnée par M. Cam-

déposé et le gouvernement passa entre les mains de 'Abd Allah qui l'exerça jusqu'à sa mort, survenue au moment de la conquête de Majorque par les Almohades, sous le règne d'En-Nâçir (599 — 1202-3), comme nous le raconterons un peu plus loin.

Les Almoravides victorieux aux Baléares, l'étaient aussi en Ifrîqîya. 'Ali (ben Ghânya), pour conserver l'alliance des Arabes leur laissait commettre les plus grands excès. Les troupes qu'il avait sous ses ordres ne respectaient plus rien. Ses soldats dévastaient les villes, les places fortes et les villages, coupaient les arbres et souillaient jusqu'aux choses les plus sacrées (1). En 582 (1186-7 J.-C.), l'Ifrîqîya était tout entière entre les mains des rebelles, à l'exception des deux villes de El-Mahdîya et de Tunis. Le gouverneur almohade de cette dernière place, était 'Abd el-Ouâḥid ben 'Abd Allah el-Hintâti. Il envoya prévenir le khalife almohade El Mançoûr de la situation du pays et de la position critique dans laquelle il se trouvait (2).

Cependant 'Ali ne pouvant se rendre maître de Tunis, avait dirigé ses armes contre la ville de Bachcheq (3). Il en

paner. Enfin l'historien Ibn Khaldoûn nous dit que les habitants des îles, après cette conquête d''Abd Allah, opposèrent une vigoureuse résistance aux expéditions que les Almohades tentèrent contre Majorque et que *vers l'année* 583, 'Abd Allah avait parfaitement établi son autorité (cf. *Hist. Berb.*, éd., I, 332). Ce qui semblerait indiquer que la première expédition, celle à l'occasion de laquelle 'Abd Allah s'empara des îles, aurait eu lieu avant 583 ou au plus tard au commencement de cette année.

1. Cf. Ibn el-Atsîr, XI, 343. On lit dans l'*Istibçâr* (p. 37, 38) : « Après (avoir fui de Constantine, devant l'armée almohade) il pénétra dans les plaines du Djerîd, qu'il ravagea en y faisant couler le sang, enlevant les richesses et *permettant toutes les horreurs* dignes de son caractère violent et de sa honteuse origine ».

2. Cf. Ibn el-Atsîr, XI, 343.

3. Cette localité se trouvait dans la presqu'île d'*Ech-Chertk* جزيرة الشريك qui s'avance à l'E. de Tunis (voyez la carte du dépôt de la guerre). La

avait entrepris le siège, lorsque peu après, les habitants offrir de se rendre à condition qu'on leur laissât la vie sauve (1). Cette condition ayant été acceptée, les troupes almoravides et leurs alliés pénétrèrent dans la ville qui leur avait ouvert ses portes. Les soldats de 'Ali en commencèrent le pillage et enlevèrent aux malheureux habitants tout ce qu'ils possédaient. Richesses, troupeaux, récoltes, tout leur fut arraché, jusqu'à leurs vêtements qui leur furent enlevés. Les femmes et les enfants même, subirent ce triste sort. Tous ces misérables, presque nus, allèrent se réfugier sous les murs de Tunis. Là bientôt, surpris par

presqu'île était fertile et divisée en un grand nombre de régions; la plus étendue était le *menzel* (station) *el-Kebîr* المنزل الكبير connu aussi sous le nom de *Menzel Bachcheq* منزل بَشّق. On trouvera de longs détails sur ce bourg et sur la presqu'île de *Cherîk*, *ap.* Et-Tidjâni, *Rihla*, f. 6, r. et suiv.; voy. aussi : *J. A.*, août 1852, p. 78 et suiv. El-Bekri donne bien la position de la presqu'île d'Ech-Cherîk entre Sousse et Tunis. Il cite également la bourgade de *Bachcheq*, dont il dit : و ام اقليم جزيرة الشريك منزل بشق وهي مدينة كبيرة اهلة بها جامع وحمامات .... الخ Nous remarquerons en passant que de Slane dans son édition d'El-Bekri (p. 45) appelle cette ville منزل باشوا ; d'autres copistes écrivent ce nom propre بشو : la véritable orthographe est بشّق ; elle est soigneusement indiquée par Et-Tidjâni ms. d'Alger, f. 7 r). Parmi les orthographes défectueuses de ce nom propre nous mentionnerons : باشو dans la traduction d'Ibn Ḥaoûqâl (de Slane in *J. A.*, fév. 1842, p. 176), dans celle d'El-Idrîsî (de Goeje, trad. 138, 148 et texte arabe 118, 125), dans l'édition du *Bayân* (Dozy, I, 57), etc. Cette localité n'est mentionnée ni par Yâqoût, ni par l'auteur de l'*Istibçâr*. Les géographes arabes s'accordent à reconnaître la grande fertilité de la péninsule de Bachcheq dont la ville de ce nom était l'ancienne capitale. A l'époque d'Ibn Ḥaoûqâl, la population de *Bachcheq* était supérieure à celle de Sousse. Cf. Ibn Ḥaouqal, tr. de Slane (in *J. A.*, fév. 1842, p. 176) et El-Idrîsi, p. 118; voyez aussi Fournel, *Berb.*, 162, n. 4 et 163. C'est sous le nom de *Menzel el-Kebir* qu'elle figure sur la carte d'État-Major de 1842. Elle n'est pas portée sur la carte de 1857. Voyez en outre : *J. A.*, août 1852, p. 80, n. 2.

1. Le texte arabe de la *Rihla* d'Et-Tidjâni, où nous avons puisé ces renseignements, dit simplement : ساله اهله الامان... L'*amân* (garantie de sécurité) peut porter sur les personnes seulement ou bien sur les personnes et leurs propriétés. S'il s'était agi de ce dernier cas, l'auteur l'aurait probablement spécifié en disant : ساله اهله الامان على انفسهم و اموالهم.

l'hiver, ils périrent de froid au nombre de douze mille (1) (582 = 1186-7 J.-C.) (2).

'Ali ben-Ghânya, reconnu comme chef par les Arabes et même aussi par les Ghozz, faisait dire la prière au nom du khalife 'abbaside En-Naçir ben el-Mostaḍi (3). Jugeant que cet acte de soumission à la dynastie de Bagdâd n'était pas encore suffisant, il voulut en faire avertir officiellement le khalife de façon à pouvoir solliciter son appui, si la nécessité s'en faisait sentir. Cet acte d'habile politique (4) de la part de 'Ali ben Ghânya, lui permettait d'agir à l'avenir comme chef légitime de l'empire almoravide, reconnu par le khalife 'abbaside, son suzerain spirituel et

1. Cf. Et-Tidjâni, ms., f. 7 r.; Ibn el-Atsîr, XI, 343. Le passage d'Et-Tidjâni dont il est ici question a été traduit par Rousseau (*J. A.*, août 1852, p. 82). Mais ce traducteur s'est parfois permis de bien regrettables additions au texte, il dit par exemple (p. 82, l. 5 et suiv.) : « Les habitants de ce menzel lui ayant demandé l'aman, il le leur accorda et entra dans ce menzel à la tête de ses troupes. *Mais celles-ci, au mépris de la promesse jurée*, pillèrent tout ce qui s'y trouvait,... etc. » Or les mots soulignés ne figurent point dans le texte et puisque en tous cas, ainsi que nous l'avons remarqué dans la note précédente, 'Ali n'accorda l'*amân* qu'aux personnes, il ne viola pas sa parole en laissant ses soldats mettre la ville au pillage.

2. Il est assez difficile de préciser le mois de l'année 582 durant lequel eut lieu l'entrée d''Ali dans le bourg de *Bachcheq*, car les chroniqueurs ne le donnent pas. Cependant, d'après les renseignements fournis par Ibn el-Atsîr et surtout par Et-Tidjâni (d'après Ibn Cheddâd qui tenait le récit de la bouche même d'un témoin oculaire, Abou 'Abd Allah ben el-Berr el-Mahdawi), nous savons que ces événements eurent lieu pendant l'hiver de cette même année 582. Or l'année 582 commence le 24 mars 1186 pour finir le 13 mars 1187. L'hiver dans cette année de l'hégire dut par conséquent tomber dans les 3 derniers mois et la prise de *Bachcheq* survint dans le troisième quart de l'an 582.

3. Abou 'l-'Abbâs Aḥmed surnommé En-Nâçir li dîni-Allah, régna de 575 à 622 (1179 à 1225 de J.-C.). Voy. : Ibn Eṭ-Ṭiqṭaqa, *El-Fakhri fîl-Adabi 's-Solṭâniya wa-'d-dawali 'l-Islâmîya* (éd. Ahlwardt, Gotha, 1860, in-8), pp. 370, 371; Weil, *Geschichte der Chalifen*, t. III, 364-451.

4. Un peu plus de trois siècles plus tard, le fameux chef des corsaires barbaresques, Kheir ed-dîn, sentant son autorité chanceler dans Alger, à la mort de son frère Aroûdj (1518 de J.-C.) envoyait son hommage de vassalité au sultan de Constantinople pour se ménager le puissant appui de ce dernier.

temporel, et non plus comme un vulgaire chef de bandes, dont l'unique but était le pillage. 'Ali envoya donc son fils accompagné de son secrétaire 'Abd el-Berr ben Fersân (1) auprès du khalife de Baghdâd avec mission de solliciter son appui et de lui renouveler en même temps l'assurance de fidélité et d'obéissance que les Almoravides du Maghrib n'avaient jamais cessé de lui donner, à lui et à ses prédécesseurs. Ces propositions furent bien accueillies et le khalife accorda à 'Ali ben Ghânya, tous les privilèges dont avaient joui les souverains almoravides. En même temps, ordre était donné à Saladin, gouverneur d'Égypte et de Syrie, de porter secours à ce nouveau vassal. Conformément à cette injonction, ce prince ayoûbite donna à Qarâqoûch l'ordre d'aider de toutes ses forces l'Almoravide à renverser la dynastie almohade (2).

1. Nous aurons l'occasion, un peu plus loin, de citer encore ce personnage. Il était venu trouver 'Ali ben Ghânya lorsque celui-ci avait levé en Ifrîqiya l'étendard de la révolte. Quand Yaḥia succéda à son frère à la tête du parti almoravide, il le prit comme ministre (cf. Maqqari, II, 381). Sur les noms et qualités de 'Abd el-Berr, son voyage à Baghdâd à la cour du khalife pour porter de la part de son maître l'hommage de vassalité, voyez El-Maqqari, I, 881, 882.

2. *Hist. Berb.*, éd., I, 251.

CHAPITRE VI

Expédition d'El-Mançour contre 'Ali ben Ghânya [583-584 = 1187-1189]. — Victoire de 'Ali à 'Omra [583 = 1187-8]; il est battu à El-Ḥamma et fuit au désert. — Abou Zeid, gouverneur d'Ifrîqîya. — El-Mançour rentre au Maghrib. — Mort de 'Ali ben Ghânya; son frère Yaḥia lui succède.

L'Ifrîqîya était, depuis l'apparition de 'Ali ben Ghânya, le théâtre de toutes sortes d'horreurs du genre de celle dont furent victimes les malheureux habitants du Menzel Bachcheq ; les campagnes étaient livrées au pillage des soldats (1) et l'Almoravide ne cessait d'y étendre ses conquêtes. Ibn Cheddâd (2) raconte dans sa chronique

1. On verra en effet un peu plus loin que le khalife El-Mançoûr organisant son expédition de 583 (1187-8 J.-C.) dut renoncer à prendre une armée trop considérable, car il n'aurait pu la nourrir dans l'Ifrîqîya dévastée. L'annaliste Ibn el-Atsîr dit d'ailleurs : ...وقصد قلة العسكر لقلة القوت في البلاد و لماجرى فيها من التخريب (Cf. Ibn el-Atsîr, XI, 343).

2. Ibn Cheddâd que cite Et-Tidjâni, est le petit-fils d'Abou Yaḥia Temîm ben el-Mo'ezz ben Bâdîs le Ziride. (Voy. *Jour. Asiat.*, août 1852, p. 81, n. 1). Cet auteur n'est pas cité par Ḥâdji Khalifa; Ibn Khallikân en dit seulement quelques mots (t. I, 122, 123) que nous traduisons : « .... ce qu'a mentionné son petit-fils (de Temîm) Abou Moḥammed 'Abd el-'Azîz ben Cheddâd .... dans son livre *Akhbâr el-Qaîrouân* ». Cette biographie un peu fruste nous fait connaître le titre de l'ouvrage d'Ibn Cheddâd. Cet écrivain est souvent cité par Et-Tidjâni dans sa *Riḥla*. Il ne doit pas être confondu avec un de ses contemporains, son homonyme, Abou 'Izz ed-dîn Behâ ed-dîn Yoûsof ben Râfi' ben Temîm el-Asdî el-Maoûçili el-Ḥalebî, *vulgo* Ibn Cheddâd († 632 H.) sur lequel on pourra trouver des renseignements plus amples chez Ibn Khallikân, II, 466 et suiv. Voyez aussi Hâdji Khalifa, I, 360; II, 133 et 234; IV, 447; VI, 108, 250; Wüstenfeld, *Die Geschichtschreiber*, n° 318, p. 115-117. Il existe encore un troisième historien désigné sous le nom d'Ibn Cheddâd : Abou 'Abdallah Moḥammed ben Ibrahîm ben 'Ali 'Izz eddin de Ḥaleb, mort en 684. Cf. Wüstenfeld, *op. laud.*, n. 361, p. 146.

qu'ayant interrogé à Damas en 582 (1186-7 J.-C.) un Maghribin nommé Abou ʿAbd Allah ben el-Berr de Mahdîya (1) à son arrivée d'Ifrîqîya, il en reçut cette réponse : « La population de ce pays est exterminée et le territoire dévasté (2) ». Le gouverneur almohade de Tunis adressa un pressant appel à son maître le souverain El-Mançoûr à qui il exposa le triste état du pays et les continuels progrès des Almoravides devenus menaçants. A ces nouvelles, il réunit une armée de 20.000 cavaliers (3) et au commencement de l'année 583 (1187 J.-C.) (4) il quitta le Maghrib extrême pour marcher directement sur Tunis.

Sur ces entrefaites, ʿAli ben Ghânya, ne pouvant s'emparer de Tunis et de Mahdîya, avait jugé prudent de se replier vers le Sud, lorsqu'il avait eu connaissance de l'ap-

1. Nous n'avons pas trouvé de renseignements sur ce personnage.

2. Cf. Et-Tidjâni, ms., f. 7 r.

3. Le chiffre de 20.000 hommes est donné par Ibn el-Atsîr qui ajoute, comme il a été dit plus haut, que le souverain almohade ne voulut pas s'embarrasser d'un plus grand nombre d'hommes, craignant de ne pouvoir en nourrir davantage dans un pays sans ressources. Ibn Khaldoûn précise beaucoup moins et dit qu'El-Mançoûr partit de Marrâkoch traînant à sa suite les populations du Maghrib, Zenâta, Maçmoûda, etc. Il ajoute que l'armée du souverain almohade comptait aussi des Zoghba (B. Hilâl) et des Atsbedj, Arabes qui étaient sans doute venus se joindre à lui à son arrivée à Tunis. Cf. *Hist. Berb.*, éd., I, 28.

4. Le *Qarṭâs* (p. 143) donne la date de 582, le 3 chawâl (18 décembre 1186) ; Ibn el-Atsîr (XI, 343) donne celle de 583, en çafar (avril-mai 1187). Enfin Ibn Khaldoûn (*Hist. Berb.*, éd., I. 253) dit qu'El-Mançoûr quitta Marrâkoch en 583 (1187-8 J.-C.) ; mais cette date est corrigée par l'auteur lui-même dans une autre partie de son histoire (*ibid.*, I, 327) où il s'exprime ainsi : فخرج المنصور إليه من مراكش سنة ثنتين [و ثما نين] و وصل فاس فاراح بها وسار إلى رباط تازى ثم...... « El Mançour quitta Marrâkoch pour marcher contre ʿAli, en l'an 82 (c'est-à-dire 582). Arrivé à Fâs (Fez) il s'y reposa et en repartit ensuite pour Ribâṭ Tâza.... » (Ce passage se retrouve textuellement cité par l'auteur du *Kitâb el-Istiqça*, qui se garde bien d'en indiquer la source : cf. *Kitâb el-Istiqça*, I, 165.) Ceci nous montre que les deux dates, celle de *Qarṭâs* et celle d'Ibn el-Atsîr, peuvent parfaitement concorder, la première étant celle du départ de Marrâkoch, la seconde celle du départ du Maghrib extrême, après les arrêts successifs à Fâs et Tâza.

proche d'El-Mançoûr. Il avait ramené ses troupes dans le Djerîd tunisien où il était unanimement reconnu. Là, en cas d'échec, il était près du Sahara son plus sûr refuge. El-Mançoûr avait établi son quartier général à Tunis (1), et expédié un premier corps d'armée de six mille cavaliers sous les ordres de son cousin le sîd Abou Yoûsof, fils du sîd Abou Ḥafç (2) et de 'Omar ben Abî Zeîd, personnage de haut rang à la cour de Marrâkoch. Cette petite troupe se dirigea sur Gafça où était alors 'Ali ben Ghânya. Celui-ci, à la nouvelle de l'arrivée de l'ennemi, sortit de la ville avec ses partisans : la rencontre eut lieu dans la plaine d'El-'Omra (3). 'Ali remporta, sur les Almohades, une éclatante

1. Rousseau dans sa traduction abrégée (cf. *J. A.*, août 1852, p. 186) fait à tort dire à Et-Tidjâni qu'El-Mançoûr s'empara de Tunis. Le traducteur, en interprétant ce passage n'a pas songé que Tunis était déjà entre les mains des Almohades et que précisément El-Mançoûr y était venu, appelé par le gouverneur que lui-même y avait placé. Voici du reste le texte qu'on lit dans la *Riḥla* d'Et-Tidjâni : فتحرك الى تونس فلما وصل إليها وجّه ابن عمه يعقوب الخ..., ce qui nous montre bien au contraire qu'El-Mançoûr, avant même d'entrer à Tunis, avait détaché un corps de troupes, sous les ordres de son cousin Ya'qoûb, a la poursuite de 'Ali ben Ghânya.

2. Voyez la note précédente et aussi : Ibn Khaldoûn, *Hist. Berb.*, éd., I, 327); Ibn el-Atsîr, XI, 343. Ce dernier commet une légère erreur en disant qu'Abou Yoûsof était le neveu d'El-Mançour (ابن اخيه). On sait en effet que Abou Yousof Ya'qoûb, l'officier dont il est ici question, et le khalife El-Mançoûr (qui s'appelait aussi Abou Yoûsof Ya'qoûb) étaient cousins-germains et fils des deux frères Abou Ḥafç et Abou Ya'qoûb Yoûsof]; Et-Tidjâni, ms., ff. 56 v. et 68 v.; Ez-Zerkechi, 11; 'Abd el-Wâḥid, 197, 198.

3. Vaste plaine dans les environs de Gafça (cf. de Slane, *Berb.*, tr. I, index). On ne trouve aucun renseignement géographique sur cette plaine dans les ouvrages géographiques d'Ibn Haoûqal, El-Bekri, El-Idrisi, Aboulféda, Yâqoût, le *Marâçid* et l'*Istibçâr*, etc. Quant au récit de la bataille d'El-'Omra, il est donné par Et-Tidjâni (ms., f. 56 v.). Le copiste du manuscrit d'Alger de la *Riḥla* d'Et-Tidjâni a orthographié ce nom propre عمرة qui est aussi la leçon adoptée par de Slane dans son édition des *Berbères* (cf. I, 28). Cependant ce même savant, dans une seconde relation de cette bataille (éd. I, 327), a adopté l'orthographe غمرة et traduit par Ghomert (*Berb.*, tr. II, 211). Cette dernière leçon erronée a fait commettre une erreur à M. Campaner; l'auteur du *Bosquejo historico*, place en effet le théâtre de la bataille dont il est ici question, à Ghomert (S.-E. du Titteri et S.-O. du Hodna) et a soin dans une

victoire. Un grand nombre de soldats almohades y trouvèrent la mort (1). Ceux qui purent échapper aux coups des vainqueurs se réfugièrent à Gafça. 'Ali ben Ghânya les laissa pénétrer dans cette ville et leur promit la vie sauve, mais quand tous les fuyards furent ainsi réunis, 'Ali les fit mettre à mort. Dans la bataille d'El-'Omra périrent les principaux personnages de la cour du souverain almohade comme 'Ali ben er-Reberter (2), Abou 'Ali ben Yaghmor (3), 'Omar ben Abi Zeîd (4). Ibn el-Atsîr fixe, dans ses Annales, la date de ce désastre des armes d'El-Mançoûr au mois de rabi' premier, 583 (mai-juin 1187) (5).

Quelques fuyards, échappés au massacre arrivèrent à Tunis porter la nouvelle de la défaite. El-Mançoûr, réunissant alors les troupes dont il disposait, se mit en personne à leur tête et sortit de Tunis, après avoir laissé à son frère, le sîd Abou Isḥâq, le gouvernement de la ville (6). Il campa

note d'indiquer la position géographique de ce pays (voy. *Bosq. hist.*, 296, note 2). Dozy, dans ses *Recherches* (II, 441) a commis la même faute. L'orthographe عامرة adoptée par A. Rousseau (in *J. A.* août, 1852, pp. 187 et 204) est différente des précédentes. Le théâtre de cette bataille est assez clairement indiqué par ces mots d'Et-Tidjâni ... فالتقوا بمقربة من قفصة Cf. ms , f. 56 v. Le *Kitâb el-Istiqça* (I, 165) qui mentionne cette bataille ne dit pas où elle eut lieu exactement.

1. Le ms. d'Alger de la *Riḥla* d'Et-Tidjâni, f. 56, v. porte ces mots : قتل فيها اكثر جيش المنصور que l'on doit évidemment entendre : la plus grande partie des troupes almohades qu'El-Mançoûr (y avait envoyées) y trouva la mort.

2. 'Ali ben er-Reberter est le fameux général dont il a été précédemment question et qui a joué dans les Baléares un rôle important.

3. Sur les noms propres Yaghmor et Yaghmorasen au point de vue de l'origine de la terminaison berbère *asen*, voyez : R. Basset, in *Jour. Asiat.*, août 1899, pp. 110-111.

4. Cf. *Hist. Berb.*, éd., I, 253 et 327; traduct. II, 94, 211.

5. Ibn el-Atsîr, XI, 343. Dozy dit qu'elle eut lieu en juin 1187. De ces deux dates on peut déduire que la bataille eut lieu entre le 18 et le 30 Rabi' 1er 583 (vers le commencement de juin 1187).

6. El-Mançoûr quitta Tunis au milieu de radjab 583 (septembre 1187) selon Ibn el-Atsîr, XI, 343.

d'abord à Râdis (1) où devait avoir lieu la concentration de toutes ses troupes. Les derniers préparatifs une fois réglés, il marcha à la rencontre d'Ibn Ghânya. Celui-ci s'était retiré, avec ses compagnons, et ses alliés, dans une forte position à deux lieues du village d'El-Hamma (2) où il attendit le choc de l'ennemi. Lorsqu'El-Mançoûr arriva avec son armée en présence des mercenaires et des alliés de l'Almoravide, il lança d'abord quelques escadrons contre le camp des Arabes. Ceux-ci essayèrent de résister, mais en vain; ils furent mis en déroute et leur camp livré au pillage. Profitant de ce premier succès, El-Mançoûr donnant de sa personne avec toutes ses troupes, tomba sur l'armée ennemie. 'Ali et ses alliés furent complètement défaits; ils prirent la fuite dans la direction de Toûzer. Les Almohades se mirent à la pour-

1. Le nom de cette localité est écrit *Radeuss* sur la carte du dépôt de la guerre de 1857. Elle est située à l'E.-S.-E. de Tunis et, selon Et-Tidjâni, à environ 6 milles de cette ville. C'est l'ancienne *Adis* (cf. Fournel, *Berb.*, I, 45, n. 1). Sur *Râdis* (رادِس), voy. : *Jour. Asiat.*, août 1852, p. 64, note 2; Et-Tidjâni, ms., f. 3 v. à partir de la ligne 7; El-Bekri, éd., 37, et *Jour. Asiat.*, décembre 1858, p. 505 et suiv.) ; Yâqoût (II, 729) cite El-Bekri.

2. Ce village se trouvait sur la route de Gâbès à Nefta; il est désigné sur la carte du dépôt de la guerre, 1857, sous le nom de *Bordj el-Hamma*. El-Hamma désigne une source chaude; c'est un nom très répandu en pays arabe, dit Yâqoût dans son Dictionnaire géographique. Il est ici question, nous apprend Et-Tidjâni, de *Ḥamma des Maṭmaṭa* (حمة مطماطة) qu'il ne faut pas confondre avec *Ḥammat el-Bahâlîl* (حمة البهاليل) près de Toûzer (cf. Ms. d'Alger, f. 56 r.) ni avec *Ḥamma de Taqyoûs* (voisine aussi de Toûzer : cf. Yâqoût, I, 860) comme le fait 'Abd el-Wâḥid (p. 198). Nous remarquerons en passant que le nom propre de Taqioûs est écrit de la sorte, تقيوس, par De Goeje (El-Idrîsi, 103, 104), par Juynboll (in *Marâçid*, I, 208, 209) et par Wüstenfeld (Yâqoût, I, 860), tandis que Dozy (éd. de 'Abd el-Wâḥid, p. 198, ligne 7) l'écrit دُقْيُوس; voy. aussi Fagnan, *Hist. des Almohades*, p. 236, note 1. On trouvera des renseignements sur Ḥamma des Maṭmâṭa *ap.* Et-Tidjâni ms. fol. 56 r. et v.; *Jour. Asiat.*, août 1852, p. 185, note 1; *Istibçâr*, 68; Ibn el-Atsîr, XI, 343, 344 qui relate cette bataille dit simplement que la rencontre eut lieu *près de la ville de Gabès*. L'auteur de l'*Istibçâr* (p. 84) place aussi cette bataille « sous les murs de Ḥamma des Maṭmâṭa ».

suite des deux chefs ennemis. Dans les environs de Toûzer, ils apprirent que Qarâqoûch et 'Ali avaient gagné le désert (1). La défaite des rebelles avait été sanglante, la plupart d'entre eux étaient restés sur le champ de bataille (2) [cha'bân 583 = octobre-novembre 1187].

El-Mançoûr, abandonnant la poursuite, vint entreprendre le siège de Gabès que Qarâqoûch avait fortifiée et où il avait établi sa famille. L'armée almohade cerna la ville du côté de la terre, tandis que la flotte la bloquait sur mer. Les habitants s'empressèrent de faire leur soumission. Seuls les parents et fidèles amis de Qarâqoûch, établis dans la citadelle (3), résistèrent pendant deux jours. Ils se rendirent enfin sur la promesse que leur fit le vainqueur de leur laisser la vie sauve. Ils furent expédiés par mer à Tunis et de là à Marrâkoch et dans le Maghrib extrême où ils furent exilés (4).

De Gabès, El-Mançoûr vint s'emparer de Toûzer, puis marcha contre Gafça, qu'il tint étroitement bloquée. Le siège dura trois mois. Les Almohades coupèrent les arbres autour de la ville et dévastèrent toute la région (5). Les habitants enfin demandèrent grâce. Le vainqueur accepta de laisser d'abord la vie sauve aux gens établis à Gafça,

1. Et-Tidjâni (ms. f. 57 r. et *Jour*. *asiat*. de 1852, p. 187, 188) donne des détails sur cette victoire des Almohades ; voy. aussi *Istibçâr*, 84 ; *Kitâb el-Istiqça*, I, 165.

2. Cf. *Hist. Berb.*, éd., I, 253, 327, 328 ; et trad., II, 94 et 211 ; Ibn el-Atsir, XI, 343, 344.

3. Cette citadelle appelée *Qaçbat-el-'Aroûsîn* (قصبة العروسيين) fut construite par les Beni Djâmi', princes hilâliens qui gouvernèrent Gabès. On trouvera des renseignements sur cette dynastie ainsi que sur la ville de Gabès *ap.* Et-Tidjâni, ms., f. 39 r° et suiv. ; *Journ. asiat.*, août-sept. 1852, p. 140.

4. Cf. Et-Tidjâni, ms., 43 r. ; Ibn el-Atsir, XI, 344 ; Ibn Khaldoûn, *Hist. Berb.*, éd., I, 253.

5. 'Abd el-Wâḥid, 198 prétend que la ville fut prise d'assaut et les habitants massacrés. Il cite également, au sujet du siège et de la prise Gafça, trois vers d'une *qaçida*, que la victoire d'El-Mançoûr inspira au poète Ez-Zowîli, qui la lui débita.

mais leurs biens ne leur furent laissés qu'à titre de « mosâqa » ou bail partiaire(1). Quant aux étrangers (2) qui se trouvaient dans la ville, il devaient être jugés à part. Ces conditions, une fois acceptées par les gens de Gafça, le vainqueur ordonna aux habitants de sortir de la ville, à l'exception des femmes. Cet ordre ayant été exécuté, El-Mançoûr fit deux groupes des hommes qui étaient sortis : l'un était composé des gens de Gafça, l'autre des étrangers. Le premier groupe fut autorisé à rentrer en ville. De la sorte il ne restait plus dehors que les étrangers à Gafça, parmi lesquels se trouvait Ibrâhîm ben Qarâtikîn. Le souverain almohade fit alors la prière de ḍohor (3), puis alla s'asseoir à l'endroit où il avait coutume de tenir ses audiences. Là il fit d'abord distribuer la solde à ses soldats. Ensuite il fit amener devant lui l'un après l'autre tous les prisonniers étrangers et tous furent successivement exé-

1. La *mosâqa* (مساقة) est un bail par lequel deux individus (ou collection d'individus) sont liés. L'un fournissant un terrain (clos, jardin, etc.), il est le *prêteur*; l'autre est chargé de le cultiver, c'est le *preneur*. Les conditions de la *mosâqa* sont réglementées en droit musulman et Khalil a consacré à cette question un chapitre entier de son *Mokhtaçar* (cf. Khalil, *Mokhtaçar*, éd. de Paris, 175-176). Ces détails sur les conditions imposées par le vainqueur nous ont été fournis par Et Tidjâni, ms., 57 v. et Ibn Khaldoûn, *Hist. Berb.*, éd. I, 253; ce dernier a été suivi par l'auteur du *Kitâb el-Istiqça*, I, 165.

2. Il faut entendre ici les Ghozz, Almoravides et Arabes.

3. La prière de ḍohor (الظُّهر) a lieu au milieu du jour, quand le soleil est au zénith. A ce propos, voici ce que dit l'auteur du Précis de jurisprudence du rite malékite. « Il est préférable pour une réunion de fidèles qui n'attend plus personne de faire la prière dès le commencement du moment d'élection. On doit cependant faire exception pour la prière de midi. Pour celle-ci, quand les fidèles réunis attendent encore d'autres fidèles, ils feront mieux de retarder la prière, jusqu'à ce que l'ombre des objets ait égalé le quart de la longueur et même davantage, surtout quand on veut éviter la grande chaleur du jour (cf. Khalil, *ap.* Perron, in *Expl. de l'Alg.*, t. X, p. 88). Au « moment d'élection » succède le « moment forcé » pour la prière, ce qui veut dire que l'on peut à la rigueur retarder la prière jusqu'au « moment forcé » mais pas plus tard. Pour la prière de ḍohor comme pour celle d'el-'açr, le « moment forcé » va jusqu'à l'apparition de la rougeur qui annonce l'approche du coucher du soleil.

cutés sous ses yeux. Pas un n'échappa au supplice (1). Puis El-Mançoûr fit raser les fortifications (583 = 1188 J.-C.) (2) de la ville (3) de Gafça.

1. Dans cette relation nous avons suivi le récit d'Et-Tidjâni qui semble être le plus détaillé et le plus digne de foi. Cette victoire d'El-Mançour est également mentionnée par l'auteur du *Qarṭâs*. Ibn Khaldoûn (*Hist. Berb.*, éd. I, 253 et 328) donne une version un peu différente. D'après lui, les Ghozz auraient été épargnés à l'exception d'Ibrâhîm ben Qarâtikîn. Ibn el-Atsîr, XI, 344 qui partage l'opinion d'Ibn Khaldoûn, ne parle pas d'Ibn Qarâtîkîn. Selon le célèbre annaliste, ç'auraient été les Turcs (Ghozz) qui auraient proposé à El-Mançoûr de livrer la ville, à la condition, qu'ils auraient la vie sauve, eux et les gens de Gafça. Cette clause aurait été acceptée et le souverain almohade se serait borné à déporter les Turcs. Voyez aussi, *infrà*, note 3, le récit de l'*Istibçâr*.

2. C'est la date donnée par le *Qarṭâs*, 143. La prise de Gafça dut avoir lieu tout à la fin de l'année 583, puisqu'en cha'bân avait été livrée la bataille d'El-Ḥamma, après laquelle El-Mançoûr avait poursuivi 'Ali b. Ghânya, et que le siège de Gafça avait duré trois mois.

3. Voici en quels termes l'auteur de l'*Istibçâr* raconte ces événements : « Les habitants (de Gafça) se tinrent alors (depuis la conquête almohade) tranquilles jusqu'en 581, où ce misérable séducteur de Mayorquin étant venu à passer de ce côté, ils lui ouvrirent leurs portes et le proclamèrent leur chef. Il y mit une garnison composée de Ghozz de ses partisans, qu'assiégea Abou Yoûsof. Ces Turcs, désireux de s'affranchir, demandèrent à devenir les mamlouks du prince almohade et livrèrent leurs autres compagnons, de sorte que le khalife leur pardonna et les affranchit ; quant aux habitants de Gafça, il les laissa dans leur ville, mais il envoya à la mort les rebelles Mayorquins, à cause de leurs désordres et de leurs actes d'hostilité, ainsi qu'on l'a dit : « Ces vils Almoravides, les voilà qui, dans la peine sont pris du désir de revenir à notre prince ! » L'hypocrisie, les voltefaces, les hésitations, l'insolence et la duplicité des habitants de cette ville étant bien établies, l'imâm et Prince des Croyants jugea que, pour réfréner leur méchanceté et mettre un terme à leurs ruses, il n'y avait d'autre moyen que de démanteler Gafça et de la priver de ses fortifications. Il en donna aussitôt l'ordre, et en un clin d'œil il n'en resta plus que le souvenir » (cf. *Istibçâr*, 68, 69 ; voyez aussi la note 2 (p. 69) du traducteur). Le mot مدينة désigne la *ville* qui est entourée d'un mur d'enceinte ; le mot قرية s'applique à la ville dépourvue de remparts, la ville ouverte, quel que soit du reste le nombre d'habitants. C'est ce qui fait dire à Ibn el-Atsîr : هدم اسوارها وترك المدينة مثل قرية. Le même auteur ajoute à propos de cet événement : « Ainsi fut réalisée la prédiction du Mahdi (Ibn Toûmert), au sujet de cette ville dont il avait été chassé, comme de tant d'autres) quand il avait dit : « Les remparts de Gafça seront démolis et les arbres qui l'entourent seront coupés. » Yaqoût (IV, 151) attribue à tort à Yoûsof ben 'Abd el-Moûmin le dérasement des remparts de Gafça.

Furieux contre les tribus arabes qui avaient prêté leur appui aux Almoravides, le souverain almohade voulut les châtier d'une façon exemplaire. Il ravagea leurs campements et les força à l'obéissance. Les principaux alliés de ʿAli ben Ghânya, les tribus de Djochem et de Riâḥ furent déportées dans le Maghrib el-Aqça. Les Djochem furent établis dans la province de Tâmesna (1) et les Riâḥ dans celle d'El-Hebet(2). Cette campagne terminée, le souverain almohade rentra à Tunis en 584 (1188-9 J.-C.), y installa le sîd Abou Zeîd (3) comme gouverneur d'Ifriqîya. Lui-même, prenant la route de terre, revint à sa capitale en passant par Tâhert (Tiaret) (4) et Tlemcen (5).

Après cette brillante expédition, El-Mançoûr croyait l'Ifriqîya pacifiée; il avait enlevé à ses ennemis leurs meilleurs contingents; par les ruines qu'il avait semées et par les châtiments infligés, il avait donné aux Arabes un terrible avertissement; il laissait enfin à Tunis un chef qui

1. La province de Tâmesna تامسنا est l'une des provinces occidentales du Maghrib el-Aqça. Elle s'étend jusqu'à l'Océan et sa capitale est Salé (Sla) سلا, à l'embouchure du Bou Regreg. C'est, dit E. Mercier, une vaste plaine située entre le Bou Regreg, l'Oum er-Rebiʿ et l'Océan (cf. *Hist. de l'établissement des Arabes dans l'Afrique septentrionale*, p. 393). Sur cette province du Magrib el-Aqça et ses habitants, voy. El-Idrîsi, 70; Aboulféda, tr. Reinaud, II, 183. C'est le pays où se fixèrent les Berghouâta (cf. Bekri, 87; *Istibçâr*, 156 et suiv.).

2. C'est aussi l'une des provinces occidentales du Maghrib extrême, située au sud de Tétouan, entre El-Qçar el-Kebir et le pays des Ghomâra (cf. de Slane, *Berb.*, tr. I, LXXXVI index). Sur les événements qu'on vient de lire, on pourra consulter : *Hist. Berb.*, éd., I, 28 et 253; trad. I, 49; II, 95.

3. Ibn Khaldoûn ne précise pas si le sîd Abou Zeîd fut nommé au gouvernement de l'Ifrîqîya par El-Mançoûr ou par En-Nâçir (voy. *Hist. Berb.*, éd., I, 333). Ez-Zerkechi, 11, dit que le gouvernement d'Ifrîqîya fut laissé à Abou Zeîd en 584 (1188-9 J.-C.) par El-Mançoûr.

4. Il s'agit, non de la Tiharet actuelle, mais de Tagdemt, l'ancienne capitale des Beni Rostem, située entre les vallées supérieures du Nahr Ouâçil et de la Mîna. (Sur cette ville, voyez *infrà* chap. XII.)

5. Il rentra à Marrâkoch dans le courant de radjab 584 (août-septemb. 1188) au dire de l'auteur du *Qarṭâs*, encore une fois plagié par l'auteur du *Kitâb el-Istiqça*, I, 165.

avait fait ses preuves dans la campagne de 581 et sur qui il pouvait compter. Il était du reste obligé de revenir vers sa capitale, sans tarder, rappelé par les fâcheuses nouvelles qu'il en recevait : quelques-uns de ses parents, qui occupaient de hautes situations, soit en Afrique, soit en Espagne, avaient tenté de se rendre indépendants. A la nouvelle de la défaite d'El-ʿOmra, l'émotion avait été grande dans le Maghrib et des frères ou des oncles du khalife considérant déjà l'éventualité probable de la mort de celui-ci, avaient songé à recueillir sa succession. Peut-être même, profitant de l'éloignement d'El-Mançoûr, quelques-uns pensèrent-ils s'installer sur le trône à sa place. Un pareil coup d'État, s'il avait eu lieu, n'aurait fait que hâter la chute de l'empire almohade. De telles idées de rébellion, au sein même de la famille impériale dénotaient déjà un commencement de désagrégation dans cette puissante dynastie et en annonçaient la prochaine décadence.

A la nouvelle du retour du souverain victorieux, les ambitieux étaient promptement rentrés dans l'ordre et se préparaient à faire au vainqueur une magnifique réception, digne de ses conquêtes et de sa bravoure. El-Mançoûr, bien renseigné, ne se laissa point tromper par ces hypocrites manœuvres. En passant à Tlemcen, il en destitua le gouverneur, son oncle Abou Isḥâq. Il fit arrêter ensuite son frère le sîd Abou Ḥafç er-Rachîd, gouverneur de Murcie et son oncle, le sîd Abou er-Rabiʿ, gouverneur de Tâdla تادلا qui étaient venus dans le Maghrib le féliciter du succès de sa campagne en Ifrîqîya. Ces deux officiers furent jetés en prison, puis des charges suffisantes ayant été recueillies contre eux, ils furent mis à mort sur l'ordre du khalife (1).

1. Ces faits sont relatés par Ibn Khaldoûn (*Hist. Berb.*, I, 328 et trad., II, 211, 212); ʿAbd el-Wâhid, 200, 201. L'auteur du *Qarṭâs* est beaucoup plus

A peine El-Mançoûr avait-il quitté l'Ifrîqîya que 'Ali et Qarâqoûch reparaissaient dans le Sud et ralliant leurs anciens partisans, recommençaient leurs exploits. Mais la mort vint frapper 'Ali ben Ghânya au moment où il se préparait à prendre une revanche éclatante des échecs qu'il venait de subir (1). Les circonstances de cette mort sont assez mal connues, comme du reste les événements qui, durant la fin de l'année 584, suivirent le départ du souverain almohade. Au dire de 'Abd el-Wâḥid el-Marrâkochi, la mort de 'Ali serait survenue à la suite des blessures reçues à la bataille d'El-Ḥamma. Le chef du parti almoravide aurait néanmoins réussi encore à échapper à la poursuite des Almohades et serait venu mourir dans la tente d'une vieille Bédouine (2). Ibn Khaldoûn qui semble un peu mieux renseigné le fait mourir d'une blessure reçue dans un combat contre les Nefzâwa en 584 (1188-9 J.-C.) (3). Si le lieu

bref et place les exécutions ordonnées par El-Mançoûr sur plusieurs de ses parents, en 582, c'est-à-dire avant son expédition en Ifrîqîya. Voici ce que dit ce chroniqueur : « En 582 (1186-7 J.-C.) El-Mançoûr fit mettre à mort ses deux frères Abou Yaḥîa et 'Omar ainsi que son oncle Abou 'r-Rebî' (*Qarṭâs*, 143).

1. El Qaïrawâni, d'après Ibn Chemma', raconte en quelques lignes la révolte des Benou Ghânya. Il confond, comme bien d'autres chroniqueurs, 'Ali avec Yaḥîa et fait un grossier anachronisme en plaçant la mort de 'Ali en 633 (date de la mort de Yaḥîa). Cf. El-Qaïrowâni, 114, 115.

Si l'on se reporte au passage correspondant de la traduction française (Pellissier et Rémusat, in *Explorat. scient. de l'Algérie*, t. VII, p. 201 et suiv.) on y trouvera une note des traducteurs, conçue en ces termes : « Le père d'Ali s'appelait Khania (pour Ghânya, nom de femme) ». Nous devons remarquer que la même erreur a été reproduite par Fournel, in *Richesses minérales de l'Algérie*, II, 152, note *a*.

2. 'Abd el-Wâḥid, 198.

3. Cf. *Hist. Berb.*, éd., I, 253, et trad., II, 95. Et-Tidjâni ne précise pas, il le fait seulement mourir *avant* 586 (1190 de J.-C.) et non *après* comme l'a traduit à tort A. Rousseau (*Jour. Asiat.*, août 1852, p. 154). Voici du reste le passage du ms. d'Alger : ...و هاجر إلى الموحد ين وذلك في سنة ست وثمانين (*a*) وقد مات على بن اسحاق الميورقي (cf. ms. f. 43 r°). Un peu plus loin, le même auteur indique approximativement le lieu de la mort

(*a*) Le ms. d'Alger porte fautivement ثمانون.

et les circonstances de cette mort sont peu connus, la difficulté n'est pas moins grande de fixer l'endroit de la sépulture. Selon les uns, 'Ali aurait été enterré chez les Nefzâwa ; selon les autres, ce serait à Majorque que le corps fut transporté (1).

Cette mort ne devait pas terminer la lutte. Yaḥta ben Isḥâq succédant à son frère 'Ali prit le commandement des troupes rebelles et devint chef de la révolte les Almohades.

(*Ibid.*, f. 67 v.) : ....و قدر ان مات على بعد ذلك على توزر جاءه سهم غرب في ترقوته فمات منه « ....et le destin voulut que 'Ali mourût ensuite près de Toûzer. Il avait été atteint à la clavicule par une flèche perdue (*a*) et succomba à sa blessure.

1. Voyez, *Hist. Berbères*, éd. I, 253. L'aureur de l'*Istibçâr* (p. 38) fait mourir 'Ali ben Ghânya près de Toûzer, postérieurement à l'année 584. On lit encore à un autre endroit (p. 77) du même ouvrage, qu'il mourut dans cette même région, frappé par une flèche « provenant d'une machine à rouet » ; mais cet auteur n'indique ni les circonstances de cette mort, ni le lieu de sépulture.

(*a*) A. Rousseau a traduit سهم غرب par « un coup de lance ». On retrouve la même expression سهم غرب chez Ibn Khaldoûn (cf. *Hist. Berb.*, éd., I, 253).

CHAPITRE VII

Yaḥîa (ben Ghânya) chef du parti almoravide en Ifrîqîya; ses rapports avec Qarâqoûch. — Rupture entre les deux alliés. — Yaḥîa maître du Djerîd bat Qarâqoûch à Maḥsen et lui enlève successivement Ṭorra, Tripoli et Gâbès. — El-Mançoûr passe en Espagne (591 = 1195 J.-C.).

Yaḥîa était un homme plein d'énergie et d'ambition, un intrépide soldat et un habile tacticien (1). Plus heureux que son frère aîné, il eut une longue carrière d'aventures chevaleresques. Pendant près de cinquante années, il tint en échec l'empire almohade auquel il porta des coups mortels.

Yaḥîa, continuant d'abord la politique suivie par son frère, conserva l'alliance avec Qarâqoûch. Il semble cependant, au début, avoir suivi une tactique différente de celle de son frère. 'Ali en effet avait étendu sa domination en particulier dans la Berbérie orientale et Tunis avait été son objectif. Yaḥîa dirigea ses premiers efforts contre Constantine qu'il vint assiéger. Au reste, il ne fut pas plus heureux que ne l'avait été son frère en 581 (1885-6 J.-C.) Le gouverneur de Bougie Abou 'l-Ḥasan, fils du sîd Abou Ḥafç, qui avait remplacé son frère Abou Zeïd dans le commandement de cette place, marcha contre les rebelles et les força de lever le siège de Constantine. L'Almoravide s'enfuit alors vers le Sud, sans que le sîd Abou 'l-Ḥasan

1. Cf. 'Abd el-Wâḥid, 198.

eût songé à le poursuivre, et prit d'assaut la place de Biskra (1). Il revint de là attaquer Constantine, mais sans plus de succès que la première fois (2). Il poussa même jusqu'à Bougie qu'il ne put prendre et revint, après cette campagne, retrouver Qarâqoûch dans le Djerîd.

En 586 (1190-1 J.-C.) Qarâqoûch manifesta l'intention de servir les Almohades et se rendant à la cour du sîd Abou Zeîd, gouverneur de l'Ifrîqîya, ainsi qu'il a été dit, il lui fit personnellement sa soumission. L'officier almohade, heureux de la démarche que faisait ce dangereux ennemi, ne douta pas un instant de la sincérité de Qarâqoûch et cet aventurier fut comblé d'honneurs et de bienfaits (3). Il était, du reste, d'un usage constant chez les Almohades de recevoir très honorablement les ennemis qui de leur propre mouvement venaient faire leur soumission. Celle de Qarâqoûch n'était qu'apparente ; c'était une feinte habile de la part de ce rusé capitaine. Il n'avait d'autre

1. El-Bekri (p. 52-53) donne une longue description de Biskra et des environs ; l'article consacré à Biskra dans l'*Istibçâr* (p. 109-110) n'en est qu'une maigre reproduction, Yâqoût (I, 625) vocalise *Biskira* بِسْكِرَةٌ ou encore selon d'autres : *Baskara* بَسْكَرَةٌ et consacre quelques lignes de description élogieuse à cette ville du Zâb (Zibân). L'auteur du *Marâçid* (I, 154) n'en dit que quelques mots, tirés textuellement de Yâqoût. D'après le cheikh Bou Râs (*Voy. extr.*, tr. Arnaud, 120) les habitants de Biskra passent pour avoir pratiqués jadis la cynophagie. On consultera encore, sur cette ville, les articles de : Aboulféda, II, 192 ; El-Ayâchi, *Rahla* (*ap.* Berbrugger, in *Explor. scient. de l'Algérie*, IXe vol., p. 439). Voir aussi les étymologies fantaisistes données à cette ville par l'auteur du *Kitâb el-Adouâni* (tr. Féraud, 153) et par Largeau (*Le Sahara algérien*, Paris, 1881, in-16, p. 21 et note 2). Léon l'Africain qui appelle cette ville *Pescara* en donne l'historique et la description (cf. édit. Schefer, Paris, 1898, III, 251-252 ; la note 1 de la page 252 donne la traduction d'El-Bekri sur Biskra). Mac Carthy dans sa traduction du *Voyage dans la régence d'Alger* du Dr Shaw donne à Biskra les noms de *Biscara* ou *Bescarah* (p. 398) ; Voy. aussi Fournel, *Berb.*, I, 176, note *b*.

2. Cf. *Hist. Berb.*, éd. I, 328.

3. Voyez : Et-Tidjâni, ms. f., 43 r° ; *Jour. Asiat.*, août 1852, p. 154 ; *Hist. Berb.*, éd., I, 253 ; tr. II, 95.

but que d'endormir la méfiance de son adversaire pour le mieux étouffer ensuite. Exploitant en effet sa nouvelle situation, il se fit ouvrir les portes de la ville de Gabès dont il se rendit maître. Il y fit massacrer un certain nombre d'habitants et établit ainsi son autorité sur la ville et le pays voisin (1).

Pour se procurer l'argent nécessaire pour continuer la guerre, Qarâqoûch invita à un grand banquet les chefs de la tribu de Kaoûb, fraction des Debbâb (2). Ceux-ci, grâce à leurs continuels pillages possédaient d'immenses richesses. Tout couverts d'or et de riches vêtements, les chefs arabes arrivèrent à cette fête où les conviait leur ami et ancien allié. Lorsqu'ils furent réunis au château d'El-'Aroûseïn (3), leur amphitryon en fit fermer les portes et les fit massacrer par des soldats ghozz. Dans cette journée, soixante-dix des principaux chefs des Kaoûb périrent assassinés. Qarâqoûch se rendit ensuite facilement maître des campements de la tribu. Les malheureux Arabes furent dépouillés de tous leurs biens et se réfugièrent dans le pays de Barqa. Là s'alliant à d'autres tribus de la même famille (Soleïm) qu'eux, ils résistèrent à Qarâqoûch et luttèrent contre lui jusqu'à sa mort (4).

Maître de Gabès, Qarâqoûch marcha sur Tripoli, son ancienne capitale, qui s'était révoltée contre lui. Cette ville était tombée de nouveau au pouvoir des Almohades qui l'avaient placée sous l'autorité de son ancien gouverneur

1. Voy. Et-Tidjâni, *loc. cit.*, et de Slane, *loc. cit.*

2. On trouvera l'histoire détaillée de la fraction des Kaoûb, كاوب, et des Debbâb, دباب, de la tribu de Soleïm, dans Ibn Khaldoûn (*Hist. Berb.*, éd., I, 97 et suiv.; et trad. I, 153 et suiv.

3. Il a été question plus haut de cette forteresse.

4. Voy. *Hist. Berb.*, éd., I, 87 et 254; trad. I, 138 et II, 95. Le récit fait par Ibn Khaldoûn (*Berb.* I, 254) est littéralement copié de la *Riḥla* d'Et-Tidjâni, ms. d'Alger, fol. 43 r°.

Abou Yaḥia ben Meṭroûḥ (1) en 586 (1190-1 J.-C.). Celui-ci, vu son grand âge, avait demandé et obtenu du sîd Abou Zeîd d'aller faire le pèlerinage. Ce fut sous le gouverneur qui lui succéda, que Qarâqoûch réussit à s'emparer de la place (2). Laissant alors ses nouvelles conquêtes entre les mains de gouverneurs assistés de quelques troupes ghozz, il se dirigea vers le Djerîd où opérait son ancien allié Yaḥia ben Ghânya. La paix fut faite entre ces deux chefs qui avaient besoin l'un de l'autre. Réunissant leurs efforts, Qarâqoûch et Yaḥia soumirent le Djerîd tout entier à leur domination.

Pendant que les rebelles étendaient leurs conquêtes dans l'Ifrîqîya, les chrétiens relevaient la tête en Espagne et menaçaient eux aussi l'empire almohade dans ce pays.

Alphonse IX, roi de Castille, unissant ses forces à celles des autres princes de la pénisule (3), s'était rendu maître d'un grand nombre de places fortes d'Andalousie et était même arrivé jusqu'auprès d'Algésiras. Là, son audace ne connaissant plus de bornes, il avait écrit une lettre grossière au khalife almohade pour le provoquer directement (4). El-Mançoûr ne pouvait passer sur un tel outrage ;

1. Ibn Khaldoûn qui a fait l'historique de Tripoli de 540 à 586 a omis de parler de la première occupation de Qarâqoûch (voy. *suprà*). Une erreur a fait dire à M. de Slane qu'Ibn Meṭroûḥ conserva son commandement jusqu'en 586 sous le règne de Yoûsof ben 'Abd el-Moûmin c'est évidemment Abou Yousof Ya'qoûb qu'il faut entendre, puisqu'il est question d'Abou Zeîd (cf. *Hist. Berb.*, éd., I, 216).

2. *Cf. Hist. Berb.*, éd., I, 254.

3. Alphonse الادفونش, roi de Castille, avait comme alliés ses puissants voisins, le roi de Léon, *El-Bebboûdj* البِبوج ou *El-Bebboûch* البِبوش (l'Escargot), le roi de l'Espagne occidentale, Ibn er-Renk ابن الرنك (le fils d'Henriquez) et le roi d'Aragon. C'est l'orthographe adoptée par M. de Slane (*Berb.*, éd. I, ٣٢٩). On lit ابن الريق dans 'Abd el-Wâḥid (éd. Dozy, 185 et *passim*).

4. Ces faits sont racontés avec détails par l'auteur du *Qarṭâs*, pp. 145 et suiv. Voy. aussi : 'Abd el-Wâḥid, 205.

il porta la guerre en Espagne en 591 (1194-5 J.-C.) (1). Il dut pour cette expédition arracher du Maghrib et de l'Ifrîqîya ses meilleures troupes.

Almohades, tribus berbères et arabes, soldats ghozz (2), tous, alliés ou tributaires, fournirent leurs contingents et vinrent grossir les rangs du corps expéditionnaire (3).

En Ifriqîya les deux chefs de la révolte, Yaḥia (ben Ghânya) et Qarâqoûch avaient une première fois, on l'a dit, rompu en 586 (1190-1 J.-C.) l'alliance qui les avait rendus puissants. C'était précisément à l'époque à laquelle leur suzerain commun Saladin avait dû demander l'appui de la flotte d'El-Mançoûr (4). Qarâqouch avait fait sa soumission

1. Nous avons suivi ici le récit donné par le *Qarṭâs*, ainsi que celui de 'Abd el-Wâḥid. La version d'Ibn Khaldoûn est un peu différente : « En l'an 590 il apprit qu'Ibn Ghânya (Yaḥia) était devenu redoutable en Ifrîqîya et qu'il y faisait d'affreux ravages. Cette nouvelle le décida à marcher en personne contre les insurgés; mais, quand il fut parvenu à Méquinez, il reçut des renseignements très inquiétants sur la situation de l'Espagne. S'étant dirigé en conséquence vers ce pays, il arriva a Cordoue l'an 591... » Cf. *Hist. Berb.*, éd. I, 329; trad. II, 213.

2. Les Ghozz dont nous avons raconté plus haut l'arrivée en Ifrîqîya avec Qarâqoûch, s'étaient établis ainsi que nous l'avons dit dans ce pays et avaient suivi ce capitaine dans ses luttes contre l'empire almohade. Le sultan d'Égyte Saladin qui avait reçu de son maître l'ordre de soutenir les Almoravides, avait on le sait chargé Qarâqoûch et ses Ghozz de lutter avec 'Ali ben Ghânya contre les Almohades. Vers 585 (1189-1190 J.-C.) les événements obligèrent Saladin à changer de politique. Sa lutte contre les chrétiens en Asie nécessitait le secours d'une puissante escadre, que seul le souverain almohade pouvait lui fournir. Un ambassadeur, Ibn Monqeds ابن منقذ fut donc envoyé à El-Mançoûr pour contracter alliance avec lui — Ibn Khallikân (II, 432) place cette démarche en 587 (1191-2 J.-C.) —; mais il ne réussit pas à obtenir le secours de la flotte, néanmoins les rapports entre les Almohades et Saladin demeurèrent empreints d'une certaine sympathie (*Hist. Berb.*, éd. I, 330-331; suivie par *Kitâb el-Istiqça*, I, 174-175), 'Abd el-Wâḥid lui-même reconnait que les soldats Ghozz — qui entrèrent à partir de ce moment au service des Almohades — étaient mieux payés et mieux traités que les autres par le souverain El-Mançoûr (cf. 'Abd el-Wâḥid, 210). Voilà donc Qarâqoûch qui après s'être soumis aux Almohades en 586 (1190-1 J.-C.), les avait de nouveau combattus; il s'était soustrait par le fait à la suzeraineté de Saladin.

3. Cf. *Qarṭâs*, *loc. cit.*

4. Voyez la note qui précède à propos des Ghozz.

aux Almohades bien plus par ruse et pour satisfaire une ambition personnelle que par obéissance à son maître Saladin.

Quant à Yaḥia ben Ghânya il ne lui était en aucune façon possible de suivre la politique du prince d'Égypte. C'eût été abdiquer avec les traditions de ses ancêtres et abandonner à la fois le royaume des Baléares et ses conquêtes en Ifrîqîya. Il continua toutefois, sans doute, à faire dire la prière au nom du khalife abbasside. Cette soumission, toute nominale, pouvait lui donner une certaine autorité sur les derniers partisans de la dynastie almoravide et n'aliénait en rien sa liberté d'action.

Qarâqoûch et Yaḥia, grâce à leur alliance, avaient pu reconquérir le terrain perdu et rétablir leur domination sur l'Ifrîqîya méridionale, le pays du Djerîd et la Tripolitaine. En continuant leurs efforts, ils devaient chasser définitivement les Almohades de la Berbérie orientale et se rendre maîtres peut-être de tout le Maghrib qui était alors dégarni de troupes. Mais la discorde intervint une seconde fois entre les deux alliés. L'inimitié qui opposa de nouveau Yaḥia à Qarâqoûch ne devait cette fois se terminer qu'avec la mort de ce dernier en 609 (1112-3 J.-C.) comme on va le voir. Nous n'avons pu, à notre regret, fixer la ou les raisons qui déterminèrent cette nouvelle brouille. Il est toutefois à supposer que chacun d'eux voulait pour lui-même le commandement en chef. Qarâqoûch pensait y avoir quelques droits; il avait puissamment contribué, après s'être rendu maître de Gabès et de Tripoli, à relever les armes des Yaḥia et lui avait facilité la conquête du Djerîd.

Yaḥia ben Ghânya, par ses largesses et une habile politique avait su se conserver l'alliance de la plupart des Arabes, ces auxiliaires, que Qarâqoûch s'était aliénés par son avidité (1). Le guet-apens que celui-ci avait tendu aux chefs des Kaoûb après la prise de Gabès lui avait attiré la profonde inimitié de tous les Debbâb et même des autres fractions de la puissante tribu de Soleïm (2). Avides de venger la mort de leurs chefs, ces Arabes viendront se ranger sous les ordres de Yaḥia et demeureront dans la suite les plus redoutables ennemis de Qarâqoûch.

Les Ghozz tenaient la côte à partir du golfe de Gâbès par les ports de Gâbès et de Tripoli. Les Almoravides étaient maîtres de l'intérieur et des oasis du Sud. Leur chef, tranquille du côté des Almohades, tourna d'abord ses armes contre Qarâqoûch. Un affranchi de celui-ci, nommé Yâqoût avait été laissé par son maître au commandement de la place forte de Ṭorra (3). Cet officier avait avec lui une garnison de cent cavaliers ghozz. Yaḥia ben Ghânya ne voulant pas laisser d'ennemis derrière lui, marcha d'abord contre cette place. Ṭorra tomba au pouvoir de l'Almoravide, mais Yâqoût parvint à rejoindre son maître (4). Yaḥia se mit à sa poursuite dans la direction de Tripoli.

A la nouvelle de l'approche des Almoravides, Qarâqoûch prit lui-même le commandement des troupes dont il dis-

1. Le meurtre des chefs Kaoûb en était une preuve.

2. Voyez *suprà*.

3. Ville de la dépendance de Toûzer (cf. Aboulféda, tr. II, 201). Selon Ibn Sa'îd (cit. p. Aboulféda, *ibid.*) cette ville est située dans le Djerîd, elle est le chef-lieu du territoire de la tribu des Maghrâwa (des Nefzâwa selon M. de Slane, *Berb.*, trad. I, CXII). Il s'y fabrique du verre très pur et des étoffes de laine exportées à Alexandrie. Ṭorra, طُرّة selon Et-Tidjâni, est l'une des deux capitales des Nefzâwa (cf. ms. f. 59 r° et v°). Elle est placée chez les Nefzâwa par l'auteur de l'*Istibçâr* (p. 82). Voyez encore Yâqoût, III, 534.

4. La date de 586 (1190 J.-C.) donnée par El-Faḍl el-Bissâmi, si elle est exacte nous montrerait que ces faits eurent lieu lors de la première rupture entre Yaḥia et Qarâqoûch (voy. *Riḥla* d'Et-Tidjâni, ms. f. 61 r°). Nous avons suivi Ibn Khaldoûn (*Hist. Berb.*, éd. I, 254) d'après qui, Yâqoût, de Ṭorra s'enfuit a Tripoli où vint l'assiéger Yaḥia (ben Ghânya).

posait et marcha à la rencontre de l'ennemi, après avoir laissé son lieutenant Yaqoût pour commander la place de Tripoli. La rencontre des deux armées eut lieu près de la ville, à l'endroit appelé El-Maḥsen (1). Qarâqoûch défait chercha un refuge du côté des montagnes (2), craignant s'il rentrait en ville, d'y être assiégé (3). Yaḥia ben Ghânya le poursuivit pendant quelques jours, puis revint assiéger Yâqoût dans Tripoli. Celui-ci ne se laissa point ébranler et résista avec une grande énergie. Yaḥia écrivit alors à son frère 'Abd Allah aux Baléares pour lui demander le secours de quelques vaisseaux. 'Abd Allah lui envoya deux navires qui suffirent pour couper toutes les communications. Yaḥia se rendit bientôt maître de la place. Il laissa la vie sauve aux habitants et leur accorda le pardon. Quant à Yâqoût, il fut déporté à Majorque sur l'un des bateaux envoyés par 'Abd Allah. A son arrivée, il fut couvert de chaînes et jeté en prison. Il ne devait en sortir que lorsque les Almohades s'emparèrent des Baléares (4), pour être conduit à Marrâkoch en 600 (1203-4 J.-C.) (5) qui devint dès lors sa résidence jusqu'à sa mort.

1. Cette localité qui n'est pas mentionnée par les principaux géographes arabes, était dans le voisinage de Tripoli, à ce que nous apprend Et-Tidjâni qui cite deux vers du secrétaire de Yaḥia ben Ghânya, 'Abd el-Berr ben Forsân

الا لاسقى الرحمن محسن قطرة   ولاا زال مخبر الجوانب محسن
و خيب قطيسا من الغيث كله   و لا ابتل فيه للركائب فرسن

... Dieu cependant n'envoie pas de pluie à Maḥsen, les environs, malgré cela, ne cessent d'être beaux. Qatisa (*a*) ne reçoit pas la moindre ondée et les cavaliers y conservent pourtant leurs montures.

2. Dans le Djebel Nefoûsa, au sud de Tripoli.

3. Et-Tidjâni, ms. f. 43 v°; *Journ. Asiat.*, 1852 (août), p. 155.

4. Tout ce récit se trouve dans la *Riḥla* d'Et-Tidjâni (Ms. f. 101 v°). La traduction de ce passage donnée par A. Rousseau (*Journ. Asiat.*, février 1853, p. 148) est très éloignée du texte que nous avons eu sous les yeux.

5. Et-Tidjâni (*loc. cit.*), donne la date de 599 pour la conquête des Baléares par les Almohades. On verra plus loin que c'est 600 qui est la date exacte.

a) Ce nom propre nous est inconnu. Les géographes arabes que nous avons consultés n'en font pas mention.

Ce fut probablement pendant que Yaḥta ben Ghânya assiégeait Tripoli que, laissant les troupes suffisantes pour maintenir le blocus de la ville, il partit avec une colonne faire une expédition contre le Djebel Nefoûsa. Il en soumit une partie à son autorité. Les gens de la ville de Djezîra (1), craignant un retour offensif, songèrent à se fortifier d'une manière efficace (2). Cette place tomba néanmoins aux mains de l'Almoravide, lors de la grande expédition qu'il fit dans ce pays en l'an 600 = 1203-4 J.-C.).

Une fois maître de Tripoli, Yaḥta laissa comme gouverneur de la place son cousin (3) Tâchfîn ben el-Ghâzi (4) et quitta la ville pour se porter sur Gâbès (5). C'était la deuxième capitale de Qarâqoûch, c'était aussi sa dernière possession sur le littoral. Il avait selon son habitude, laissé à Gâbès un lieutenant et un petit corps de Ghozz. Moins énergique et moins brave que l'avait été Yâqoût, l'officier à qui Qarâqoûch avait confié le commandement de Gâbès, avait à la seule nouvelle de la déroute de son maître à El-Maḥsen, pris la fuite et abandonné la ville. Le cheïkh Abou Sa'îd qui avait remplacé le sîd Aboû Zeîd au gouvernement

1. Djezîra جزيرة est une ville du Djebel Nefoûsa, dont nous n avons trouvé aucune mention chez les géographes musulmans.

2. Cf. René Basset, *Les Sanctuaires du Djebel Nefoûsa* (d'ap. Ech-Chemakhi, *Kit. es-Syar*, 547) in *Journ. Asiat.*, mai-juin 1899, p. 455.

3. D'après le Ms. d'Alger de la *Riḥla* d'Et-Tidjâni (f. 101 v°) Tâchfîn était le cousin (ابن عمه) de Yaḥta. Selon la traduction de A. Rousseau (*J. A.*, fév. 1853, p. 148) c'était son neveu. Les deux versions sont soutenables car Yaḥta avait un frère nommé El-Ghâzi et aussi un oncle portant ce nom (voy. *suprà* le tabl. généalog.). Il nous semble plus probable qu'il s'agit ici du cousin, car le neveu aurait été trop jeune pour recevoir la charge d'un gouvernement comme celui de Tripoli. On verra plus loin que c'est à un frère de son cousin Tâchfîn que Yaḥta va confier le gouvernement de Mahdiya.

4. Il ne devait pas rester longtemps dans ce gouvernement dont il fut chassé par les habitants qui se déclarèrent vassaux des Almohades (cf. Et-Tidjâni, Ms. f. 101 v°).

5. Voyez Et-Tidj., Ms. f. 43 v°.

de l'Ifrîqîya avait profité de l'abandon de Gâbès par le gouverneur de Qarâqoûch pour le remplacer par un officier almohade. Il y avait envoyé un certain 'Omar ben Tafradjîn (1) en qualité de gouverneur militaire (حافظ) de la place (2). De ce fait, la ville de Gâbès était sous la domination almohade quand Yaḥîa marcha contre elle. Arrivé à la station de Zerîq زريق (3), il y établit son camp et envoya de là aux gens de Gâbès une longue lettre pour les engager à faire leur soumission (4). Il leur fixait un délai de trois jours pour lui livrer la place. Ce délai écoulé et les habitants n'ayant pas répondu, Yaḥîa vint établir son camp sous les murs mêmes de Gâbès dont il entreprit un étroit blocus. La forêt de palmiers qui entourait la ville fut détruite par les assiégeants qui ne laissèrent debout, dit-on, qu'un seul palmier. Enfin, perdant tout espoir, les assiégés offrirent leur soumission à condition que leur gouverneur Ibn Tâfrâdjîn aurait la vie sauve et serait autorisé à se retirer par mer à Tunis avec sa famille et ses richesses. Cette clause ayant été acceptée, l'Almoravide et ses troupes entrèrent dans la ville et l'occupèrent. Les habitants furent imposés d'une amende de 60.000 dinars (5) pour les punir de leur résistance (6). La

1. Ibn Tâfrâdjîn ابن تافراجين (qu'on trouve aussi parfois ابن تافراقين par suite de l'emploi du ج djîm et du ق qaf pour rendre le g berbère ڭ persan). Cf. Cherbonneau, *Journ. As.*, IVe s., t. XVII, p. 83.

2. Cf. *Hist. Berbères*, éd., I, 255; Et-Tidjâni, Ms. f. 43 v°.

3. Les géographes du Maghrib ne mentionnent aucune localité de ce nom dans le voisinage de Tripoli. Et-Tidjâni (Ms. d'Alger, n° 2014, f. 43 v°) annonce qu'il donnera plus loin des détails sur cette station, mais il a négligé de le faire.

4. Des extraits de cette lettre écrite en prose rimée (سجع) sont donnés par Et-Tidjâni dans sa *Riḥla* (Ms. f. 43 v°).

5. Environ 6 millions 600.000 francs de notre monnaie. Sur le dinâr et autres monnaies, dont la valeur a varié avec le temps et les lieux, voyez la trad. de Sacy (Paris 1797) du *Traité des monnaies musulmanes* de Maqrîzi.

6. Ces renseignements nous ont été fournis par Et-Tidjâni (f. 43, v° et 44 r°

prise de Gâbès eut lieu dans les deux premiers tiers du mois de Rabi' II 591 (mars-avril 1195) (1).

Pendant que Yaḥia ben Isḥâq poursuivait ses conquêtes, Qarâqoûch ne se sentant pas assez en sûreté dans les montagnes de Tripoli (Dj. Nefoûsa) et redoutant d'être de nouveau attaqué par son ennemi, s'était réfugié dans le pays montagneux de Waddân (2). Il s'établit dans la place de ce nom et la fortifia de son mieux. Sentant sa popularité disparaître en Ifrîqîya, il n'osa y revenir. Il vécut des razzias et des rapines qu'il commettait dans la région, jusqu'au jour où Yaḥia ben Ghânya vint s'emparer de cette place en 609 (1212-1213 J.-C.), comme il sera dit plus loin.

Alors que l'Ifrîqîya était le théâtre des succès de Yaḥia et de la ruine de Qarâqoûch, le souverain almohade El-Mançoûr se préparait à passer en Espagne en 591 (1195 J.-C.). Quand il apprit les progrès faits par Yaḥia ben Ghânya, sa première idée fut peut-être de marcher contre lui avec l'armée qu'il avait préparée pour combattre les chrétiens d'Espagne. Il se ravisa cependant (3) et quittant

du Ms. d'Alger, n° 2014). L'auteur de la *Riḥla* publie en outre (fol. 43 v° et 44 r°) une lettre de 'Abd el-Berr ben Forsân aux gens de Tripoli pour leur faire part de la prise de Gabès.

1. La lettre du secrétaire de Yaḥia ben Ghânya aux gens de Tripoli pour leur faire connaître la capitulation de Gâbès est datée du 20 Rabi', II, 591 (5 avril 1195 J.-C.).

2. Le Waddân ودّان, selon Ibn Sa'îd cité par Aboulféda (tr. II, 177), est une région d'oasis qui se trouve à l'Est du pays de Ghadamès et à l'Ouest du Fezzân. La capitale de ce pays est la place forte Waddân ودّان que l'auteur du *Marâçid* décrit ainsi : « Ville de l'Ifrîqîya méridionale, à 10 journées de Zwîla, dans la direction de l'Ifrîqîya. Cette place a une forteresse d'accès difficile; elle est divisée en quartiers (villes) auxquels ne donne accès qu'une seule porte. » (Cf. *Marâçid*, II, 281). Sur Waddân on peut consulter aussi : Ibn Ḥaoûqal (in *Jour. Asiat.*, fév. 1842, p. 164; El-Idrisi, p. 133 et surtout El-Bekri (p. 11) et Yâqoût (IV, 911) qui donnent sur cette place d'abondants renseignements.

3. Cf. *Hist. Berb.*, éd., I, 329.

Marrâkoch le 18 djoumâda Ier, 591 (1er mai 1195), il débarqua à Algésiras le 20 radjeb suivant (1er juillet 1195) (1). Il laissait le champ libre aux Almoravides en Ifrîqîya.

1. Cf. *Qarṭâs*, 145, 146.

CHAPITRE VIII

Révolte de Moḥammed ben ʿAbd el-Kerîm à El-Mahdîya contre le gouverneur almohade de Tunis. — Yaḥîa (ben Ghânya) en profite pour étendre ses conquêtes. — Il s'empare successivement d'El Mahdîya, Bâdja, Sicca-Veneria, Laribus; bat les Almohades près de Constantine et va châtier les habitants de Biskra qui se sont soustraits à son autorité. — Il s'empare encore de Tebessa et de Qaîrowân. — Bône lui envoie sa soumission. Il assiége Tunis dont il se rend maître et fait prisonnier le gouverneur almohade Abou Zeîd.

Un nouveau personnage, Moḥammed, de la tribu des Regraga, un Almohade cette fois, va entrer à son tour en lutte contre le gouverneur almohade de la province d'Ifrîqîya, aspirant, lui aussi, à se tailler un petit état indépendant dans l'Est de ce pays.

Le cheîkh Et-Tidjâni dans sa Riḥla (1) nous apprend que Moḥammed ben ʿAbd el-Kerîm er-Regragi était né à El-Mahdîya (2). Son père, originaire de la tribu des Koû-

1. Ms. fol. 147 et suiv.

2. El Mahdiya المهدية ville de la côte orientale de l'Ifrîqîya, fondée au commencement du xe siècle de J.-C., par le Mahdi ʿObeîd Allah, premier prince de la dynastie fatimite. Les premiers travaux de la fondation de cette place forte furent entrepris, selon Et-Tidjâni (Ms. f. 134) le 5 dsou l-qaʿda 303 de l'Hégire (12 mai 916 de J.-C.), et en 300 (912-913 de J.-C.) d'après l'auteur du *Bayân* (éd. Dozy, p. 170). Construite à l'extrémité d'une presqu'île reliée au continent par un isthme étroit, de formidables murailles la rendaient imprenable du côté de la terre. Elle devait servir de refuge inexpugnable aux princes de la dynastie naissante, en cas de soulèvement des tribus berbères. Cette capitale choisie par le Mahdi lui-même ne vit terminer ses murs d'enceinte que dans le mois de Rabiʿ I de l'an 304 (septembre 916) d'après le

mya (1), avait, en sa qualité de contribule de 'Abd el-Moûmin, servi dans les armées Almohades. Il avait suivi ce dernier dans son expédition en Ifrîqîya et le khalife l'avait laissé à El-Mahdîya où il lui avait confié de hautes fonctions militaires. Moḥammed avait de bonne heure manifesté son penchant pour le métier des armes. Grâce à sa bravoure, il avait pu réunir un petit corps de cavaliers et de fantassins. Ce chevalier almohade avait réussi à asseoir l'autorité de son souverain dans la région d'El-Mahdîya et à réprimer les brigandages des Arabes. Lui-même tirait personnellement profit de cette vie d'aventures et avait réussi à se faire une petite fortune qui lui permettait de récompenser très largement le courage de ses auxiliaires, et le dévouement de ses partisans.

En reconnaissance des services rendus par Ibn 'Abd el-Kerim, le sîd Abou Zeîd, gouverneur de l'Ifrîqîya, lui avait officiellement conféré le droit d'exercer le commandement qu'il s'était d'abord arrogé. Désireux même d'é-

Bayân (p. 176 *in fine*). Selon le cheikh Bou Râs (*Voyages extraord.*, tr. Arnaud, p. 201) El-Mahdîya aurait été fondée dès la fin du IIIe siècle de l'Hégire. Cf. aussi, Cherbonneau, *Documents sur 'Obeîd-Allah*, Paris, 1855, in-8, p. 6-8. Léon l'Africain, III, 158 et suiv. et p. 160, note 1, dans laquelle l'éditeur de Léon donne la traduction des passages d'El-Bekri et d'El-Idrisi relatifs à cette ville.

1. Cette importante tribu nous dit Ibn Khaldoûn (cf. *Hist. Berb.*, éd.. I, 180) habitait le pays entre Rachgoun ارشكول et Tlemcen (De Slane, dans sa traduction de l'*Histoire des Berbères* (I, 251) a négligé de traduire les six premières lignes du texte d'Ibn Khaldoûn, relatif aux Koûmya. C'est de cette même tribu qu'était originaire 'Abd el-Moûmin ben-'Ali, le premier khalife almohade. Les Koûmya, dont s'entoura toujours 'Abd el-Moûmin, furent les principaux soutiens du trône almohade. On verra du reste un peu plus loin le cheikh Abou Sa'îd et le sîd Aboû Zeîd, assiégés dans Tunis par Ibn 'Abd el-Kerîm, demander à ce dernier de lever le siège et le prier au nom des liens sacrés de la tribu qui l'unissaient aux chefs Almohades, de ne pas continuer cette guerre fratricide entre contribules. Sur les Koûmya, voyez : R. Basset, *Nédromah et les Traras*. Paris, 1901, in-8, p. 1-5 et *passim*, et les nombreuses références données par l'auteur.

tendre le pouvoir de ce précieux serviteur de l'empire, l'imprudent gouverneur lui avait laissé toute liberté à l'égard des Arabes pillards. De sorte qu'Ibn 'Abd el-Kerîm pouvait sans en référer au gouverneur, faire arrêter, emprisonner ou mettre à mort qui il voulait. Grâce à l'étendue de ses pouvoirs, au tact avec lequel il les exerçait, à son courage et à sa justice, il sut rapidement arriver à un haut degré de puissance et de popularité. Par sympathie, par admiration ou par crainte, toutes les populations de ces régions — sédentaires ou nomades — professaient pour sa personne un grand respect. C'était au point que son nom était prononcé à la fin des prières (1).

Le sîd Abou Zeîd quitta le gouvernement de l'Ifrîqîya pour rentrer à Marrâkoch (588 = 1192 J.-C.) ramenant avec lui une députation de chefs arabes qui venaient faire leur soumission au souverain El-Mançoûr (2). Celui-ci nomma alors en remplacement d'Abou Zeîd, le cheîkh Abou Sa'îd ben Abou Ḥafç (3), qui envoya pour commander à El-Mahdîya son frère le cheîkh Abou 'Ali Yoûnos. Le nouveau gouverneur de cette place s'aperçut bientôt qu'il ne l'était que de nom et qu'Ibn 'Abd el-Kerîm

1. Et-Tidjâni dit à ce propos : « *On priait pour lui dans les mosquées et son nom était prononcé à la fin des prières* » c'était lui reconnaître la souveraineté absolue (Voyez à ce propos : Ibn Khaldoûn, *Prolégomènes*, trad. in *Not. et Ext.*, t. XX, pp. 71 à 75).

2. Cf. *Hist. des Berbères*, éd., I, 329.

3. Le cheikh Abou Ḥafç 'Omar était l'un des dix premiers compagnons du Mahdi Ibn Toûmert, fondateur de l'empire almohade. Ce sont les descendants du cheikh Abou Ḥafç qui régnèrent sur l'Ifrîqîya sous le nom de Ḥafçides. Il ne faut pas confondre ce personnage qui était originaire des Hintâta هنتاتة, fraction des Maçmoûda مصمودة tribu du Haut-Atlas marocain, avec un autre Almohade le sîd Abou Ḥafç fils d''Abd el-Moumin ben 'Ali (voy. *suprà*). Ces deux homonymes font partie des deux grandes familles almohades dont les membres occupèrent les plus hautes situations dans l'empire. Dans les chroniques, les descendants d'Abou Ḥafç le Masmoûdien sont désignés par le qualificatif *cheikh* et ceux du fils d''Abd el-Moûmin par le mot *sîd*.

l'était de fait. Dans toute la région d'El-Mahdîya, c'était lui seul que l'on craignait et à qui l'on obéissait. Le cheîkh Abou 'Ali résolut d'en finir avec cette situation qui portait ombrage à son prestige. C'était déjà trop tard, le mal avait fait trop de progrès pour être encore guérissable. Du reste le nouveau gouverneur d'El-Mahdîya fut très maladroit. Il exigea d'Ibn 'Abd El-Kerîm qu'il partageât avec lui le butin fait sur les Arabes ; il lui restreignit en même temps l'étendue des pouvoirs dont il jouissait (1).

Mais le fier capitaine était trop jaloux de son indépendance et de ses richesses si vaillament acquises, trop ac-

1. La raison de la scission entre Ibn 'Abd el-Kerîm et Abou 'Ali, que nous donnons ici d'après Et-Tidjâni est présentée autrement par Ibn el-Atsîr (XII, 96, 97). Voici ce récit : « ... Abou Sa'îd 'Otsmân s'établit à Tunis et son frère (Abou 'Ali) à El-Mahdîya où il nomma Moḥammed ben 'Abd el-Kerîm chef des troupes قايد الجيش. Celui-ci était un homme courageux et de grande réputation. Il fit beaucoup de mal aux Arabes et arriva au point que tous le redoutèrent. Sur ces entrefaites, il apprit qu'une fraction des 'Aoûf était établie en un certain endroit. Il marcha contre eux et les tourna (de façon à se placer derrière eux par rapport à El-Mahdîya), puis il les fit prévenir de sa sortie (d'El-Mahdîya). Ils s'enfuirent aussitôt dans la direction opposée (à la ville) et tombèrent précisément entre ses mains. Ils se dispersèrent à la hâte, abandonnant leurs troupeaux et leurs familles. Ibn 'Abd el-Kerîm revint avec ce butin à El-Mahdîya, remit au gouverneur les prisonniers, garda pour lui ce qui lui plut du butin, laissant le reste à ses soldats et au gouverneur. (A quelque temps de là) les Beni 'Aoûf vinrent trouver Abou Sa'îd ben 'Omar (le gouverneur général), firent leur soumission aux Almohades (وحّدوا) et demandèrent à ce prince d'user de son pouvoir pour les faire rentrer en possession de leurs familles et de leurs biens. (Le gouverneur général) ayant fait venir Moḥammed ben 'Abd el-Kerîm lui ordonna de restituer ce qu'il avait pris aux gens des 'Aoûf. — « Les soldats, répondit celui-ci, se sont partagé le butin, je ne puis donc le rendre. » Le gouverneur le réprimanda vertement et le menaça même de le faire arrêter. Ibn 'Abd el-Kerîm lui demanda de le laisser revenir à El-Mahdiya promettant de faire rendre aux soldats ce qu'ils avaient pris et qu'il fournirait le complément en le prenant sur sa propre fortune. Ce délai lui fut accordé et il revint à El-Mahdiya. Là, il réunit ses compagnons, les mit au courant de son différent avec Abou Sa'îd et leur demanda de lui jurer fidélité. Ils jurèrent... Ibn 'Abd el-Kerîm s'assura de la personne d'Abou 'Ali Yoûnos et se rendit maître d'El-Mahdiya qu'il gouverna.

coutumé à la liberté pour accepter de l'aliéner ne fût-ce qu'en partie. Il comprenait aussi trop bien l'influence et l'estime dont il jouissait dans la région pour se courber devant un maître moins puissant que lui. Le procédé employé par Abou 'Ali était du reste peu courtois à l'égard d'un homme qui avait rendu service aux Almohades. Il est certain toutefois que si Abou 'Ali pécha par excès de fermeté, le précédent gouverneur général Abou Zeîd avait manqué de prévoyance ou d'énergie en laissant grandir et en favorisant même le développement de l'influence de ce chef de bandes. Quoi qu'il en soit, lorsqu'Abou 'Ali fit connaître à Ibn 'Abd el-Kerîm ce qu'il exigeait de lui, celui-ci se refusa formellement à partager les prises faites par lui, avec d'autres qu'avec ses soldats. En outre il demanda au gouverneur de lui attribuer officiellement le maintien de la situation dont il jouissait avant lui. Abou 'Ali pour toute réponse se borna à faire arrêter le rebelle et le fit jeter en prison. Ibn 'Abd el-Kerîm eut beau protester, réclamer même au cheîkh Abou Sa'îd, il n'obtint pas son élargissement.

Les Arabes que ne retenait plus la main de fer d'Ibn 'Abd el-Kerîm recommencèrent leurs brigandages. Les crimes se multiplièrent rapidement dans la région d'El-Mahdîya, si calme et si sûre autrefois. Les habitants s'en plaignirent d'abord au cheîkh Abou 'Ali qui fut impuissant à rétablir le calme et la sécurité. Poussés à bout, les malheureux habitants firent comprendre à ce gouverneur inhabile, qu'un seul homme pouvait sauver la situation : c'était Ibn 'Abd el-Kerîm. Menacé d'une révolte, il préféra céder. Le prisonnier fut rendu à la liberté. Il sortit du cachot plus grand et plus puissant que jamais. On lui rendit même le corps franc avec lequel il était devenu si terrible et le gouverneur lui ordonna d'aller combattre les pillards (1). C'était lui donner une belle occasion de venger les humiliations qu'il avait subies. Ibn 'Abd el-Kerîm ne la laissa point échapper (2). Il sortit de la ville, établit son camp sous les murs mêmes d'El-Mahdîya et se concerta avec ses officiers. Sûr de leur dévouement, il s'empara de la place par surprise et pénétra dans le château du gouverneur qu'il fit à son tour arrêter et emprisonner (cha'bân 595-juin 1199).

Malgré l'énorme popularité dont il jouissait, il est à penser que, sans les maladresses des gouverneurs hafçides (3), Ibn 'Abd el-Kerîm, contribule des princes régnants de la dynastie almohade, ne serait point révolté car il aurait été retenu par les liens puissants qui ont toujours uni les membres d'une même tribu. Cette révolte qui allait favoriser encore les progrès des Almoravides, nous apparaît, au début, bien plutôt dirigée contre les cheîkhs Abou Sa'îd et Abou 'Ali de la tribu des Maçmoûda que contre l'empire des Beni 'Abd el-Moumin (4). Maître

1. Ce récit se trouve dans le fragment de la *Riḥla* d'Et-Tidjâni dont nous donnons le texte et la traduction en appendice.

2. Pour ce qui va suivre, consultez l'appendice qui renferme des détails complets sur la révolte d'Ibn 'Abd el-Kerîm d'après Et-Tidjâni.

3. Descendants du cheîkh Abou Ḥafç 'Omar, le compagnon du Mahdi Ibn Toûmert.

4. On lit dans Ibn el-Atsîr (XII, 97) : ... (sous le règne d'En-Nâcir)... une escadre se présenta devant El-Mahdîya. Ibn 'Abd el-Kerîm se plaignit alors de la conduite qu'avait eue Abou Sa'îd à son égard et s'écria : « Je suis le serviteur du *Commandeur des Croyants* Moḥammed (En-Nâçir), mais je ne livrerai pas la ville à Abou Sa'îd, je ne la céderai qu'au gouverneur qu'enverra le *Commandeur des Croyants.* » Ces renseignements d'Ibn el-Atsîr sont confirmés par Ibn Khaldoûn dont nous rapportons les paroles : « Quelque temps avant [la prise d'El-Mahdîya par Yaḥia ben Ghânya], En-Nâçir y avait envoyé une flotte sous les ordres de son oncle Abou l-'Ola et une armée almohade commandée par le sid Abou 'l-Ḥasan ben Abou Ḥafç, petit-fils de 'Abd el-Moûmin. Ces deux officiers y assiégèrent Ibn 'Abd el-Kerîm ; mais le sid Abou l-Ḥasan ayant reçu de ce dernier l'assurance qu'il garderait la ville contre l'ennemi commun et qu'il ne la remettrait qu'à un plénipotentiaire du khalife, partit... » (cf. *Hist. Berbères*, trad. II, 219, 220). De ces deux récits, il ressort

d'El-Mahdîya et de la personne du gouverneur de la place, le rebelle avait d'abord eu l'intention de mettre à mort cet homme qui l'avait abreuvé de tant de vexations et de honte. Il se borna à le garder prisonnier. Un peu plus tard, il lui rendit même la liberté moyennant une rançon de cinq cents dinars d'or (1) payée par le gouverneur général Abou Sa'îd et grâce à l'intervention de l'ambassadeur qui était le propre beau-frère du rebelle.

Ibn 'Abd el-Kerîm demeuré indépendant dans El-Mahdîya, prit, à l'instar des autres souverains, un surnom de roi, il se fit appeler El-Motawakkil 'ala-llah (Celui qui met toute sa confiance en Allah).

Cependant le khalife El-Mançoûr, au retour de sa grande expédition d'Espagne (cha'bân 594 = juin 1198) était mort au commencement de l'année 595 (1199 de J.-C.) (2). Son successeur En-Nâçir (3), à la nouvelle de la révolte d'Ibn 'Abd el-Kerîm, envoya à Tunis, à la place du cheîkh Abou Sa'îd, l'ancien gouverneur le sîd Abou Zeîd. Celui-ci avait autrefois, comme il a été dit, entretenu d'excellents rapports avec le rebelle d'El-Mahdîya. Le souverain avait donc lieu d'espérer que le changement de gouverneur suffirait pour ramener dans la bonne voie cette brebis égarée

clairement que Moḥammed ben 'Abd el-Kerîm après s'être mis en révolte contre Abou Sa'îd, se soumit devant les forces supérieures d'Abou l-'Ola et d'Abou l-Hasan; mais il est probable qu'il se souleva de nouveau après le départ de l'armée et de la flotte almohades, sans quoi le sîd Abou Zeîd l'aurait soutenu dans sa lutte contre Yaḥia ben Ghânya, au lieu d'aider ce dernier à le vaincre, ainsi qu'on le verra plus loin.

1. Environ 5.500 francs de notre monnaie.

2. Le vendredi 22 rabi' Ier 595 (22 janvier 1199) selon le *Qarṭâs*, p. 142; voy. d'autres dates in *Kitâb el-Istiqça* I, 184.

3. En-Nâçir ben Ya'qoûb ben Yoûsof ben 'Abd el-Moûmin ben 'Ali Ez-Zenâti el-Koûmi, fut proclamé à Marrâkoch le 22 rabi' Ier, 595 (22 janvier 1199) et mourut empoisonné, par un de ses ministres, dans son palais de Marrâkoch, le 11 cha'bân 610 (27 décembre 1213). (Voy. *Qarṭâs*, 153-160 et comp. *Kitâb el-Istiqça*, I, 189 et 193.

et rétablir dans le parti almohade d'Ifrîqîya l'union si nécessaire pour lutter contre l'extension toujours grandissante de Yaḥîa ben Ghânya. Loin de se soumettre au nouveau gouverneur, Moḥammed ben 'Abd el-Kerîm vint l'assiéger dans Tunis (1). Les assiégés, ayant essayé de faire une sortie, perdirent beaucoup de monde et furent repoussés. Les soldats d'Ibn 'Abd el-Kerîm livrèrent au pillage toute la région. Le sîd Abou Zeîd envoya alors au rebelle une députation des cheîkhs almohades qui lui montrèrent combien grande était l'énormité de cette lutte fratricide entre contribules almohades. Ils lui firent comprendre que sa conduite compromettait l'empire tout entier en faisant le jeu de l'ennemi almoravide! Cédant enfin à leurs instances, Moḥammed ben 'Abd el-Kerîm, leva le siège et rentra avec ses troupes à El-Mahdîya (2).

Nous avons laissé l'histoire de Yaḥîa ben Ghânya au moment où celui-ci, maître de Gâbès, avait réussi à se débarrasser de Qarâqoûch et à établir sa domination dans la région des Syrtes ainsi que sur une partie du Djebel Nefoûsa. Il s'était installé à Gâbès, d'où il rayonnait dans les environs, continuant à soumettre les régions voisines et à étendre son autorité. Sfax même, gouvernée au nom des Almohades par 'Abd er-Raḥmân ben 'Omar (3), était tombée en son pouvoir. Yaḥîa ben Ghânya avait été rempli d'aise à la nouvelle que les Almohades se déchi-

1. La version d'Ibn el-Atsîr est un peu différente : « Mohammed (En-Nâçir) envoya quelqu'un qui reçut d'Ibn 'Abd el-Kerîm le commandement de la ville (d'El-Mahdîya), celui-ci rentra dans l'obéissance (I. el-Atsîr, XII, 97). Ces paroles ne contredisent point du tout le récit d'Et-Tidjânî que l'on trouvera dans l'appendice au mémoire.

2. Ceci vient confirmer la dernière partie du récit d'Ibn el-Atsîr : « ... celui-c (Ibn 'Abd el-Kerîm) rentra dans l'obéissance. » Voy. la note précédente.

3. Cf. *Hist. des Berbères*, éd., I, 217.

raient dans le nord de l'Ifrîqîya et qu'Ibn 'Abd el-Kerîm s'était mis en état de révolte. Solidement établi à Gâbès, il attendait l'issue de ces événements, tout prêt à profiter de la première occasion pour s'emparer des derniers postes restés aux mains de ses ennemis.

De son côté Ibn 'Abd el-Kerîm, seigneur d'El-Mahdîya, enorgueilli par ses importants succès sur les Almohades, voulut étendre sa domination sur de plus vastes territoires. Son infatigable activité le poussait sans cesse vers de nouvelles conquêtes et les razzias qu'il faisait jadis sur les Arabes pillards ne suffisaient plus aujourd'hui à son ambition toujours grandissante. Il marcha contre Gabès avec l'intention d'y assiéger l'Almoravide. Par les soins de Yaḥia, cette ville, qu'il avait choisie comme capitale avait été rendue presque imprenable par d'importantes fortifications. Ibn 'Abd el-Kerim comprit qu'il n'avait pas à espérer pouvoir s'en rendre maître et leva bientôt le siège : il se porta donc sur Gafça qui était alors, ainsi que la plupart des villes du Djerîd, retombée depuis longtemps au pouvoir de Yaḥia. Les fortifications de la place rasées, comme il a été dit, en 583 (1187-8) (1) par El-Mançoûr n'avaient pas été reconstruites. Ibn 'Abd el-Kerîm s'empara donc sans difficulté de cette place ouverte. Mais Yaḥia à la tête de ses troupes habituelles était sorti de Gabès à la poursuite de l'envahisseur.

A la nouvelle de l'approche de son ennemi, Ibn 'Abd el-Kerîm n'avait pas hésité à abandonner Gafça qui n'offrait pas un assez sûr abri, pour venir établir son camp dans la position plus forte de Qçoûr Lalla (2). Ce fut là que

1. Voyez *suprà*, p. 84.

2. Le nom de ce Qçar ne figure pas dans le Dictionnaire géographique de Yâqoût ni chez les autres géographes. El-Bekri (p. 47) dit simplement : « Dans les environs de Gafça se trouvent plus de 200 villages... qui sont connus sous

vint l'attaquer Yaḥia ben Ghânya. Ibn 'Abd el-Kerîm complètement battu (1) réussit par une fuite précipitée à échapper à la mort. Il s'enferma dans El-Mahdya. Le vainqueur s'empara du camp ennemi, des richesses qu'il renfermait et vint investir la place d'El-Mahdya en 597 (1200-1201 J.-C.)(2).

L'ancienne place forte des Fatimites qui avait résisté aux attaques de l' « Homme à l'âne » et de ses innombrables légions, était défendue du côté de la terre par d'importantes fortifications. La famine seule pouvait venir à bout des assiégés. La mer étant libre, Moḥammed ben 'Abd el-Kerîm pouvait se ravitailler facilement. Il importait donc avant tout de fermer à l'ennemi cette seule porte de salut. Pour atteindre ce but, Yaḥia employa le moyen suivant : il adressa par lettre sa soumission au sîd Abou Zeîd, gouverneur de Tunis et lui demanda en même temps le secours de sa flotte pour venir à bout du seigneur indépendant d'El-Mahdîya. Le sîd Abou Zeîd avait alors beau jeu : ses deux adversaires étaient aux prises et épuisaient leurs forces l'un contre l'autre ; il n'avait qu'à contempler ce spectacle et attendre le moment où l'un des deux succomberait pour écraser l'autre affaibli. Il ne sut pas tirer parti de cette avantageuse situation. Ajoutant foi aux paroles trompeuses de Yaḥia, il semble avoir cru à la sincérité de cette soumission pourtant bien extraordinaire.

Bref, Abou Zeîd envoya deux navires au secours de

le nom de Qçour Gafça. » De Slane dans sa trad. des *Berbères* (II, p. 219) dit qu'il était situé sous les murs de Gafça (?).

1. Ibn Khaldoûn (*Hist. des Berbères*, éd., I, 333) dit que la principale cause de la défaite d'Ibn 'Abd el-Kerîm fut la défection d'un de ses alliés Moḥammed Ibn Mas'oûd el-Bolṭ, émir des Riâḥ, qui passa du côté de l'Almoravide.

2. Voyez Et-Tidjâni, dans la partie publiée en appendice au présent travail. Les mêmes faits sont aussi racontés par Ibn Khaldoûn — d'après Et-Tidjâni — d'une manière très sommaire. Ibn Khaldoûn confirme la date de 597 (cf. *Hist. Berb.*, éd., I, 255 *in fine*).

l'Almoravide. A la vue de ce renfort, Ibn 'Abd el-Kerîm comprit qu'il ne pouvait songer à continuer la résistance et qu'il n'avait qu'à s'en remettre à la clémence du vainqueur. Il s'empressa donc d'envoyer son fils 'Abd Allah auprès de Yaḥîa pour régler les conditions de la paix. Ibn 'Abd el-Kerîm s'engageait à quitter El-Mahdîya; sa famille ne serait pas inquiétée et l'accompagnerait; ses biens lui seraient laissés. Ces conditions ayant été intégralement acceptées, 'Abd Allah et son père vinrent sans aucune méfiance à la tente du vainqueur lui présenter leurs salutations. L'Almoravide les fit aussitôt arrêter et garder à vue. Lui-même entra en ville, s'empara des riches trésors de l'ancien seigneur, puis fit enfermer ses deux prisonniers dans une des prisons de la ville. Moḥammed ben 'Abd el-Kerîm mourut en prison quelques jours après (1). Il fut enterré par sa famille à Qçar Qarâḍa(2). Son fils 'Abd Allah fut embarqué sur un navire qui devait le conduire à Majorque; mais en cours de route, il fut jeté tout enchaîné à la mer (3)

Une fois maître d'El-Mahdîya, l'Almoravide oublia naturellement les promesses de soumission qu'il avait faites aux Almohades. Ainsi échappait encore à ceux-ci une place importante qui venait augmenter le domaine du conquérant almoravide en Ifrîqîya.

Les villes du Djerîd obéissaient à Yaḥîa ben Ghânya ainsi que les ports de Sfax, Gabès et Tripoli. Avant de marcher sur la capitale et pendant que l'attention du gouverneur général Abou Zeîd était encore endormie par

1. Selon Ibn Khaldoûn (in *Hist. Berb.*, éd., I, 333) il fut assassiné. Cependant le même historien, dans une première version (*ibid*, 256), dit qu'il mourut en prison.

2. Nous n'avons aucun renseignement géographique sur la position de ce village.

3. Voyez l'appendice.

la capture de son ennemi Ibn 'Abd el-Kerîm, Yaḥîa songea à étendre son autorité dans les régions du centre et de l'ouest de la province. Il dressa d'abord ses catapultes contre la ville de Bâdja (1), la prit d'assaut, la livra au pillage (2) et fit exécuter le gouverneur de la place. Les habitants chassés se réfugièrent à Laribus (3) et Sicca-Veneria (4).

Ce fut là le premier acte d'hostilité commis par l'Almoravide contre les Almohades en reconnaissance du service que lui avait rendu le sîd Abou Zeîd en lui envoyant deux vaisseaux pour lui faciliter la prise d'El-Mahdîya. A ce procédé peu courtois, mais auquel il aurait dû s'attendre, le gouverneur almohade de Tunis répondit en donnant

1. Ville à quinze lieues W. de Tunis, sur la route de cette capitale à Bône (cf. de Slane, *Berb.*, trad., I, LXXII). Ancienne ville romaine bâtie sur une colline (cf. Léon l'Africain, éd. Schefer, III, 119). Très commerçante et très prospère au moyen-âge, elle est aujourd'hui bien déchue de cette ancienne splendeur. Fournel (*Berbers*, I, 213, note 1) lui consacre une longue note et l'identifie à la Βαγα de Plutarque et de Procope et à la Vacca de Salluste. Voyez encore sur cette ville : El-Bekri, 56-57 et *Journ. Asiat.*, janvier 1859, p. 75-76; El-Idrîsi, 134.

2. Laribus appelée El-Orbos par les arabes [الأُرْبُسُ = orthographe de Yâqoût (Wüstenfeld) du *Marâçid* (Juynboll) et d'El-Idrîsi (de Goeje); الأربص = orth. des *Berbères* de Slane)]. Cette ville est au N. W. Qairawân et au S. W. de Bâdja. Voyez : les ouvrages précités et Fournel, *Berbers*, II, 72 et note 4. Elle fut quelque temps la résidence de l'Aghlabite Ziadet Allah (cf. *Bayân*, t. I, 135-136).

3. Le mot خرب (détruire, démolir de fond en comble) employé ici par Ibn Khaldoûn nous semble exagéré, puisqu'immédiatement après le départ de Yaḥîa, les habitants vinrent de nouveau s'installer dans leur ville et y *soutinrent un second siège*. Les murailles n'avaient donc pas dû être bien endommagées. C'est pourquoi nous avons préféré la traduction « livrer au pillage » pour le mot خرب voy. *Hist. Berbères*, éd., I, 256.

4. La Sicca-Veneria par les Romains, fut nommée Chaqbânârîa par les Arabes [شقبانارية = orth. du *Marâçid* (éd., Yuynboll) et de Yâqoût (éd., Wüstenfeld); شقبنارية = orth. des *Berbères* et de Bekri (de Slane)]. Elle est l'actuelle ville du Kef en Tunisie, à 21 lieues S.-E. de Bône. Voy. El-Bekri, 33; *Marâçid*, II, 118; de Slane, *Berbères*, trad., I, CIV. ; Fournel, *Berbers*, I, 100, note 3.

l'ordre aux habitants de Bâdja de rentrer dans leur ville. Yaḥia ben Ghânya qui s'avançait vers l'Ouest, en apprenant cette décision revint sur ses pas et assiégea de nouveau la ville qu'il venait de quitter. Le sîd Abou Zeîd envoya une armée sous les ordres de son frère le Sîd Abou 'l-Ḥasan, gouverneur de Bougie, pour débloquer Bâdja. A peine informé du plan de campagne de ses adversaires, Yaḥîa leva le siège de Bâdja pour marcher à la rencontre du gouverneur de Bougie. Il craignait en continuant le siège d'être pris entre les deux armées almohades, celle de Tunis conduite par Abou Zeîd et celle de Bougie. Remontant la vallée de la Medjerda (1), il vint se placer dans une forte position, non loin de Constantine (2) où il attendit au passage l'armée de Bougie. Ce fut là qu'à l'arrivée du Sîd Abou 'l-Ḥasan, le combat s'engagea. Les Almohades furent mis en déroute et leur camp tomba au pouvoir de l'ennemi (3).

Yaḥîa après cette nouvelle victoire, voyait s'accroître sa réputation, tout semblait devoir trembler devant lui. La ville de Biskra qu'il avait autrefois placée sous son autorité (4), avait secoué le joug et s'était soumise aux Almohades, qui lui avaient donné un gouverneur. Yaḥîa vint attaquer la place et s'en empara. Pour punir les habitants de leur résistance, il leur fit couper les mains et emmena prisonnier l'officier almohade qui y commandait. Revenant ensuite vers l'Est, l'Almoravide s'empara successivement

1. L'ancien Bagradas, est un des plus grands fleuves de l'Afrique mineure. L'eau de cette rivière, selon l'*Istibçar*, endurcit le cœur de ceux qui en boivent (Cf. *Istib.*, 19). Les géographes arabes l'appellent Badjarda بَجَرْدَة. Sur ce fleuve voyez 'Abd-el-Wâḥid, 265; Léon l'Africain, 421; de Slane, *Berb.*, trad., I, XCIII.

2. Il nous est impossible de préciser le lieu où se livra la bataille.

3. *Hist. Berb.*, éd., I, 256.

4. Voyez *suprà*.

de Tébessa et de Qaïrowân. Les habitants de Bône effrayés envoyèrent leur soumission à ce redoutable chef. Après cette brillante campagne (597-599 = 1200 à 1203 J.-C.), le puissant Almoravide rentra à El-Mahdîya. Il n'y demeura pas longtemps. Laissant, à son cousin ʿAli ben el-Ghâzi, fils de ʿAbd Allah, le gouvernement d'El-Mahdîya, il vint à la tête d'une forte armée assiéger Tunis (2). Un de ses principaux auxiliaires dans les travaux de ce siège fut son frère El-Ghâzi, fils d'Isḥaq, qui, entre autres moyens employés, ferma le canal de la Goulette par une digue.

Le 7 rabiʿ IIe de l'an 600 (15 décembre 1203), les assiégeants se rendirent maîtres de la place (1). Yaḥîa (ben Ghânya) fit arrêter le gouverneur, le sîd Abou Zeîd et ses deux enfants, ainsi que quelques-uns des Almohades choisis parmi les plus marquants et les fit tous jeter en prison. Les habitants de la ville gardèrent leur liberté, leurs biens furent respectés, mais ils furent condamnés à payer une forte contribution de guerre de 100.000 dinars (2). Cette amende énorme, devait être perçue, au prorata de la fortune de chaque habitant, par l'un d'entre eux, le nommé Abou Bekr ben ʿAbd el-ʿAzîz ben es-Sekkâk, sous le contrôle de l'homme de confiance de Yaḥîa ben Ghânya,

1. On trouvera le récit détaillé de ce siège dans l'appendice.

2. Il est assez difficile de déterminer d'après le texte de la *Rihla* d'Et-Tidjâni, où ces renseignements ont été puisés, si les habitants se rendirent (comme le dit A. Rousseau dans sa traduction française) ou si la ville fu prise d'assaut. Voici le texte de ce passage : فلما كان يوم السبت السابع من شهر ربيع الاخر من سنة ستمئة استولى على البلد..... (cf. Ms. f. 149 v°). Or le verbe استولى veut dire *s'emparer de, prendre possession de, se rendre maître, de gré ou de force.* On doit remarquer toutefois que dans le sens de *s'emparer de vive force* c'est le verbe افتتح qui est d'ordinaire employé (Voy. *suprà*). L'auteur du *Kitâb el-Istiqça*, qui ne cite point où il a puisé ce récit, dit : Tunis fut prise de vive force après quatre mois de siège (*Istiqça*, I, 189).

son secrétaire Ibn 'Açfoûr. Les malheureux habitants furent tellement maltraités et pressurés que plusieurs d'entre eux, poussés au désespoir, se suicidèrent (1). Le bruit de ces regrettables actes de désespoir étant revenu aux oreilles de Yaḥîa, il s'empressa de mettre fin aux opérations du prélèvement de l'amende et fit remise aux gens de Tunis de quinze mille dinars qui leur restaient encore à payer. Il manifesta à leur égard à partir de ce jour une grande bonté et une équité parfaite (2).

La conquête de la capitale avait entraîné la soumission des dernières villes qui tenaient encore pour les Almohades, en Ifriqîya, comme Benzert (3), Laribus, Sicca-Veneria, etc... Yaḥîa établit dans les différents districts des gouverneurs de son choix et la prière du vendredi dans l'Ifrîqîya tout entière fut faite au nom des Abbassides.

1. Ils moururent entre les mains des bourreaux selon Ibn Khaldoûn (*Hist. Berb.*, éd., I, 334; trad., II, 220).

2. Voyez Et-Tidj. Ms. fol. 150 r°, partie publiée et traduite dans notre appendice.

3. Benzert بَنْزَرْت est l'actuelle ville de Bizerte. A onze lieues N.-O. de Tunis, la ville est bâtie sur les bords d'un lac vaste et profond communiquant avec la mer par un goulot étroit. Bizerte tomba au pouvoir des musulmans, sous les ordres de Mo'awîya ben Ḥodaïdj, l'an 41 de l'hég. (661-2 de J.-C.) selon El-Bekrî. Les géographes musulmans donnent en général d'abondants détails sur le lac de Bizerte et les poissons qu'on y rencontre; on pourra consulter sur ce port de mer : El-Bekri, 58; l'*Istibçâr*, 26 et s.; Yâqoût, I, 745-746; El Idrîsi, 114-115; Aboulféda, II, 196; Léon l'Africain, III, 125; R. Basset, *Docum. géog.*, 17-18 et note 2 de la p. 18; Fournel, *Berbers*, I, 139, note 2. Les auteurs musulmans orthographient généralement ce nom propre بَنْزَرْت; on le trouve écrit بنى زرت dans l'édit. Dozy (p. 256) de 'Abd el-Wâḥid, qui parle lui aussi de cette ville et des poissons du lac.

CHAPITRE IX

'Abd Allah ben Ghânya aux îles Baléares. — Elles sont conquises par les Almohades sous la conduite d'En-Nâçir (600 = 1203-4 J.-C.). — Yahîa ben Ghânya en Ifrîqîya; son heureuse expédition dans le Djebel Nefoûsa; apogée de sa gloire (601 = 1204-5 J.-C.).

Pendant que Yaḥiâ établissait ainsi son autorité et étendait sa puissance en Ifrîqîya, les îles Baléares, berceau de sa puissance, étaient tombées au pouvoir des Almohades.

Nous avons vu, dans un précédent chapitre, 'Abd Allah réussir à apaiser aux Baléares la révolte suscitée par Ibn-er-Reberter et s'emparer de la capitale. Nous l'avons laissé à la tête du gouvernement de ce pays. 'Abd Allah eut à repousser plusieurs attaques des Almohades. Des flottes sous les ordres des amiraux Abou 'l-'Olâ Ibn Djâmi' et Yaḥîa ben Ibrâhîm el-Hezerdji furent envoyées à différentes reprises par le khalife El-Mançoûr. Ces expéditions demeurèrent vaines et 'Abd Allah réussit à asseoir solidement dans l'île son autorité (583 = 1187-8) (1).

A l'exemple de son père, 'Abd Allah entretint de bonnes relations avec les républiques commerçantes de Gênes et de Pise, favorisant ainsi le commerce des îles et développant leur richesse et leur bien-être. C'est ainsi qu'en 584 (1188-9), 'Abd Allah, roi des Baléares conclut un traité de

1. Cf. *Hist. Berb.*, éd., I, 332.

paix et de commerce pour vingt ans avec la république de Gênes, par l'intermédiaire de Nicolas Lacanozze, venu dans les îles en qualité d'ambassadeur de la république (1). Sous ce prince, comme sous ses prédécesseurs, les commerçants chrétiens établis dans les îles étaient respectés dans leurs personnes et dans leurs biens. Ils avaient créé des comptoirs et rendaient d'appréciables services aux musulmans des îles en favorisant l'importation et l'exportation. En effet, du jour où les Benou Ghânya à la voix de 'Ali avaient résolument ouvert les hostilités contre l'empire almohade, les musulmans des Baléares ne pouvant plus compter s'approvisionner en Espagne, trouvaient chez les chrétiens des auxiliaires indispensables. Ceux-ci leur fournissaient des armes, des munitions de guerre, des vaisseaux même, en échange de leurs céréales et des produits des îles.

Si les musulmans trouvaient avantage dans ces traités de paix, les chrétiens en tiraient profit eux aussi, car leurs vaisseaux de commerce pouvaient circuler librement dans les eaux méditerranéennes sans être en butte aux attaques des corsaires musulmans (2). 'Abd Allah avait passé des traités de paix avec certains États chrétiens, mais il continuait, à l'exemple de ses pères, à piller les autres (3).

1. Cf. de Mas Latrie, *Rel. et comm. de l'Af. sept.*, 2ᵉ éd., p. 100.

2. Dans une note précédente il a été dit quelques mots de ce qu'était la course dans la Méditerranée. Les traités de commerce protégeaient les vaisseaux des chrétiens sur mer, leur assuraient des ports sur la côte musulmane pour y débarquer et embarquer les marchandises. On peut voir un trait remarquable de la protection et de la sécurité dont jouissaient les vaisseaux chrétiens dans la Méditerranée sous le règne de l'Almohade El-Mançoûr dans les *Relations* de De Mas Latrie, 103-107. Il est vrai aussi que tous les princes berbères n'agirent pas avec autant de condescendance à l'égard des chrétiens. Les chroniqueurs musulmans nous montrent par exemple le Zirite Yaḥia ben Temîm, corsaire redoutable dont la flotte fit subir de rudes pertes aux infidèles (voy. : El-Qaïrowâni, 88; *Hist. Berb.*, éd. 1, 207 et traduc., II, 25).

3. Cf. 'Abd el-Wâhid, p. 199.

C'était un moyen de conserver la confiance de ses sujets musulmans, de se faire redouter des chrétiens ses alliés et d'augmenter ses richesses. Suffisamment occupé aux Baléares, 'Abd Allah n'avait pas pu prêter à ses frères qui luttaient en Ifrîqîya, un concours efficace. On a vu cependant qu'il envoya deux vaisseaux à Yaḥîa assiégeant Yâqout dans Tripoli ; ce secours avait même suffit pour décider de la victoire.

Lorsqu'En-Nâçir arriva au pouvoir, au commencement de l'année 595 (1198-9 J.-C.), il eut d'abord à réprimer une tentative de révolte chez les Ghomâra (1), puis revenant à Fâs, il y fit exécuter différents travaux d'art et y demeura jusqu'en 598 (1201-1202). La nouvelle des progrès faits par Yaḥîa ben Ghânya arriva alors au souverain almohade. Une expédition fut de suite décidée contre les rebelles d'Ifrîqîya. En-Nâçir voulut d'abord assurer ses derrières et isoler complètement Yaḥîa pour que toute résistance lui fût impossible. Il dirigea ses premiers efforts contre les îles Baléares qui étaient pour les rebelles d'Ifrîqîya une importante réserve où l'on puisait, selon les besoins, argent, hommes ou navires. Une puissante flotte fut confiée au sîd Abou 'l-'Ola (2); le cheîkh Abou Sa'îd reçut le commandement du corps de débarquement (3).

1. Tribu berbère descendant, selon Ibn Khaldoûn, de Ghomâr ben Mestâf ben Fellî ben Maçonoûd. Voy. de Slane, *Berbères*, trad., I, 170. On lira de curieux renseignements sur les Ghomâra in *Istibçâr*, 142 et suiv.

2. Ce personnage ne doit pas être confondu avec Abou l-'Ola ben Djâmi' le chef d'une expédition antérieure dirigée au temps d'El-Mançoûr contre les Baléares (voyez *suprà*). Celui dont il est ici question est un descendant d''Abd el-Moûmin, comme l'indique le titre de *sid*, qu'il porte.

3. Ces renseignements sont fournis par Ibn Khaldoûn (*Hist. Berb.*, éd., I, 332). Ils nous ont paru plus logiques que ceux donnés par l'auteur du *Qartâs*, p. 153 et El-Qaïrowâni, p. 117. Ce dernier a été suivi par Fournel, *Rich. min. de l'Alg.*, II, 152, d'après lesquels, ce serait En-Nâçir en personne qui aurait conduit l'expédition des îles. Le *Kitâb el-Istiqça* renferme un paragraphe (I, 190) consacré à cette conquête; c'est un résumé succint d'Ibn Khaldoûn.

La flotte almohade fit voile vers les Baléares, à la fin de l'année 599 (1203) sous le haut commandement du souverain En-Nâçir en personne. Arrivée devant Majorque, elle bloqua la capitale. Le siège dura plus de deux mois. Enfin, dans le mois de rabi' Ier de l'an 600 (nov.-déc. 1203) la ville tomba au pouvoir des Almohades (1). 'Abd Allah fut mis à mort, sa tête envoyée à Marrâkoch et son corps suspendu aux murs de la ville (2). L'île entière et les îles voisines, s'empressèrent de reconnaître l'autorité d'En-Nâçir. La puissance almoravide était à jamais détruite dans les Baléares. Le khalife laissa dans les îles une garnison et nomma qâdi de Majorque le jurisconsulte 'Abd Allah ben Ḥoûṭ Allah (3).

Le Khalife se serait d'abord avancé vers l'E. jusqu'à Alger, marchant contre Yahia ben Ghânya. Arrivé à Alger, il se ravisa, disent-ils, embarqua son armée et partit pour les îles dont il fit la conquête. A notre avis, l'expédition d'En-Nâçir semble avoir été préparée à l'avance à Fâs et le plan une fois tracé fut exécuté à la lettre. Il consistait : 1° à s'emparer des Baléares; 2° à marcher rapidement contre Yaḥia. Déjà sous le règne d'El-Mançoûr, l'auteur de l'*Istibçâr* (p. 4), appelait cette conquête des îles de tous ses vœux.

1. Il est difficile de dire si la place fut prise d'assaut ou si elle se rendit. Les chroniqueurs n'étant pas d'accord sur ce point. Les uns, avec Ibn Khaldoûn, prétendent que la ville fut enlevée d'assaut et les habitants passés au fil de l'épée; d'autres avec l'auteur du *Qarṭâs*, affirment que les habitants ayant fait leur soumission furent bien accueillis par le vainqueur.

2. El-Qairowâni, p. 115 place par erreur la conquête de Majorque en 602 (1205-1206). Cette erreur a été reproduite par Fournel, *Richesses minérales de l'Algérie*, Paris, I. N., 1849; t. II, p. 152.

3. Cf. *Qarṭâs*, 153. Selon Ibn Khaldoûn, En-Nâçir n'aurait pas pris part à cette expédition et ç'aurait été le commandant de l'armée de terre Abou 'l-'Ola qui aurait organisé le gouvernement des Baléares après la conquête. Il aurait laissé comme gouverneur militaire un certain 'Abd Allah ben Ṭâ' Allah عبد الله بن طاع الله qui, selon l'auteur du *Kitâb el-'Ibar*, était de la tribu des Koûmya. Il était venu avec sa famille à la cour d'En-Nâçir et tous y avaient été généreusement traités, selon l'auteur du *Kitâb el-Istiqça*, I, 190. Plus tard En-Nâçir donna le commandement des îles à son oncle Abou Zeid pour nommer 'Abd Allah ben Tâ' Allah, amiral en chef de la flotte almohade (cf. *ibid*, I, 190). Quant au qâḍi 'Abd Allah ben Ḥoûṭ Allah عبد الله بن حوط الله, c'était un éminent jurisconsulte [né en 548 ou 549 (1253-1255), mort en 612 (1215-6)]. Il fut nommé précepteur des fils d'El-Mançoûr et exerça ensuite

Maître des Baléares, En-Nâçir se prépara à marcher sur l'Ifrîqîya. Il venait d'apprendre que Tunis était tombée au pouvoir de l'Almoravide et que son gouverneur le sîd Abou Zeid était entre les mains du vainqueur. Avant d'entreprendre cette expédition, il consulta les chefs almohades sur les mesures à prendre. Tous lui recommandèrent de conclure la paix avec Ibn Ghânya; seul Abou Moḥammed fils du cheikh Abou Ḥafç, lui conseilla une expédition contre le rebelle. Ce fut à ce dernier avis que se rangea le souverain. En-Nâçir quitta Marrâkoch en 601 (1204-1205) à la tête de l'armée de terre. La flotte partit en même temps de Ceuta (1) pour coopérer à l'occasion avec l'armée de terre; elle était commandée par Abou Yaḥîa ben Abi Zakarya el-Hezerdji (2).

Pendant que les Almohades enlevaient à Yaḥîa ses derniers États de l'Ouest, lui-même n'était pas resté dans l'inaction. Une fois maître de Tunis, de l'Ifrîqîya, du Djerîd, du pays de Tripoli et d'une partie de la région montagneuse du Djebel Nefoûsa, Yaḥîa avait songé à organiser solide-

les fonctions de qâdi à Séville, Cordoue, Murcie, Ceuta, Sla (Salé), Majorque et enfin Grenade où il mourut. Il fut enterré à Malaga. Il écrivit plusieurs ouvrages historiques que cite fréquemment Ibn el-Abbâr (voy. F. Pons-Boigues, *Ensayo bio-bibliog.*, p. 266). A la bibliographie de ce personnage donnée par l'*Ensayo* (p. 266, n. 1) on ajoutera : *Kit. el-Istiqça*, I, 190.

1. Ce port de la côte marocaine qui appartient aujourd'hui à l'Espagne, est l'ancienne capitale du comte Julien (يليان des chroniqeurs musulmans), celui même qui introduisit, dit-on, les Musulmans en Espagne au VIIIe siècle de notre ère. Ceuta (سبتة), l'ancienne *Septem*, était une ville importante par sa situation maritime et par la forte position qu'elle occupait. Elle a joué jadis un rôle considérable dans l'histoire de l'Afrique mineure sous la domination musulmane. Nul n'ignore que ce port fait aujourd'hui l'objet des convoitises de l'Angleterre, en raison même de sa position dans le détroit. On trouvera de curieux détails sur cette ville, ainsi qu'un sommaire de ses annales, dans le *Maroc inconnu* de A. Mouliéras, II, 715-732.

2. Voyez *Hist. Berb.*, éd., I, 334 et trad. II, 221. Le récit de cette expédition donné par le *Qartâs* a été copié presque textuellement par El-Qaîrowâni. Selon Ibn Nakhîl (cit. p. Et-Tidjâni, *Riḥla*, Ms., 61 v°), En-Nâçir arriva la même année 601 (1204-1205) en Ifrîqîya.

ment ces conquêtes, entendant être obéi dans les États qu'il avait soumis. Or les populations du Djebel Nefoûsa, profitant de ce que Yaḥia était occupé à Tunis et escomptant la distance qui les séparait de lui, s'étaient refusées à payer l'impôt. Les habitants de ce massif montagneux étaient de fervents kharedjites et par suite d'irréconciliables ennemis de ceux qui, comme les Almoravides étaient d'irréductibles malékites. La longue série de persécutions que les kharedjites, depuis le meurtre de 'Ali fils d'Abou Ṭâleb, avaient eues à endurer de la part des orthodoxes, et les massacres qu'eux-mêmes avaient commis quand ils étaient les plus forts avaient creusé entre eux et les sonnites un infranchissable abîme. Tout rapprochement était impossible et toute soumission des uns aux autres ne devait être que superficielle et sans durée, surtout de la part de montagnards berbères, qu'on sait si jaloux de leur indépendance. La révolte des Nefousiens, contre l'autorité d'Ibn Ghânya, ne saurait donc nous étonner ni nous surprendre.

Une expédition fut décidée contre les rebelles. Yaḥia laissant son frère El-Ghâzi gouverner Tunis, partit avec une colonne pour le Djebel Nefoûsa. Il traînait à sa suite le sîd Abou Zeîd et ses fils, ses prisonniers d'hier. Soit que l'Almoravide pressentît et craignît l'arrivée des Almohades, soit qu'il voulût réprimer sans retard l'acte de rébellion des populations néfousiennes, il marcha très rapidement contre elles. Nous n'avons en effet retrouvé, dans les chroniques arabes, aucune trace de son passage à travers l'Ifrîqîya et ses États du S.-E. Les habitants de ces régions montagneuses, en prévision du retour d'Ibn Ghânya avaient organisé la défense. Ils avaient relevé les fortifications des villes, comme à El-Djezîra (1) par exemple,

1. Cf. Ech-Chemâkhi, *Kitâb es Syar*, 547 ap. R. Basset, *Sanctuaires. du Dj. Ne-*

et s'étaient préparés à opposer une vive résistance pour conserver leur indépendance. Tout fut inutile et les soldats de Yaḥia accoutumés à la victoire, enlevèrent une à une toutes les forteresses. Le pays dut se soumettre de nouveau et les habitants furent condamnés à une forte amende de deux millions de dinârs (1), pour les punir de leur rébellion.

Le champion almoravide atteignit alors l'apogée de sa grandeur. Il régnait sur tout le pays qui s'étend de Bône au fond des Syrtes vers l'Est et jusqu'au désert vers le Sud. Il embrassait à peu près sous sa domination les régions que nous appelons aujourd'hui la Tunisie, la région des Chotts tunisiens, pays qui possédaient alors quelques riches oasis, et la Tripolitaine. Il ne se doutait pas que la fortune qui lui paraissait si favorable, allait avoir un si cruel revers et que l'espace de quelques semaines devait suffire pour renverser ce bel édifice de conquêtes et de gloire. L'œuvre que s'était proposée 'Ali en s'embarquant pour le Maghrib était en partie accomplie par son frère et successeur. Un important royaume était acquis dans la Berbérie, il restait maintenant à l'organiser et à l'administrer sagement. Cette organisation et ce gouvernement demandaient bien du tact; la population des régions conquises était composée de deux éléments bien distincts, les Berbères et les Arabes, alors hostiles les uns aux autres et loin encore d'une fusion qui n'est pas entièrement accomplie aujourd'hui.

Yaḥia ben Ghânya, pour cette deuxième partie de la

foûsa in *Jour. Asiat.*, mai-juin 1899, pp. 454-455. Nous n'avons trouvé sur cette ville que les renseignements géographiques fournis dans cet article.

1. Ce qui équivaut à 220.000.000 de francs environ de notre monnaie. Cette contribution énorme aurait été prélévée en deux fois (cf. *Hist. Berbères*, éd., I, 334 et 256).

tâche entreprise ne semble pas avoir été à la hauteur des circonstances. Il nous apparaît audacieux et habile capitaine, sachant allier heureusement le courage à la ruse, avancer à propos et reculer à temps. Mais brillant homme de guerre, il s'entendait peu aux choses de l'administration et mécontentait les populations vaincues qu'il écrasait d'amendes et d'impôts de toute sorte pour payer ses alliés, les Arabes hilaliens, et ses insatiables mercenaires. L'humeur guerrière du rebelle almoravide avait plu à ces bandes de pillards et elles s'étaient données à lui. Cette alliance avait favorisé les conquêtes de Yaḥia il est vrai, mais elle avait élevé aussi l'envahisseur arabe honni et détesté à cause de ses rapines, au dessus des Berbères du pays. Il y avait là un puissant ferment de désorganisation dont le conquérant almoravide ne tint pas assez compte. Il devait en administrateur impolitique qu'il était, compromettre bien davantage cette fragile conquête par les exactions et les abus de pouvoir dont il se rendit coupable. Enorgueilli par ses victoires, par ses richesses et par l'étendue de sa renommée, il ne connut plus de bornes. Il opprima le peuple et se laissa aller à tous les excès de la tyrannie (1). Cette conduite hâta sa perte, les populations écrasées sous ce joug despotique se soumirent à la force, mais appelèrent de tous leurs vœux la fin d'un gouvernement d'injustice et d'arbitraire. Elles étaient tout disposées à prêter leurs bras et leur appui au premier venu, pourvu qu'il leur promît de les débarrasser de l'Almoravide. En-Nâçir allait arriver au moment opportun et recueillir tout le bénéfice d'une situation que Yaḥia ben Ghânya avait créée par l'impéritie de son administration et l'inhabileté de sa politique.

1. *Cf. Hist. Berb.*, éd., *loc. cit.*

CHAPITRE X

Expédition du khalife En-Nâçir en Ifrîqîya. — Yaḥîa ben Ghânya abandonne Tunis. — Sac de Ṭorra et de Tripoli. — En-Nâçir assiège El-Mahdîya. — Les Almohades remportent sur Yaḥîa la victoire de Tâdjera (rabi' Ier 602 = oct.-nov. 1205). — El-Mahdîya tombe aux mains des Almohades. — 'Ali ben el-Ghâzi ben Ghânya leur fait sa soumission. — Les Almohades rétablissent leur artorité sur toute l'Ifrîqîya et les régions de l'E.

Yaḥîa qui était de retour de son expédition du Djebel Nefoûsa, apprit à Tunis que le souverain almohade marchait contre lui avec une forte armée. Il ne voulut y croire que lorsque ses émissaires vinrent lui annoncer que l'ennemi était arrivé à Bougie. Du premier coup il comprit que la lutte n'était pas soutenable et envisagea le danger de sa situation.

Du côté de la mer il ne pouvait attendre aucun secours; les Almohades avaient conquis les Baléares et s'étaient emparés de la flotte de 'Abd Allah. L'amiral ennemi Abou Yaḥîa ben Abi Zakarya pouvait donc évoluer en toute liberté sur les côtes d'Ifrîqîya et prêter son appui à l'armée de terre pour bloquer les villes de la côte. Du côté de la terre, le danger était plus redoutable encore. La forte armée de soldats aguerris que le khalife traînait à sa suite ne pouvait manquer de trouver un appui des plus empressés chez les populations.

En restant à Tunis, Yaḥîa risquait de s'y trouver pris

comme dans une souricière. Il jugea prudent d'abandonner la ville et d'aller s'installer dans les pays du Sud. Là du moins il pouvait encore compter sur le dévouement de quelques tribus arabes qui lui étaient restées fidèles (1) et il avait surtout l'avantage en cas d'échec de trouver un sûr refuge du côté du désert. Il prit en conséquence ses dispositions pour exécuter ce plan. La place de Tunis n'offrant pas un assez sûr abri, il fit transporter tous ses trésors (2) à El-Mahdîya. Il fit organiser la défense dans cette ville; des provisions y furent amassées en vue d'un siège et une garnison de guerriers dévoués aux Almoravides y fut installée. Yaḥîa donna ensuite le gouvernement d'El-Mahdîya (3) à son cousin El-Hâdjj 'Ali ben el-Ghâzi (4), tandis que lui-même allait dans le Sud essayer d'organiser la résistance et s'assurer le concours de ses anciens alliés. Il s'arrêta d'abord à Qaîrowân où il ne séjourna que quelques jours et partit pour Gafça. Il resserra l'alliance existant déjà entre les tribus arabes de ces régions et lui-même; il se fit donner des otages pour être certain de leur fidélité. Les plus redoutables de ces alliés étaient les Arabes de la

1. L'une des principales était la fraction des Kaoûb dont les chefs avaient été assassinés par Qarâqoûch. Ces arabes s'étaient donnés à Yaḥîa parce qu'ils espéraient qu'il était seul capable de les venger de Qarâqoûch.

2. Ibn Khaldoûn ajoute à tort que Yaḥîa envoya également son ḥarem à El-Mahdîya. On verra plus loin qu'il avait gardé avec lui son ḥarem et les gens de sa maison (Comp. *Hist. Berb.*, éd., I, 334).

3. Il avait été nommé gouverneur d'El-Mahdîya par Yaḥîa, quand celui-ci était allé entreprendre le siège de Tunis en 599 (1202-1203) (Voy. *Hist. Berb.*, éd., I, 256 et trad., II, 98). Il est fautivement nommé Abou 'l-Ḥasan 'Ali ben 'Abd Allah ben Moḥammed ben Ghânya par 'Abd el-Wâḥid (p. 234).

4. C'est *cousin* ابن عمه qu'il faut lire et non pas *neveu* ابن اخيه comme l'a donné Ibn Khaldoûn (*Hist. Berb.*, éd., I, 334). Ce parent de Yaḥîa se nommait 'Ali ben el-Ghâzi ben 'Abd Allah ben Moḥammed ben 'Ali el-Masoûfi (Voyez *suprà* p. 26, tab. généal.). Dans Et-Tidjâni (Ms. 150 r°); Zerkechi (12); 'Abd el-Wâḥid (234) il est appelé cousin également; l'auteur du *Kitâb el-Istiqça* le dit seulement parent de Yaḥîa; on y lit en effet (t. I, p. 189) من قرابته (*sic*) علي بن العاني.

fraction des Doûawida, branche des Riâḥ, qui, depuis le retour de leur chef Mas'oûd el-Bolṭ (1) échappé du Maghrib el-Aqça où il était exilé, ne cessèrent de lutter contre les Almohades.

Le chef des Doûawîda était alors Moḥammed fils de Mas'oûd. Il avait été autrefois l'allié d'Ibn 'Abd el-Kerîm, mais l'avait abandonné sur le champ de bataille de Qçoûr Lalla pour passer aux Almoravides (2). Depuis, il était resté fidèle à Yaḥia ben Ghânya. Sa tribu était une des plus importantes d'Ifrîqîya. Elle résista aux premiers princes Ḥafçides comme nous aurons l'occasion de le raconter dans la suite; en un mot ce fut elle qui, de toutes les tribus arabes tint tête le plus longtemps aux Almohades vainqueurs (3).

Yaḥia dut marcher d'abord contre la forteresse de Ṭorra où il était appelé par l'attitude hostile des gens des Nefzâwa, à son égard. Il avait soumis autrefois cette place forte d'où il avait chassé Yâqoût, lieutenant de Qarâqoûch. Depuis lors, les gens de ce pays n'avaient osé se soustraire à l'autorité de l'Almoravide dont l'influence et les conquêtes s'étendaient chaque jour. Mais l'heure de la décadence, à présent, semblait avoir sonné pour lui, et il fuyait à la seule nouvelle de l'approche du souverain almohade. Poussés par des agents d'En-Nâçîr, les gens de Ṭorra pensèrent secouer le joug et faire leur soumission à ce prince. Ils avaient compté sans l'Almoravide encore puissant alors et qui s'empressa de réprimer énergiquement cette tentative, pour que l'exemple n'en fût pas suivi par les tribus voisines. Il entreprit le siège de Ṭorra où s'étaient réfugiés un certain nombre d'émissaires almo-

1. Voyez *suprà*, ch. IV, p. 64, note 2.
2. Voyez *suprà*, le récit de cette bataille.
3. Cf. *Hist. Berbères*, éd., I, 87; trad, I, 138, 139.

hades. La place, malgré sa forte position, ne tarda pas à capituler. Ibn Ghânya la livra à ses soldats qui, selon le récit d'Ibn Nakhîl (1) tuèrent un grand nombre d'habitants, semèrent partout le pillage et l'incendie, la ruine et le viol. Deux soldats almohades qui depuis quelque temps déjà habitaient la ville, furent découverts et livrés au bourreau. La ville complètement déserte fut abandonnée. Les habitants qui furent épargnés se dispersèrent sur les terres des Nefzâwa.

A peine Yaḥîa était-il arrivé sous les murs de Ṭorra qu'il apprit que les gens de Tripoli s'étaient mis en état de révolte contre Tâchfîn ben el-Ghâzi ben 'Abd Allah ben Moḥammed ben 'Ali (2), le gouverneur qu'il leur avait donné et l'avaient chassé de leur ville. Le vainqueur des rebelles de Ṭorra marcha cette fois contre ceux de Tripoli (3). Mais pendant ce temps, l'armée almohade était arrivée dans le nord de la province de l'Ifrîqîya. La flotte l'avait devancée à Tunis dont les habitants s'étaient soumis pour éviter des représailles (4). Les partisans d'Ibn Ghânya demeurés à Tunis avaient été exécutés sans merci (601 = 1204-1205) (5).

En-Nâçir marchait sur Tunis, quand il apprit que sa flotte s'était emparée de la place ; il jugea inutile de perdre un temps précieux à pousser jusque là. Il prit la direction du Sud et se mit à la poursuite de l'Almoravide.

1. Ibn Nakhîl, cité par Et-Tidjâni, Ms. 61 v° et 151 r° et v°.

2. C'est le frère du gouverneur d'El-Mahdîya dont il vient d'être question, 'Ali ben el-Ghâzi.

3. Cf. *Hist. Berbères*, éd., I, 334 ; trad. II, 221.

4. L'auteur de l'histoire des Berbères dit tout simplement : و وصل اسطول الناصر إلى تونس فدخلوها و قتلوا من كان بها من اشياع ابن غانية

« L'escadre d'En Nâçir arriva devant Tunis dont elle s'empara. (Les Almohades) tuèrent tous les compagnons d'Ibn Ghânya qui s'y trouvaient.

5. Cf. *Hist. Berbères*, éd., I, 334.

Yaḥia se dirigeait en hâte sur Tripoli lorsqu'arrivé à El-Ḥamma des Maṭmata, il apprit que Tunis lui avait échappé et que l'armée almohade commandée par le souverain en personne s'était lancée à sa poursuite. Arrivé à Tripoli, il punit cruellement les habitants de leur rébellion; la place fut complètement détruite par le prince almoravide qui ne voulait pas la voir tomber aux mains des Almohades (1). De Tripoli en ruines, il courut se fortifier dans la région montagneuse du Djebel Demmer où il espérait pouvoir soutenir avec avantage le choc de l'armée almohade.

Dans l'intervalle, En-Nâçir avait traversé Gafça et atteint Gâbès. Ce fut dans cette dernière ville qu'il apprit la retraite de son ennemi dans le Djebel Demmer [601-1204-1205]. Laissant alors le commandement de Gâbès à l'un de ses lieutenants (2), il vint avec toutes ses troupes assiéger El-Mahdîya. Comme il avait beaucoup plus de troupes que n'en exigeait le siège de la place, il organisa une colonne volante de 4.000 hommes. Elle devait parcourir les régions du Sud et y poursuivre sans relâche les dernières bandes almoravides. Le commandement de cette colonne détachée fut donné au cheîkh Abou Moḥammed 'Abd el-Wâḥid ben Abi Ḥafç (3). Cet officier reçut l'ordre d'aller d'abord attaquer Yaḥia ben Ghânya dans les montagnes qui lui servaient de refuge.

L'Almoravide à la nouvelle qu'une armée almohade

1. *Ibid.*, id.
2. Cf. Et-Tidjâni, Ms. f. 45 v°.
3. Cet officier almohade avait déjà fait ses preuves. Il avait commandé un corps de troupes à la bataille d'Alarcos (الأرك) en cha'bân 591 (juillet-août 1195) à l'époque du souverain El-Mançoûr et avait contribué à assurer aux Almohades une éclatante victoire. Voy. Ibn Khaldoûn (*Hist. Berb.*, éd., I, 329); *Qarṭâs*, 148. Il sera question plus loin d'une manière plus détaillée, de ce personnage, à l'occasion de sa nomination au gouvernement général de l'Ifrîqîya. L'envoi d'une colonne de 4.000 Almohades sous les ordres d'Abou Moḥammed, contre Yaḥia est aussi mentionné dans le *Kitâb el-Istiqça*, I, 189.

venait l'attaquer, comprit aussitôt que la partie était perdue. Il redoutait surtout que la défection de ses alliés ne le fît tomber lui-même au pouvoir de l'ennemi. Aussi son intention était elle de fuir dans le désert sans risquer un combat qu'il jugeait trop inégal. Il fit part de ses craintes à ses officiers et leur exposa son plan. Ceux-ci ne furent pas de cet avis et insistèrent tellement que Yaḥîa se décida à attendre le choc de l'ennemi. La rencontre eut lieu dans la plaine de Tâdjera (1). La bataille, connue sous le nom de Waqy'a Tâdjera (وقيعة تاجرة) fut acharnée et sanglante, l'Almoravide y perdit la plus grande partie de ses troupes et ses meilleurs officiers. Au nombre de ces derniers, on peut citer : son frère Djobbâra, son secrétaire 'Ali ben el-Lamti et l'un des gouverneurs de province El-Fatḥ ben Moḥammed. Yaḥîa réussit cependant dans sa fuite à emmener toute sa *smala* (2) qu'il avait fait camper à cinq parasanges (3) du lieu de combat.

1. Ce nom propre est diversement orthographié : تاجورة, تاجرة, تاجرا, etc... L'orthographe تاجورة est due probablement à une erreur que l'on peut attribuer à la confusion de cette ville avec Tâdjoûra près de Tripoli (Voyez Léon l'Africain, III, 203 et note 1). Le mot *tagra* (var. *ṭagera, tagri, tadjera, tajera*, etc.) est berbère et signifie *assiette* (cf. R. Basset, *Nédromah et les Traras*, 92, note 4). On l'applique parfois à des montagnes ayant la forme d'une assiette renversée (ou d'un cône tronqué), comme par exemple le Tadjera près de la route de Honeïn à Nédroma, sur le territoire des Koûmya (ce fut au pied même de ce Tadjera, dans le village de ce nom, chez les Beni 'Abed, que naquit 'Abd el-Moûmin) [Voy. R. Basset, *loc. cit.*, 92-93]. L'endroit de la rencontre dont il est ici question est spécifié par Et-Tidjâni, qui nous fait savoir qu'elle eut lieu à 15 milles de la montagne connue sous le nom de جبل راس تاجرة qui se trouve elle-même près de la source du Wâdi Medjeser (cf. *Riḥla*, Ms. f. 49 v° et *Jour. Asiat.*, août 1852, p. 168).

2. Le mot *smala* qui est passé en français vient de l'arabe régulier زَمْلَة = famille, maison (y compris les suivants et domestiques). Dans le dialecte algérien, ce mot se prononce زمالة ; et Beaussier le traduit par « camp, campement d'une tribu ou d'un particulier ». C'était un usage des nomades de se faire accompagner par leurs femmes, leurs enfants et gens de leur suite, lorsqu'ils partaient en guerre. La smala comprenait donc tout ce qu'un chef musulman avait de plus cher au monde, son ḥarem, sa famille et ses trésors.

3. Cinq lieues environ (Cf. Reinaud, trad. d'Aboufėda, intr. I, CCLXVI).

Cette victoire permit aux Almohades de délivrer plusieurs de leurs cheïkhs prisonniers de l'ennemi. Parmi eux se trouvait le sîd Abou Zeïd que son gardien avait, sans y parvenir, essayé de tuer à coups de sabre. L'étendard noir (1) de Yaḥîa ben Ghânya tomba au pouvoir de l'ennemi (2) (12 rabi Ier 602 = 28 octobre 1205). Le cheikh Abou Moḥammed chargé d'un riche butin (3) revint auprès d'En-Nâçir, sous les murs d'El-Mahdîya (4). On exposa aux yeux des assiégés les troupeaux et le butin fait à Tâdjera et l'on fit promener le drapeau noir, pris à l'ennemi, autour de la place. Malgré cela, les assiégés résistaient toujours. En-Nâçir, ayant poussé plus activement, l'attaque des remparts, les habitants se décidèrent

1. Les Almoravides eurent toujours des étendars *noirs* et l'on sait que le noir fut aussi la couleur des premiers Abbassides. Nous ne pensons pas que l'on puisse voir dans l'adoption de cette couleur par les Almoravides un moyen de marquer leur attachement au khalifat abbasside, car déjà l'époque de l'apparition des Almoravides en Maghrib, les Abbassides avaient depuis longtemps (depuis le règne d'El-Mâmoûn; voy. par ex. Ibn Khaldoûn, *Proleg.*, in t. XX des *Not. et Ext.*, p. 51, et de Sacy, *Chrest.*, II, 265 qui reproduit ce passage des *Prolégomènes*) adopté la couleur *verte* pour leurs étendards; si donc les Almoravides avaient voulu imiter en cela les Abbassides, ils eussent plutôt choisi des drapeaux *verts*. Aussi bien, pensons-nous, que dans la couleur *noire* des étendards almoravides, on doit voir un symbole, dont M. Van Vloten a très clairement expliqué l'interprétation : La couleur *noire* des étendards marque la lutte contre l'impiété et l'erreur, dit-il, d'après le poète El-Komaït; en outre, les drapeaux *noirs* « représentent le drapeau du Prophète, auquel toutes nos sources s'accordent à attribuer la couleur *noire*. » Cf. *Recherches sur la Domination arabe, le Chiitisme et les Croyances messianiques sous le khalifat des Omayades*, Amsterdam, 1894, p. 64. Cela suffit à nous montrer comment, dès le début, les Almoravides ont pu adopter le drapeau *noir*, pour bien marquer le caractère religieux de leur invasion.

2. Cette bataille est aussi racontée par Ez-Zerkechi, p. 12; Ibn Khaldoûn, *Hist. Berb.*, éd. I, 334.

3. Selon Ibn Nakhîl (cit. p. Ibn Khaldoûn, *Hist. Berb.*, éd. I, 334; tr. II, 221) « le butin que l'armée d'Ibn Ghânya abandonna, aux Almohades, formait la charge de dix-huit mille chameaux, et se composait d'or, d'argent, d'étoffes précieuses et de meubles. »

4. On trouvera des détails dans l'appendice.

enfin à demander la paix et le vainqueur leur accorda le pardon.

Le gouverneur almoravide, 'Ali ben el-Ghâzi, reçut l'autorisation, sur sa demande, de partir, librement et sous la protection du vainqueur, rejoindre son frère. Le 27 djoumâda Ier (janvier 1206) (1) 'Ali vint camper à Qçar Qarâḍa, où il passa la nuit. Le lendemain, il envoya dire à En-Nâçir qu'il était décidé à embrasser son parti et à abandonner la cause almoravide : « A présent fit-il dire au souverain, que je suis libre de mes actes, je viens (de mon propre mouvement) me placer sous votre autorité ». En-Nâçir, heureux et touché de cette soumission si importante pour l'effet moral qu'elle ne pouvait manquer de produire sur les populations de l'Ifrîqîya, fit venir 'Ali ben El-Ghâzi, le reçut avec beaucoup de solennité et le combla de riches présents (2).

En-Nâçir ayant laissé comme gouverneur de la place le cheikh (3) Abou 'Abd Allah Moḥammed ben Yaghmor el-Hintâti (4) quitta la ville le 20 djoumâda IIe 602 (février

1. L'auteur du *Qarṭâs* (p. 154) donne des détails sur le siège d'El-Mahdîya, il place la prise de la ville par En-Nâçir en 601 (1204-1205). Nous avons préféré adopter la date donnée par Et-Tidjâni auteur plus ancien et mieux placé pour être renseigné. Voy. aussi : *Hist. Berb.*, éd., I, 256. Ez-Zerkechi confirme la date du 27 djoumâda Ier. Selon le *Qarṭas*, 'Ali ben el-Ghâzi, tout en livrant la place, aurait embrassé la cause almohade, ce qui lui aurait valu le surnom d'El-Ḥâdjj el-Kâfi الحاج الكافي pour remplacer celui de El-Ḥâdjj el-Kâfir الحاجّ الكافر dont il avait été gratifié par les Almohades à cause de sa résistance; ces observations se retrouvent dans le *Kitâb el-Istiqça*, I, 189.

2. Voyez dans l'appendice, des détails sur la nature de ces présents qui venaient d'être apportés par Nâçiḥ, président du diwân de Ceuta. On y trouvera de longs renseignements sur tout ce qui va suivre et dont nous nous sommes bornés ici à donner un simple aperçu.

3. On peut remarquer que ce personnage qui n'est pas un descendant du cheikh Abou Ḥafç 'Omar, est appelé cependant *Cheikh* (voy. *suprà* ch. VIII).

4. Les Hintâta étaient une fraction de la grande tribu berbère des Maçmoûda du djebel Daran (que les géographes européens ont appelé Haut Atlas marocain). Leur rôle fut célèbre dans l'histoire de la Berbérie; ce furent eux qui

1206), se rendant à Tunis. Il arriva dans cette ville accompagné de 'Ali ben el-Ghâzi et y établit son quartier général [radjeb 603 à ramaḍân 603 (février à avril 1206)]. En même temps qu'il laissait un gouverneur à El-Mahdîya, En-Nâçir en envoyait un à Tripoli. Il désigna pour administrer ce poste extrême et dangereux, 'Abd Allah ben Ibrahîm ben Djâmi' (1).

Pendant son séjour à Tunis, le souverain organisa une colonne volante sous les ordres de son frère le sîd Abou Isḥâq pour châtier les peuplades du Sud, qui avaient prêté leur concours à Yaḥîa (ben Ghânya). Abou Isḥâq ravagea les régions au sud et à l'est de Tripoli, massacra un grand nombre des habitants du Djebel Nefoûsa et du Djebel

donnèrent à ce pays le Mahdi Ibn Toûmert. Les principales fractions de cette grande tribu étaient les Hergha هرغة, les Hintâta هنتاتة, les Timmellet تينملت (peut-être تينمال), les Kedmîwa كدميوة, les Kenfîsa كنفيسة, les Ourîka وريكة, les Regrâga ركراكة, etc. (orth. de Slane, *Berbères*, éd., I, 295 et trad., II, 158 et suiv.). Voyez aussi : 'Abd el-Wâḥid, 244 et suiv. Les hautes fonctions dans l'armée ou l'administration étaient occupées au temps de l'empire almohade par des gens des Maçmoûda (tribu du fondateur de la réforme religieuse qui donna naissance à l'empire almohade) et de celle de Koûmya (tribu de 'Abd el-Moûmin, premier souverain de la dynastie almohade). Le personnage dont il est question, Abou 'Abd Allah ben Yaghmôr ابو عبد الله بن يغمور est désigné à tort sous le nom de Moḥammed ben Na'moûn par Zerkechi (éd. de Tunis, 12). On comprend comment on a pu faire نعمون de يغمور, ces mots ne différant l'un de l'autre que par la position et le nombre des points. La comparaison avec d'autres chroniques, qui s'accordent toutes sur le nom de Yaghmôr, aurait suffit à établir l'orthographe exacte de ce nom propre. Le nom berbère de personne Yaghmôr est très répandu dans l'Afrique mineure (voy. sur ce nom : Bargès, *Comp. de l'Hist. des B. Zeiyan*, 5, note 1). Selon Ibn Khaldoûn, le personnage en question était de la fraction des Hergha (*Berb.*, éd., I, 335).

1. C'était probablement un descendant des Beni Djami' qui sous la dynastie des Zirites, réussirent, à la faveur de l'arrivée des Arabes hilaliens, à se rendre indépendants à Gâbès. Le dernier prince de cette dynastie selon Ibn Khaldoûn, un certain Moḍafi' vint à Fâs faire sa soumission à 'Abd el-Moûmin qui le traita avec distinction (cf. *Hist. Berb.*, éd., I, 214, 215, 216). Les fils de ce prince servirent fidèlement les Almohades (Compar. *suprà* ch. IV, p. 50, n. 4).

Demmer et poussa même jusqu'à Sort (1), Barqa (2) et Sowîqa des Beni Metkoûd (3) et ramena au souverain almohade une caravane de captifs (4).

1. Sort سُرْت au S.-E. du golfe de la Sidre. Yaqoût (III, 68) indique ainsi la position de cette ville : « Ville (sur le littoral) de la mer des Byzantins, entre Barqa (à l'E.) et Tripoli de Berbérie (à l'O.)... » (Voy. aussi, le *Marâçid*). Pour de curieux détails sur Sort, sa situation géographique, ses habitants, leur caractère et leurs coutumes, on pourra consulter El-Bekri, texte, p. 6 et trad. de Slane (in *Jour Asiat.*, nov. 1858, p. 426 et suiv.) ainsi qu'une note de Slane (*ibid.* p. 426, n. 4) ; *Istibçâr*, p. 1, 2 ; de Goeje dans son édition d'El-Idrisi a préféré la leçon صرت. Voyez également une longue description de Sort d'ap. Ibn Ḥaoûqal (in *Jour. Asiat.*, fév. 1842, p. 164, 165) et aussi : Fournel, *Berb.*, I, 147 et note *a*.

2. Barqa est la capitale du pays de ce nom qui s'étend sur 180 kilomètres de côte et 150 de profondeur en un vaste plateau. On trouvera sur la Barqa des Arabes, des renseignements dans la *Riḥla* d'Et-Tidjâni (Ms. f. 5 r° et trad. *Jour. Asiat.*, 1852, 4ᵉ série, n° 20, p. 73 et note 4). Voyez aussi : Aboulféda, ap. Reinaud, II, 178 et note ; Ibn Ḥaoûqâl (*Journ. Asiat.*, fév. 1842, p. 160 et suiv.) ; El-Idrisi, 57, 130, 131, 132, 135, 136 ; Bekri, 4, 5 ; Yâqoût, 573 ; *Marâçid*, 56, 57.

3. Les localités portant le nom de *Sowîqa* سويقة sont nombreuses. Le mot Sowîqa est le diminutif de soûq سوق « *marché* ». Il peut être aussi le diminutif de ساق « *Tibia* et *partie de la jambe entre le genou et la cheville* ». Le mot sowîqa est de fait donné à des collines allongées qui rappellent si l'on veut la forme du tibia humain (Cf. Yâqoût, III, 198 et *Marâçid*, II, 78). Quant au mot *Metkoûd*, on le trouve écrit de plusieurs façons, متكود, مثكود, مطكود, مصكود et مصكوك (Voy. R. Basset, *Les sanct. du dj. Nefoûsa*, in *Jour. Asiat.*, juill.-août 1899, p. 111-112). La Sowîqa des B. Matkoûd est située dans le pays de Barqa, chez les Berbères Howâra, entre Lebta et Mesrata, à quelques lieues de la mer, à cinq lieues du cap Mesrata (Voy. El-Idrisi, p. 120, 133 cit. par R. Basset, *loc. cit.* ; *Hist. Berb.*, trad. I, cv ; *Marâçid*, II, 72, l. 8 et note 8). Dans l'édition des *Berbères* (de Slane, I, ٢٥٩, ٣٣٥, ٣٧٧) on lit ابن مذكو, et par une curieuse coïncidence, la faute est reproduite dans l'édit. de Tunis de Ez-Zerkechi, ainsi que dans le Ms. de cet ouvrage selon M. Fagnan (note de la p. 22 de la trad. française). De Slane n'a toutefois pas commis la faute dans sa traduction française (II, 103, l. 6 et n. 2 ; 287, l. 15, etc...) M. Tornberg l'appelle Soueiqa Ibn Madskoud ابن مذكود et lui consacre la note suivante : Soueiqa Beni Matkouk ab el-Bekrio, p. 532 et ab Idrisio, II, 235, Soueiqa ibn Madzkoud, a tribu arabica Beni Madhkoud sic appellata, nominatur. La sowîqa des Beni Metkoûd est mentionnée encore dans la *Riḥla* d'El 'Abderi (cf. de Motylinski, *Itinéraires entre Tripoli et l'Égypte*, Alger, 1900, p. 10). L'orthographe fautive مصكوك est donnée par l'*Istiqça*, 1, 182.

4. Cf. R. Basset, *Sanct. du dj. Nefoûsa* (in *Jour. Asiat.*, mai-juin 1899, p. 455) d'ap. Ibn Khald., *Kit. el 'Iber*, t. VI, 248 (éd. du Caire) ; *Berb.* tr. II, 222 ; Ez-Zerkechi, 12-13.

CHAPITRE XI

En-Nâçir installe le cheikh Abou Moḥammed ben Abou Ḥafç au gouvernement de l'Ifrîqîya et lui confie la mission de poursuivre sans relâche le rebelle almoravide. — En-Nâçir bat Yaḥia sur les bords du Chélif [604 = 1207-8]. — Le gouverneur général Abou Moḥammed remporte sur Yaḥia la victoire de l'Oued Chebrou (près Tébessa) [604-605 = 1207-8]. — Abou Moḥammed demande son rappel de Tunis; il ne l'obtient pas.

La province d'Ifrîqîya était enfin reconquise; les rebelles, écrasés à Tâdjera, n'oseraient pas de longtemps se risquer en face des soldats almohades ; les populations fatiguées par de longues luttes qui les avaient ruinées ne demandaient que la paix si nécessaire à tous les points de vue. Le souverain songea alors à rentrer dans ses États de l'Ouest où l'appelaient l'intérêt de ses sujets et la direction de l'administration du royaume.

Avant de partir, il voulait laisser à cette malheureuse province un gouverneur à la fois sage et énergique, qui sût en même temps se concilier les sympathies de la population et se faire craindre d'un ennemi infatigable. Son choix, des plus heureux, se porta sur le cheikh Abou Moḥammed ben Abou Hafç, le vainqueur de Tâdjera. Des propositions lui furent donc faites dans ce sens par En-Nâçir; elles furent repoussées par cet officier cependant si dévoué à la cause almohade. Il ne voulait à aucun prix, disait-il, demeurer en Ifrîqîya et sa seule ambition était de retourner dans ses montagnes vivre au milieu des siens. Enfin, devant les pressantes instances d'En-Nâçir, le cheikh Abou Moḥammed finit par accepter (1) mais aux conditions suivantes :

1° Il ne remplirait ces fonctions que pendant le temps strictement nécessaire pour pacifier le pays et enlever à l'Almoravide toute prétention de s'en rendre maître ;

2° En-Nâçir s'engageait à le remplacer alors par un des officiers de la cour de Marrâkoch ;

3° En tout cas, il ne devait pas occuper ce poste pendant plus de trois ans ;

4° Toutes les troupes lui étant présentées, il choisirait les soldats qu'il voudrait garder avec lui ;

5° Le souverain ne lui demanderait aucun compte de ses actes, quels qu'ils fussent et ne pourrait lui faire aucun reproche ;

6° Après le départ d'En-Nâçir, il aurait la latitude de maintenir ou de révoquer les gouverneurs en fonctions dans les différentes villes d'Ifrîqîya (2).

1. Nous n'avons pas jugé utile de répéter ici les intéressants et curieux détails relatifs à cette nomination, aux raisons qui poussèrent les cheikhs almohades, réunis en assemblée, à désigner leur collègue Abou Moḥammed, aux hésitations de ce dernier à accepter ce poste d'honneur, ainsi qu'à la façon dont s'y prit En-Nâçir pour vaincre la résistance de ce personnage ; on trouvera tous ces renseignements dans l'appendice.

2. Nous avons tenu à donner *in extenso*, la traduction du texte d'Et-Tidjâni relatif aux conditions stipulées par le nouveau gouverneur général, parce qu'elles nous montrent l'étendue du pouvoir dont il jouissait. Aucun gouverneur almohade n'avait eu avant lui une telle autorité et une pareille indépendance. Nous aurons du reste à revenir sur ces clauses au sujet de la fondation de la dynastie ḥafçide dont le cheikh Abou Moḥammed fut en quelque sorte le premier représentant, nominalement vassal de la cour de Marrâkoch, mais de fait indépendant (clauses 5° et 6°). De semblables conditions imposées par le cheikh Abou Moḥammed nous font pressentir déjà chez ce personnage des tendances à l'indépendance qui s'affirmeront plus tard, à la mort de l'empereur En-Nâçir (voyez *infrà* chap. XIII). Abou Moḥammed connaissait trop bien la situation pour ne pas savoir qu'il était le seul capable de rester à la tête de l'Ifrîqîya et qu'En-Nâçir ferait tous les sacrifices

Quelques autres clauses moins importantes furent encore ajoutées. Le souverain ratifia le tout, puis il partit pour l'Ouest (7 chawwal 603 = 7 mai 1207) (1). Le cheikh Abou Moḥammed l'accompagna jusqu'à Bâdja où eut lieu la séparation.

Quant à l'ancien gouverneur almoravide d'El-Mahdîya, 'Ali ben el-Ghâzi, que nous avons un moment perdu de vue, il accompagna En-Nâçir, d'abord à Tunis, puis partit avec lui pour le Maghrib et demeura à la cour de Marrâkoch. Plus tard, il suivit le souverain almohade en Espagne et mourut de la mort du martyr à la bataille de Las Novas de Tolosa (2).

Le peuple de Tunis d'abord consterné du départ d'En-Nâçir parce qu'il redoutait la vengeance de Yaḥiâ ben Ghânya fut rassuré et entièrement satisfait par la nomination du cheikh Abou Moḥammed, tant était grande sa confiance dans le vainqueur de Tâdjera. Ce fut le samedi 10 chawwâl 603 (10 mai 1207) que le nouveau gouverneur

en son pouvoir pour qu'il acceptât. Aussi, les difficultés qu'il fit à se laisser nommer à ce gouvernement, nous apparaissent comme une habile tactique pour faire augmenter ses pouvoirs.

1. La date de 602 donnée par le *Qarṭâs* est inexacte. Le récit d'Ez-Zerkechi (p. 13) est un résumé d'Et-Tidjâni qu'il ne cite pas. Il donne toutefois une date différente (ramaḍân au lieu de chawwâl) ce qui indique peut-être qu'il a puisé sa date à une autre source. Cependant ces deux dates peuvent bien concorder : celle de ramaḍân donnée par Ez-Zerkechi se rapportant au départ de Tunis et celle du 7 chawwâl donnée par Et-Tidjâni fixant le départ de Bâdja, c'est-à-dire le moment de la séparation du souverain et de son lieutenant. L'auteur du *Kitâb el-Istiqça* (I, 189) sans indiquer où il a pris son renseignement, donne aussi la date de ramaḍân 603.

2. Las Novas de Tolosa des chroniques chrétiennes est le Ḥiçn el-'Oqâb حصن العقاب, des chroniqueurs musulmans. Sur cette ville et sur la bataille qui se livra dans les environs, on trouvera des renseignements in *Hist. Berb.*, éd., I, 336; trad. II, 224, 225; *Qarṭâs*, 158-160; 'Abd el-Wâḥid, 236. Cette bataille qui fut une sanglante défaite pour les musulmans eut lieu le 15 Çafar 609 (18 juillet 1212) selon 'Abd el-Wâḥid, 236; *Qarṭâs* (159); Ibn Khaldoûn (ap. *Hist. Berb.*, éd., I, 337); Ibn el-Khâṭib, *Roqm el-Ḥolal*, Tunis, 1317 hég., in-8, p. 60; Casiri, *Bib. arab. hisp.*, II, 222, etc.

général tint sa première audience officielle dans la qaçba(1) de Tunis (2).

Ibn Khaldoûn expose très clairement les raisons qui décidèrent le khalife almohade à fixer son choix sur le cheïkh Abou Moḥammed (3). Le nouveau gouverneur était un personnage auquel El-Mançoûr, père d'En-Nâçir, avait donné toute sa confiance. El-Mançoûr appréciait tellement le dévoûment et les grandes qualités du cheïkh Abou Moḥammed, qu'au jour où il sentit venir la mort, il le chargea de le remplacer auprès de ses enfants, de les aider de ses conseils éclairés et de les diriger dans la voie du devoir. Abou Moḥammed était donc, après le souverain, le premier personnage de la cour et lorsque le khalife était empêché de présider à la prière, il chargeait le cheïkh de l'y remplacer (4). Aussi quand le cheïkh Abou Moḥammed hésitant à accepter cette haute mission, manifestait son désir de rentrer en Maghrib, En-Nâçir lui dit : « De deux choses l'une, ou bien vous partirez pour le Maghrib et je resterai en Ifrîqîya, ou bien c'est vous qui resterez et moi qui partirai » (5).

1. Le mot *qaçba* قَصَبَة, dont le premier sens est *roseau*, *flûte en roseau*, admet d'autres acceptions, variables avec les différents pays : dans l'Occident on le traduit aussi par *citadelle*, *château fortifiée*, *kasba*; voyez aussi Quatremère, trad. de Maqrizi, I, 250. C'est de ce mot arabe que les Espagnols ont tiré leur *alcasaba*.

2. Et-Tidjâni, Ms. 153 r°; d'ap. *Qarṭâs* (p. 154) en 602 (1205-6); *Hist. Berb.*, éd., I, 378; El-Qaïrawâni, 117.

3. Cf. *Hist. Berb.*, éd., I, 378.

4. Le khalife était tenu de présider la prière du vendredi dans la principale mosquée de sa résidence. Cette prière avait lieu dans l'après-midi au moment du *dzohor* (voy. *suprà*). Nous remarquons ici qu'El-Mançoûr souverain almohade jouait en même temps le rôle d'*Imâm* (pour ce mot, voy. d'Herbelot, *Bibl. Orient.*, Maestricht, 1776, in-f°, 455, col. 1) même à la prière du matin. Lorsque le khalife était empêché, il désignait, en général, un remplaçant qui devait le suppléer à la prière, comme autrefois, faisait le Prophète lui-même. Il choisissait d'ordinaire le personnage le plus respectable de son entourage et c'était un très grand honneur que de remplacer le souverain dans les fonctions d'*imâm*.

5. Et-Tidjâni place ces paroles dans la bouche du fils d'En-Nâçir, les trans-

Le cheîkh, outre sa vieille expérience, son attachement à la cause almohade, s'était, par sa victoire de Tâdjera fait une réputation de grand capitaine. Il avait conquis la confiance des populations de l'Ifrîqîya, en même temps qu'il était la terreur de l'ennemi. Ce choix du souverain almohade montrait en outre l'intention bien arrêtée d'En-Nâçir de ne pas abandonner la province orientale de son empire. Il demanda, au nouveau gouverneur, de faire à Ibn Ghânya une chasse incessante, partout où celui-ci se présenterait.

Ce programme fut exécuté avec une précision et une habileté telles, que l'infatigable chef de révolte en fut bientôt réduit, comme on va le voir, à mener une vie errante à travers les oasis du Sud, incapable de rattacher à sa cause compromise ses anciens alliés qui l'abandonnaient peu à peu. L'Almoravide ne semble pas cependant s'être laissé abattre par la défaite qu'il essuya à Tâdjera. Pendant que le souverain almohade asseyait son autorité en Ifrîqîya, Ibn Ghânya passant par l'ouest de l'Aurès (1),

mettant textuellement au cheikh de la part de son père : فاما ان تطلع إلى حضرة مَرّاكُش فتقوم هنالك مقامنا و نقيم نحن بهذه البلاد او نطلع نحن إلى حضرتنا. Cf. Et-Tidjâni, Ms. f. 152 v°; voyez aussi l'appendice. Ez-Zerkechi, p. 13 que nous avons suivi ici et dont nous avons fidèlement traduit les paroles, fait dire à En-Nâçir s'adressant au cheikh : اما ان تتوجه انت إلى المغرب و اجلس انا بافريقية و اما ان تجلس انت و انصرف انا. On voit que ces deux chroniqueurs sont d'accord sur le sens qui est le même dans les deux cas; les termes seuls diffèrent.

1. Ce vaste et imposant massif montagneux, nommé quelquefois « la Kabylie du sud », appelé *Aurès* par les Français, *Aoûrâs*, اوراس par les Arabes est l'*Aurasius mons* des géographes latins. L'Aurès situé au Sud de Constantine est un des plus importants massifs montagneux de l'Afrique mineure. Il renferme le mont Chellia, le plus haut sommet des montagnes algériennes. Outre les géographes arabes, on peut consulter sur ces montagnes : R. Basset, *Notice sur les Chaoutas de la province de Constantine* (*Jour. Asiat.*, 1896, t. II); Masqueray, *De Aurasio monte*, Paris, 1886, in-8; Masqueray, *Formation des cités dans l'Aoûrâs et le Mzab*, Paris, 1886, in-8.

remontait vers le Tell par la dépression du Hodna (1). Suivi de quelques tribus arabes, il réussit à gagner à sa cause une partie des tribus berbères des Çanhâdja et des Zenâta. Ayant appris le retour du khalife En-Nâçir, il vint l'attendre au passage, sur les bords du Chelif (2), dans l'espoir de lui couper la route. Une bataille s'engagea et se termina par la déroute complète du rebelle et de ses alliés, le dernier jour du mois de rabi' 1er 604 (octobre 1207) (3). Le souverain almohade, après cette victoire pu rentrer sans encombre à sa capitale, tandis que le vaincu regagnait le Sud, laissant encore sur le champ de bataille de nombreux morts et une partie de ce qui lui restait de son ancienne réputation.

1. Le Hodna est une vaste dépression au centre de l'Algérie. Elle forme un centre de convergence des eaux des Hauts-Plateaux et montagnes voisines. Ce bassin qui interrompt la continuité de la chaîne saharienne de l'Atlas, grâce à son altitude (4 à 500 m.) relativement faible par rapport aux régions voisines, formait encore à l'époque romaine, semble-t-il, une région de colonisation. Aujourd'hui avec l'assèchement progressif du climat, le Hodna a pu être justement appelé « le petit désert ».

2. Le *Ouâdi Chlef* وادي شَلَف des Arabes est une des plus grandes rivières d'Algérie, ce qui ne l'empêche pas d'être presque à sec en été dans son cours inférieur. Il prend sa source dans l'Atlas saharien (dj. 'Amour), parcourt du S.-O-N.-E. la région des steppes élevées que l'on désigne parfois sous le nom de Hauts-Plateaux, franchit l'Atlas tellien par une gorge en pente raide et vient couler de l'E. à l'O. dans le grand fiord tertiaire compris entre le Dzahra algérien au N. et l'Ouarsenis au S. C'est cette dernière région encaissée que l'on nomme plaine du Chélif. C'est le *Selef* de Léon l'Africain (III, 418). El-Idrisi nous apprend que de son temps, les meilleurs vignobles croissaient sur les bords du Chelif (El-Idrisi, 84). La ville de Chelif, sur les bords de la rivière, a aujourd'hui disparu.

3. Cf. *Qarṭâs*, 154. L'auteur du *Qarṭâs* est le seul chroniqueur chez qui nous ayons trouvé mention de cette bataille, et encore les renseignements qu'il en donne sont-ils très brefs. Quant à la date de rabi' 1er 604 qu'il nous a fournie, elle nous semble à peu près exacte; il suffit de la rapprocher de la date du départ d'En-Nâçir de Bâdja (7 chawwâl 603) qui a été établie ci-devant. Si ces dates sont toutes deux exactes — et rien n'empêche de le supposer — le souverain almohade aurait mis quatre mois et vingt-trois jours pour arriver au Chélif. La durée de ce voyage ne saurait nous surprendre si l'on pense qu'En-Nâçir dut s'arrêter à Bougie.

L'impression produite par cette nouvelle défaite avait été si fâcheuse que bon nombre d'Arabes, soit par crainte, soit par politique, s'étaient rangés du côté des Almohades qui étaient les plus forts et leur avaient fait soumission. De ce nombre étaient les Mirdas مرداس, fraction des Soleïm et les 'Aoûf, fraction de la même tribu, qui descendaient d'Aoûf ben Behtsa ben Soleïm (1). Ces Arabes (2) habitaient les territoires entre Gâbès et Bône (3). Les Zoghba qui ne cessèrent de lutter contre les Benou Ghânya étaient, depuis le début de la révolte, du côté almohade (4). Ils s'unirent dans la suite aux Berbères Zenâta du Maghrib central et eurent des démêlés avec Yaḥia ben Ghânya jusqu'à la mort de ce dernier en 633 (1235-1336). Ces tribus arabes d'Ifrîqîya étaient un élément important, avec lequel les gouverneurs de Tunis avaient à compter. Les successeurs d'Abou Moḥammed même, alors que Yaḥia ben Ghânya ne sera plus à craindre, feront leur possible pour s'assurer l'appui des Arabes et gagner sinon leur amitié, du moins leur alliance. C'est ainsi que l'histoire nous montre, par exemple, le premier prince vraiment indépendant, le réel fondateur de l'empire ḥafcide (5),

1. Voici en arabe l'orthographe de ces noms propres : عوف بن بهثة بن سليم.

2. On trouvera des renseignements sur ces tribus dans l'*Hist. Berb.*, éd., I, 86, 87; voyez aussi Ez-Zerkechi, p. 13.

3. L'ancienne Hippo Regia, la Boûna بونة, des géographes musulmans et que les indigènes appellent aujourd'hui 'Annâba عنابة, est l'ancienne métropole du diocèse de Saint Augustin. C'est un bon port, au fond d'une vaste baie adossée au massif de l'Edoûgh qui l'abrite des vents d'ouest. Bône est aujourd'hui une ville de commerce importante où se chargent les phosphates venant de Tebessa et le fer magnétique de Moqta' el-Ḥadîd. Ibn Ḥaoûqal (in *Journ. Asiat.*, fév. 1842, pp. 181, 182) et El-Idrisi, pp. 116, 117, la comparent à Laribus au point de vue de l'étendue; voyez aussi Léon l'Africain, III, 107 et la note 1, p. 109.

4. Cf. *Hist. Berbères*, éd., I, 58.

5. Nous reviendrons plus loin sur ce point. Abou Zakaryâ ben Abou Moḥammed ben Abou Ḥafç, profitant des divisions qui affaiblissaient les princes

Abou Zakarya, les combler de faveurs et les prendre à sa solde.

Sans se lasser, Yaḥiâ parcourt les oasis du Sud, le Djerîd et la Tripolitaine, il adresse un pressant appel aux armes, à toute les tribus de ces régions. Le souvenir de son ancienne splendeur était dans ce pays, encore présent à tous les esprits. Plusieurs fractions des Soleîm vinrent se grouper sous ses drapeaux ainsi que les Douâwîda (1) qui, avec leur chef Moḥammed ben Mas'oûd ne l'abandonnèrent jamais. Avec eux, Yaḥia reprit la route du Nord, disposé à prendre sa revanche sur le cheîkh Abou Moḥammed et à reconquérir son ancien royaume.

Le gouverneur de Tunis, ayant réuni ses meilleures troupes, auxquelles il joignit les contingents fournis par les tribus arabes, ses alliés, marcha à la rencontre de l'Almoravide (604 = 1207-1208). Les ennemis se rencontrèrent dans la région de Tebessa sur les bords de l'Oued Chebrou (2). La bataille dura une journée entière et des deux côtés on déploya une égale bravoure. Les Almohades cependant finirent par avoir le dessus et les troupes de l'Almoravide reculèrent en désordre, laissant, dans leur fuite précipitée, leurs tentes et un butin considérable aux mains de l'ennemi. Yaḥia fut même blessé dans cette ren-

de la dynastie de 'Abd el-Moûmin et l'empire almohade de Marrâkoch déjà ébranlé par les révoltes, se rendit indépendant à Tunis et fonda un empire, celui des Ḥafçides. Ceux-ci se partagèrent le vaste empire almohade avec les descendants de 'Abd el-Moûmin.

1. Sur l'origine de ce nom de tribu, voy. R. Basset, *Notes de lexicographie berbère*, IIe série (Paris, 1885, in-8), p. 5, n. 1; et Ed. Doutté, (*Rev. hist. relig.*, janv. 1900, p. 43).

2. وادي شبرو. Le Ouâdi Chebroû est un sous-affluent de la Medjerda. Il arrose le village de Chebroû à cinq milles à l'ouest de Tebessa et se jette dans la Mellègue. Les géographes arabes ne parlent ni de cette ville, ni de la rivière du même nom. Féraud dans sa traduction du *Kitâb el-Adouâni* (p. 91, note 1) cite un *'Aïn Chebrou* qu'il place sur la route actuelle de Constantine à Tebessa et à 20 km. de cette dernière.

contre; malgré cela il réussit encore à gagner le désert, suivi de quelques-uns de ses partisans(1). Cette bataille de l'Oued Chebrou eut lieu à la fin de l'an 604 ou au commencement de 605 (1208 de J.-C.). Les chroniqueurs ne précisent pas cette date.

Pour la seconde fois, le cheïkh Abou Moḥammed remportait sur le rebelle une éclatante victoire. Ce nouvel échec n'empêchera pas ce dernier de revenir à la charge en Ifrîqîya et ne lui fera pas encore abandonner ses vues sur Tunis. Il va seulement changer momentanément de tactique et suivant la route des oasis du Sud pour rester à proximité du désert, il tentera une incursion en Maghrib. Aventurier plus ou moins heureux il manifestera encore souvent sa bravoure et sa ténacité, mais ne retrouvera plus l'autorité perdue ni la puissance considérable qui lui permettait en 602 (1205-1206), comme souverain de toute l'Ifrîqîya, de se mettre presque en parallèle avec le souverain almohade.

La victoire du Chebrou eut un grand retentissement dans toute la Berbérie orientale. Le gouverneur général rentra à Tunis, chargé du butin qu'il venait d'enlever à l'ennemi. Il écrivit à En-Nâçir pour lui annoncer sa victoire, lui rappeler la promesse qu'il lui avait faite (2) et le prier de le remplacer à Tunis pour lui permettre de retourner dans le Maghrib. En-Nâçir le félicita de son succès et lui demanda de conserver son poste encore quelque temps. Il ajoutait que lui-même, très occupé par les affaires du Maghrib, avait à pourvoir de gouverneurs les capitales de Bougie et de Tlemcen (3). Le prince almo-

1. Cf. *Hist. Berb.*, éd. I, 378.

2. Voyez *suprà*, les clauses 1re et 2e de la nomination du cheikh Abou Moḥammed, au gouvernement général de l'Ifrîqîya.

3. Le sîd Abou 'l-Hasan ben Abou Ḥafç ben 'Abd el-Moûmin, gouverneur de Bougie et le sîd Abou 'r-Rabî' ben 'Abd Allah ben 'Abd el-Moûmin, gouverneur de Tlemcen venaient tous deux de mourir.

hade joignit à cette missive de superbes cadeaux à l'adresse d'Abou Moḥammed. C'étaient, entre autres dons, 200.000 pièces d'or, dix-huit cents pelisses d'honneur, trois cents épées, cent chevaux, etc., pour être distribués aux plus braves. En-Nâçir promettait en même temps un autre envoi du même genre qu'il ferait sans tarder (605 = 1208-9) (1).

Le souverain de Marrâkoch comprenait trop bien l'utilité d'Abou Moḥammed dans cette province agitée ; il savait qu'après de si beaux succès son autorité serait assise dans le pays, et que, par conséquent, il eut été inhabile et de mauvaise politique de le rappeler à ce moment. C'est là seulement qu'il faut voir la raison principale du maintien à Tunis d'un si précieux gouverneur. Pour être sincère, on doit reconnaître toutefois que la raison mise en avant par le souverain était parfaitement exacte. En-Nâçir était en effet, non seulement préoccupé alors par les nominations à faire dans de hauts emplois, mais aussi par de nombreuses constructions qu'il avait fait entreprendre dans le Maghrib tout entier (2).

1. Ces détails nous ont été fournis par Ibn Khaldoûn (*Hist. Berb.*, éd., I, 378, 379).

2. Voyez : *Qarṭâs*, 154. Selon l'auteur du *Qarṭâs*, ce serait en 604 (1207-8) que le khalife En-Nâçir fit entreprendre la construction de la ville d'Oujda. Il est possible que le souverain En-Nâçir ait fait construire différents édifices à Oudjda ; mais l'auteur du *Qarṭâs* commet une grosse erreur en lui attribuant la fondation de cette ville dont parle déjà El-Bekri et les autres auteurs antérieurs à l'époque d'En-Nâçir. Au surplus le verbe بنى n'a pas seulement le sens de « édifier une construction, bâtir un nouvel édifice » il signifie aussi ; « relever, réparer un édifice ». A propos de ces constructions que fit faire le sultan en-Nâçir à Oudjda, on lit dans le *Kitâb el-Istiqça* (t. I, p. 191) : En l'an 604 (1207-1208), En-Nâçir fit remettre à neuf les remparts de la ville d'Oudjda et y fit faire des réparations ; les travaux commencèrent au début du mois de radjab (fin janvier 1208).

CHAPITRE XII

Yaḥia ben Ghânya fait irruption dans l'Ouest; s'empare de Sidjilmasa, qu'il livre au pillage; bat et tue le gouverneur de Tlemcen; enlève Tiaret, et, chargé de butin, reprend la route de l'Est; complètement défait par le cheikh Abou Moḥammed, il réussit à gagner les oasis de la Tripolitaine. — A la tête d'une nouvelle armée il marche sur l'Ifrîqîya. — Arrêté par Abou Moḥammed au djebel Nefoûsa, son armée est écrasée (606 = 1209-1210); Yaḥia échappe au carnage et fuit au désert.

Entouré d'hommes dévoués, comme Ibn Nakhîl (1) son secrétaire, le cheikh Abou Moḥammed avait donné au pays une administration sage, énergique et juste qui procura à cette région le bien-être et la sécurité depuis si longtemps inconnus. Ibn Ghânya, qui voyait s'envoler ses rêves d'autrefois, comprit qu'avec un tel gouverneur, il n'y avait point place pour la révolte et qu'il ne devait plus songer, pour le moment, à faire des conquêtes dans cette contrée admirablement pacifiée et soumise (2).

1. Abou 'Abd Allah Moḥammed ben Aḥmed ben Nakhîl resta secrétaire du cheikh Abou Moḥammed jusqu'à la mort de ce dernier (618 = 1221 de J.-C.). Lorsque le sîd Abou 'l 'Ola vint dans cette même année prendre la succession du cheikh, mécontent des idées séparatistes émises par Ibn Nakhîl, il le fit arrêter, lui et ses deux frères. Leurs biens furent confisqués et, peu après, Ibn Nakhîl ainsi que l'un de ses frères, étaient exécutés. Son autre frère était en même temps interné à El-Mahdîya. Cf. Ibn Khaldoûn, *Hist. Berb.*, éd., I, 378; Ez-Zerkechi, p. 13.

2. Yaḥia ben Ghânya, voyant le calme renaître en Ifrîqîya et les désordres réprimés par Abou Moḥammed, répétait souvent, dit Zerkechi, un vers prononcé au sujet d'El-Ḥadjdjâdj.

و قد كان العراق له اضطراب فثقف امره باخي ثقيف

« Le désordre régnait en 'Irâq, l'ordre y fut rétabli par le frère de (la tribu de) Tsaqîf » (Cf. Ez-Zerkechi, 13).

L'infatigable rebelle, qu'aucune défaite ne pouvait abattre, qu'aucune victoire ne pouvait satisfaire, tourna ses armes vers l'Ouest et, suivi de quelques troupes fidèles, pénétra dans le pays des Zenâta (1). Faisant alors alliance avec ceux d'entre eux qui voulurent bien lui accorder leur appui, il écrasa ceux qui essayèrent de s'opposer à son passage. Il arriva aussi jusqu'à l'oasis de Sidjilmâsa (2)

1. Les Zenâta زناتة ou Zénètes des historiens français étaient une des plus puissantes tribus berbères de l'Afrique mineure. Un historien arabe de la première moitié du IIIe siècle de l'hégire (IXe de J.-C.) 'Abd er-Rahman ben 'Abd el-Ḥâkim dit que les Zenâta et les Maghila vinrent s'installer, à une époque très ancienne (cet auteur, comme bien d'autres, fait venir les Berbères d'Asie) dans les montagnes du Maghrib. (Cf. de Slane, *Berb.*, trad. I, append. 301, n. 1.) Les Zenâta qui habitèrent d'abord les pays entre la Tripolitaine jusqu'au méridien d'Alger environ (cf. Mercier, *Hist. de l'Af. sept.* I, 182) s'avancèrent peu à peu vers l'Ouest. A l'époque dont il s'agit ici (commencement du XIIIe siècle de J.-C.) ils occupaient le Maghrib central (Ouarsenis) voy. Mercier, *op. cit.* II, 188; quelques unes de leurs fractions sont disséminées sur les différents points de la Berbérie. On trouve, sur cette tribu, d'abondants renseignements dans 'Abd er-Raḥmân Ibn Khaldoûn, le grand historien des Berbères. Son frère, Yaḥia Ibn Khaldoûn † 778 H. = 1376-7 J.-C.), auteur d'une histoire des Beni Zeiyân (بغية الرواد في ذكر ملوك بني عبد الواد), consacre un chapitre à traiter de l'origine de cette tribu. Selon lui, les principales fractions des Zenâta étaient : les Beni 'Abd el-Wâd, les Beni Merîn, les Maghrâwa, les Toûdjîn et les Mellîkech. On sait que les Beni 'Abd el-Wâd et les Beni Merîn fondèrent d'importants royaumes à Tlemcen et à Fâs à la chute de l'empire almohade. Voyez encore sur cette tribu berbère : R. Basset, *Doc. géog.*, p. 16, note 3 et surtout *Étude sur la Zenâtia de l'Ouarsenis* (Paris, 1895, in-8, pp. 1-22).

2. Ville importante au temps des dominations arabe et berbère dans l'Afrique septentrionale. Elle était située à 80 lieues S.-S.-O. de Tlemcen. Cette ville, aujourd'hui disparue, était dans le pays actuel du Tafilelt. Elle était arrosée par la rivière du même nom (سجلماسة) affluent de la Moloûîya (voy. Aboulféda, trad. Reinaud, II, 189 et note, et les autres géographes musulmans). Sidjilmâsa fut fondée en 140 (757 de J.-C.) et devint bientôt la capitale d'un royaume indépendant, celui des Beni Midrâr, établi quelque temps avant la venue d'Idrîs Ier en Maghrib (170 = 786-7 J.-C.) [Cf. *Baiyân*, éd. Dozy, I, 60 et 73; Bou Râs, *Voyag. extraord. et récits agréab.*, tr. Arnaud, 82; Fournel, *Berbers*, I, p. 233 note 5; p. 352 et s., et *pass.*] Sidjilmâsa fut conquise successivement par les Fatimites et par tous les peuples berbères qui commandèrent dans le Maghrib. Les géographes musulmans parlent en général longuement de cette ville, des coutumes des habitants, de l'industrie et du commerce que l'on y faisait. A l'époque dont nous parlons ici, Sidjilmâsa

aux portes mêmes de la capitale du souverain almohade.

Ce brusque changement de tactique du rebelle, cette expédition inattendue au milieu des peuples du Maghrib, surprit tout le monde, et nul ne songea à arrêter le conquérant. Il livra Sidjilmâsa au pillage et pût ainsi récompenser ses alliés et les attacher de nouveau pour un temps à sa cause. Yaḥta ne se laissa point étourdir par ces faciles conquêtes. Il jugea prudent de ne pas risquer encore une expédition contre le sultan de Marrâkoch et préféra rester à proximité du Sahara, où il pouvait trouver un abri sûr, que de tenter une action décisive pour laquelle il n'était pas prêt. Ce qu'il redoutait le plus, c'était de se faire couper la retraite et de tomber entre les mains de ses ennemis. Peut-être aussi eut-il connaissance du plan de campagne du cheikh Abou Moḥammed, que nous allons sommairement exposer.

Le gouverneur général de l'Ifrîqîya, à la nouvelle que Yaḥta s'était aventuré sur les Hauts-Plateaux (1) du Maghrib, leva une armée et s'avança vers l'Ouest. Il fit en même temps prévenir le gouverneur de Tlemcen de se tenir prêt à coopérer avec lui pour prendre Ibn Ghânya entre les deux armées et lui rendre ainsi la fuite impossible. Précisément à cette époque, le souverain venait de

était administrée par le gouverneur almohade de Tlemcen. Or ce gouverneur, le sîd Abou 'r-Rabi' ben 'Abd Allah ben 'Abd el-Moûmin, venait de mourir et n'avait pas encore été remplacé, comme il a été dit plus haut.

1. On comprend sous cette dénomination d'ailleurs inexacte, la haute région de steppes comprise entre l'Atlas saharien et l'Atlas tellien. Elle couvre une bonne partie des provinces actuelles d'Oran, d'Alger et de Constantine (partie occidentale seulement). Ces immenses prairies ondulées qui ne reverdissent chaque année qu'avec les pluies d'hiver, offrent pendant quelques mois de bons pâturages aux immenses troupeaux des nomades; privées de pluies, dès les premières chaleurs d'été, elles ne sont plus pendant de longs mois que de vastes solitudes désertes, couvertes de loin en loin de *sebkhas* et de *chotts*, où les indigènes des environs viennent chercher un peu de sel pour leur provision de l'année.

nommer au gouvernement de la province de Tlemcen le sîd Abou 'Imrân Moûsa fils de Yoûsof ben 'Abd el-Moûmin qui était venu prendre possession de son poste. Le nouveau gouverneur était sorti de Tlemcen pour rétablir l'ordre et faire rentrer l'impôt dans la banlieue, quand il reçut le courrier que lui avait adressé le cheîkh Abou Moḥammed. Le gouverneur d'Ifrîqîya, en raison de sa vieille expérience, avait eu soin de compléter cet avertissement par quelques conseils qui devaient contribuer à assurer la réussite du plan admirable qu'il avait conçu. Il engageait son collègue de Tlemcen à se tenir sur ses gardes et à éviter le combat avant son arrivée. Abou 'Imrân eut le grand tort de ne pas suivre ces prudents avis; cela lui valut un échec à la suite duquel il perdit la vie, dans les circonstances suivantes :

Yaḥîa, chargé de butin, après la prise de Sidjilmâssa, était revenu vers le Nord-Est. Grâce à ses succès et à ses largesses, il avait pu se créer de nouveaux alliés et avait sous ses ordres des forces imposantes. C'est sur ces entrefaites qu'il apprit par ses éclaireurs, que le nouveau gouverneur de Tlemcen, Abou 'Imrân Moûsa marchait sur Tiaret avec son armée. L'Almoravide s'empressa de profiter de la faute commise par Abou 'Imrân en s'éloignant de la place forte de Tlemcen. Restant dans cette ville, le gouverneur n'aurait rien eu à craindre, pas même un siège prolongé, puisqu'il connaissait l'arrivée d'Abou Moḥammed avec une forte armée. Abandonnant maladroitement ce sûr refuge, le sîd se jeta, pour ainsi dire, dans les bras de l'ennemi. Yaḥîa tomba à l'improviste sur l'armée almohade et lui infligea la plus complète défaite. Les soldats du gouverneur de Tlemcen l'abandonnèrent; les Zenâta, ses alliés, s'enfuirent et se réfugièrent dans leurs forteresses; lui-même, resté presque seul, tomba sous les coups de l'ennemi

(605 = 1208-9 J.-C.) (1). La consternation fut grande à Tlemcen à l'annonce de la défaite du gouverneur. Les habitants s'attendaient d'un moment à l'autre à voir arriver le vainqueur almoravide; il n'en fut pas ainsi et Yaḥia ben Ghânya marcha sur Tiaret (Tâhert) (2). La ville fut livrée au pillage et réduite en ruines (3).

1. Pour tout le récit qui précède, nous avons suivi Ibn Khaldoûn (*Hist. Berb.*, I, 379) qui donne des détails circonstanciés. Selon 'Abd el-Wâḥid (p. 242), le sîd Moûsa ben Abou Ya'qoûb périt dans cette journée.

2. Tâhert (تَاهَرْت). L'orthographe de ce nom propre d'origine berbère est variable (cf. Fournel, *Berb.*, I, 167, n. 4; celle-ci nous est fournie par Yâqoût, I, 813, et le *Marâçid* (I, 196) qui indiquent aussi l'emplacement des deux villes comprises sous ce nom — Tâhert et Tâhert la Nouvelle الحديثة (Tagdemt) — entre Tlemcen la El-Qal'a des Beni Ḥammâd, à six étapes de Msila. Il y a peu de choses à tirer d'un mémoire incomplet et sans critique sur Tâhert, publié par M. Canal, dans le *Bulletin de la Société de géographie d'Oran* (janv.-mars 1900, pp. 1-45). En 144 (761 de J.-C.), 'Abd er-Raḥmân ben Rostem fonda Tiaret la Nouvelle (Tagdemt) (cf. *Bayân*, éd. Dozy, I, 61). On pourra consulter sur Tiaret : Fournel, *Berbers*, I, 167, 360; le *Bayân* qui consacre un chapitre (203 et suiv.) à l'histoire de Tiaret, et donne une description de cette ville (pp. 205 et suiv.); de Goeje, dans son édition du *Çifat el-Maghrib* صفة المغرب (Leyde-Brill., 1860) d'ap. le *Kitâb el-Boldân* d'El Ya'qoûbi, ch. X, pp. 100 et suiv.; El-Idrîsi, 86, 87, 88; Ibn Ḥaoûqal (in *Jour. Asiat.*, 1842, p. 221; El-Bekri, 66 et s.; *Istibçâr*, 118; Léon l'Africain (éd. Schefer), III, 65. Cette ville et son territoire sont désignés par certains géographes sous le nom de *'Irâq el-Maghrib*. Reinaud (trad. d'Abouléda, II, 173, n. 1) donne de cette appellation une explication que repousse M. de Goeje (*op. cit.*, 105, 106). Le savant hollandais établit que ce nom vient de l'analogie géographique et de la ressemblance au point de vue du climat et de la fertilité entre le pays de Tiaret et l''Iraq arabique. On trouve de forts intéressants détails sur Tiaret et son histoire sous les Rostemides, dans la traduction française publiée par Masqueray, de la *Chronique d'Abou Zakarya*, au chapitre de l'imâmat de 'Abd er-Raḥmân ben Rostem, Alger, 1879, in-8, p. 49 et suiv.

3. Ibn Ghânya, pour conserver ses turbulents alliés était parfois forcé de les laisser se livrer aux plus détestables excès. Voici à propos de la ruine du Tiaret ce qu'on lit dans Ibn Khaldoûn. « La destruction de ces deux cités (il s'agit de Tiaret et d'El-Baṭḥa) eut lieu pendant les guerres d'Ibn Ghânya, à l'époque où toutes les villes du Maghrib central furent ruinées par les tribus zenâtiennes qui s'occupaient, sans relâche, à en opprimer les habitants, à piller leurs biens, à enlever les voyageurs, à détruire tous les ouvrages de la civilisation et à emporter les forteresses où l'on entretenait des garnisons almohades. Ce fut ainsi que succombèrent Qasr Adjiça, Zerca, Chelif, El-

L'Almoravide, dont la marche était ralentie par le lourd butin fait dans cette expédition revint vers l'Est, avec son armée en longeant les chaînes de l'Atlas tellien. Le cheikh Abou Moḥammed, averti des mouvements de l'ennemi vint l'attendre au passage. Les soldats d'Ibn Ghânya surpris ne pouvaient se résoudre à abandonner le riche butin qu'ils emmenaient, et malgré l'infériorité de leur position, ils risquèrent les chances du combat (1). Complètement battu, Yaḥîa laissa sur le champ de bataille toutes ses richesses et tous les captifs qu'il traînait à sa suite. Un grand nombre de ses partisans avait péri dans la mêlée, mais lui-même réussit encore une fois à s'enfuir avec une poignée de compagnons. Il se réfugia dans la Tripolitaine (2).

A la suite de cet échec, Yaḥîa ben Ghânya se vit abandonné par quelques-uns de ses plus fidèles partisans, même par ses parents (3). Il ne se laissa pourtant point abattre et se prépara à recommencer la lutte. Un grand nombre de ses anciens alliés arabes de ces régions, ne pouvant s'accommoder du calme régnant alors en Ifrîqîya, étaient venus le trouver. On délibéra sur l'attitude à tenir; l'immobilité pouvait passer pour de la faiblesse, l'inaction serait considérée par l'ennemi comme de l'impuissance; les Arabes n'étaient-ils pas revenus à Ibn Ghânya que pour recommencer leur vie de brigandages et de rapines? On décida donc d'envahir de nou-

Khadra, Metidja, Hamza, Mersa-'d-Deddjadj, El-Djâbat et El-Calâ (ces mots sont écrits avec l'orthographe adoptée par M. de Slane). Depuis lors ces villes sont restées inhabitées : on n'y trouve plus un seul foyer allumé, on n'y entend plus le chant du coq. »

1. Les chroniqueurs ne fixent pas le lieu exact de la rencontre.

2. Cf. *Hist. Berb.*, éd., I, 379.

3. Son frère Sîr l'abandonna pour faire sa soumission aux Almohades. Il se rendit à Marrâkoch où il reçut du souverain un accueil très honorable.

veau l'Ifrîqîya. Après avoir juré de lutter à outrance contre l'empire almohade, on s'occupa activement de former une armée. On réussit encore à recruter de nombreux guerriers parmi les tribus arabes cantonnées dans la région : les Riâḥ, Zoghba, Charîd, 'Aoûf, Debbâb, Neffâts vinrent se ranger sous les drapeaux de l'Almoravide et s'apprêtèrent à envahir l'Ifrîqîya.

Abou Moḥammed, revenu à Tunis, avait lui aussi réuni ses alliés dans l'intention de prévenir l'attaque et de surprendre ses ennemis. Il était accouru au devant des rebelles. Il ne les rencontra qu'au djebel Nefoûsa où était établi le quartier général de Yaḥîa ben Ghânya [606 = 1209-1210]. La lutte s'engagea avec un extrême acharnement de part et d'autre. Abou Moḥammed pour manifester aux siens que son intention était de ne pas reculer, fit monter les tentes et établir le campement (1). Une partie des contingents de la tribu de 'Aoûf abandonna les rangs de l'Almoravide ; il s'ensuivit un certain désordre de ce côté. Les Almohades en profitèrent pour charger à ce moment critique. Les Almoravides et leurs alliés lâchèrent pied sur toute la ligne : ce fut un sauve-qui-peut général. Les fuyards et leur chef Yaḥîa, serrés de près par l'ennemi, ne purent échapper à la mort que grâce aux ténèbres de la nuit.

Au dire d'Ibn Khaldoûn, cette victoire du cheîkh Abou Moḥammed fut plus fructueuse et plus grosse de conséquences que toutes les précédentes. Outre un grand nombre de prisonniers, les vaincus laissaient toute leur fortune et leurs femmes aux mains des Almohades (2). Un

1. *Cf. Hist. Berb.*, éd., I, 380.
2. Ibn Nakhîl (cit. p. Ibn Khald., *Hist. Berb.*, éd., I, 258) rapporte que les Almohades enlevèrent 18.000 bêtes de somme aux alliés de Yaḥîa. Or le chroniqueur Ibn Nakhîl qui était le secrétaire d'Abou Moḥammed (voy. *suprà*,

nombre immense d'Almoravides, de Zénètes et d'Arabes restèrent sur le champ de bataille. Selon l'auteur du *Kitâb el-'Ibar* (1), on remarquait parmi les morts : 'Abd Allah, fils de Moḥammed ben Mas'oûd el-Bolṭ, un des chefs des Douâwîda ; son cousin Ḥarakat ben Abou Cheîkh ben Asâker ben Solṭân ; le chef des Beni Qorra, Baîyâḍ ; le chef des Maghrâwa, Djerrâr ben Ouîghren (2). Au nombre des Almoravides morts dans cette terrible journée, il faut compter Moḥammed ben el-Ghâzi, l'un des neveux de Yaḥîa (3).

Les populations du djebel Nefoûsa qui avaient à se plaindre des vexations auxquelles les soumettait Ibn 'Açfoûr, le secrétaire de Yaḥîa, chargé du prélèvement d'une amende, se soulevèrent contre ce dernier à la faveur de la défaite qu'il venait d'essuyer. Les Almoravides et leurs alliés furent massacrés ; les deux fils de Yaḥîa périrent dans la révolte (4).

Abou Moḥammed traversant l'Ifrîqîya, châtia les Arabes soleîmites pour les punir d'avoir pris part à la lutte ; il fit arrêter leurs chefs et les envoya à Tunis. Ce procédé énergique autant qu'habile, produisit une vive impression sur la région tout entière, arrêta le brigandage et la tranquillité revint dans le pays (5). Les tribus arabes alliées des Almohades reçurent d'importantes terres de culture dans la plaine de Qaîrowân (6).

devait assister à cette bataille, et les chiffres qu'il donne doivent être assez exacts.

1. Cf. *Hist. Berb.*, éd., I, 380.

2. Le texte arabe de l'édition de Slane des *Berbères*, porte جرار بن ويغزن Djerrâr ben Ouîghzen.

3. Voyez : *Hist. Berb.*, éd., I, 258 et 380 et aussi : René Basset, *Les sanctuaires du djebel Nefoûsa* (in *Jour. asiat.*, 1899, mai-juin, p. 455).

4. Nous avons vainement cherché le nom et quelques renseignements sur les deux fils de Yaḥîa ben Ghânya dont il est ici question.

5. Cf. *Hist. Berb.*, éd., I, 258.

6. Cf. Mercier, *Hist. de l'Af. sept.*, II, 133.

Le cheïkh Abou Moḥammed, gouverneur général de l'Ifrîqîya, avait en moins de cinq ans mené à bien le plan qu'il s'était tracé. Ce plan magnifique était, dans ses grandes lignes, celui que Marius avait mis en pratique plus de treize siècles avant, dans sa lutte contre Jugurtha. Sans se lasser un instant et malgré son désir de rentrer en Maghrib, le gouverneur de Tunis avait engagé une lutte sans merci contre le rebelle. Il avait réussi à le refouler au sud de sa ligne de postes avancés : Tripoli, le djebel Nefoûsa, Biskra qui formaient sa base d'opérations. Il ne s'était pas seulement contenté de refouler l'ennemi au désert, il avait aussi songé à en prévenir le retour. C'est dans ce but qu'il châtiait durement les tribus alliées au rebelle et récompensait généreusement les autres. On sait que ce furent des procédés identiques qu'employa le général Bugeaud, il y a quelque soixante ans, pour réduire ʿAbd el-Qâder. Ce fut en maintenant « l'émir » dans le Sahara et en s'attachant les tribus algériennes par une habile politique faite du contraste de dures représailles et de généreuses récompenses heureusement distribuées que le duc d'Isly vint à bout du redoutable chef de la révolte. Après la campagne de 606 (1209-1210) et sa dernière victoire au djebel Nefoûsa, le cheïkh Abou Moḥammed aurait pu dire comme le proclamait Bugeaud à la fin de 1843 « la guerre sérieuse est finie, l'ennemi est à jamais dompté ».

Les grandes qualités guerrières d'Abou Moḥammed nous apparaissent d'autant mieux que nous avons pu voir quel redoutable adversaire était Yaḥîa ben Ghânya. L'Almoravide était une nature d'une trempe peu ordinaire et d'un courage à toute épreuve. Durant ses cinquante années de lutte, nous le voyons toujours poursuivre avec la même énergie le but qu'il s'était donné. Plus habile politique que ne le fut son frère 'Ali, il avait bien compris que l'Ifrîqîya était le meilleur terrain pour la lutte et avant de marcher vers l'Ouest, il voulait semble-t-il asseoir solidement son autorité dans la province de l'Est. L'expédition malheureuse que son frère avait entreprise contre Miliâna et les régions à l'ouest de Bougie avait été pour Yaḥia un utile enseignement et il avait eu bien soin de borner ses vues aux régions parcourues par les tribus arabes, ses meilleurs auxiliaires contre les Almohades. Nous verrons plus loin que ce furent aussi ces alliés qui, pour une grande part, causèrent sa perte.

Chassé de cette Ifrîqîya où il avait commandé en maître, maintenu par Abou Moḥammed, dans le désert, il va s'établir dans les oasis et attendre l'occasion de revenir vers les riches régions du nord. Il attendra neuf ans ; mais dans ce long délai, le cheikh Abou Moḥammed en administrateur avisé, aura le temps d'organiser le pays, et par une sage administration, il fermera à jamais l'accès de la région aux entreprises audacieuses du rebelle. A sa mort, en 618 (1221 J.-C.) le vieux cheîkh almohade aura la satisfaction d'avoir accompli sa tâche, il aura retardé d'un demi-siècle la fin de l'empire de 'Abd el-Moûmin et aura empêché une nouvelle dynastie almoravide de fonder un empire dans la Berbérie orientale.

CHAPITRE XIII

Yaḥîa s'empare de Waddân (609 = 1212-3 J.-C.). — Qarâqoûch est exécuté. — Campagne désastreuse d'En-Nâçir en Espagne; défaite de Las Navas (609). — Mort d'En-Nâçir (610 = 1213-4). — Mort du cheîkh Abou Moḥammed (618 = 1221-2). — Tendances séparatistes de ses premiers successeurs; Ibn Nakhîl. — Yaḥîa dans le Djerîd. — Campagne d'Abou l-'Ola contre l'Almoravide. — Victoire du sîd Abou Zeîd à Medjdoûl (620 = 1223-4) et fuite de Yaḥîa. — Mort du sîd Abou 'l-'Ola (620 = 1223-4). — Révolutions de palais à Marrâkoch. — Le ḥafcide Abou Moḥammed 'Abd Allah, gouverneur d'Ifrîqîya (623 = 1226). — Il nomme ses frères Abou Ibrâhîm gouverneur de Qastîlîya et Abou Zakarya gouverneur de Gâbès (624 = 1227).

Yaḥîa ben Ghânya, après ses défaites successives du Chebrou et du djebel Nefoûsa, avait gagné le Sud, accompagné d'une poignée de partisans. Chassé de l'Ifrîqîya, du Djerîd et de la Tripolitaine, il ne se découragea pas; les Arabes Debbâb lui étaient encore restés fidèles. En attendant le moment opportun de revenir en Ifrîqîya, il songea à aller s'établir à Waddân et dans les oasis voisines. Cette région était depuis plusieurs années au pouvoir de Qarâqoûch. Chassé par Yaḥîa de ses positions en Ifrîqîya et en Tripolitaine, il avait été obligé de se réfugier dans le Sud. Là du moins il se croyait à l'abri des attaques de l'Almoravide et du poignard des Arabes Debbâb. Ces derniers, depuis l'assassinat des chefs des Ka'oûb à Gâbès en 586 (1190-1) par Qarâqoûch, nourrissaient l'espoir de tirer vengeance de l'assassin. Dans ce but, ils avaient prêté leurs bras à l'Almoravide sur qui ils comptaient pour venir à bout de l'aventurier turc. Yaḥîa ben Ghânya avant de marcher contre Qarâqoûch à Waddân avait voulu asseoir son autorité sur le littoral; très absorbé pendant de longues années par ses luttes contre les Almohades, vaincu enfin par eux, il avait différé cette campagne contre son ancien adversaire.

S'il réussissait dans la lutte qu'il allait entreprendre contre Qaraqoûch, Yaḥîa aurait le triple avantage de se débarrasser d'un ennemi encore redoutable, de se rendre maître de la forte place de Waddân et du riche pays voisin, et enfin de s'attacher peut-être les Arabes Debbâb qui depuis si longtemps lui avaient prêté leur précieux concours.

Au début de l'année 609 (1212 J.-C.) Yaḥîa vint mettre le siège devant Waddân avec des forces bien supérieures à celles dont disposait Qarâqoûch. Celui-ci ne pouvait donc tenter une sortie; il savait aussi qu'il lui était inutile de solliciter la clémence des assiégeants, les Arabes Debbâb ne lui pardonneraient jamais. La place admirablement défendue par la nature n'avait pas à redouter d'être enlevée de vive force, et Yaḥîa ne songea pas un instant à sacrifier une partie de son armée déjà bien diminuée en essayant d'en tenter l'assaut. Il ne comptait que sur la famine pour vaincre la résistance des assiégés. En effet, quand les provisions manquèrent dans la place, Qarâqoûch offrit de se rendre, à la seule condition, qu'il serait mis à mort avant son fils pour qui il avait une profonde affection (1). Cette clause fut observée et le père et le fils furent

1. Cf. Et-Tidjâni, Ms. d'Alger, n° 2014, f. 45 v°. Voici textuellement ce que dit cet auteur : و اشترط (قراقوش) على العرب ان يقتلوه قبل قتل ولده وكان شديد المحبة له.

crucifiés par ordre de l'Almoravide, en dehors des murs de la place (1). Qarâqoûch mourut courageusement (606 = 1213-3) (2).

Après avoir vu la fortune lui sourire, cet intrépide aventurier avait goûté l'amertume des revers et vivait dans l'obscurité depuis son arrivée à Waddân. Il avait puissamment contribué à la réussite de 'Ali ben Ghânya au début de sa révolte contre les Almohades. Le frère de celui-ci, Yaḥia, après lui avoir arraché une à une toutes ses conquêtes, le faisait périr dans les tortures! Qarâqoûch laissait cependant un autre fils, qui avait fait sa soumission aux Almohades, et le souverain El-Mostançir (3), successeur d'En-Nâçir lui avait même confié le commandement de quelques troupes. Comme son père, il avait un penchant pour la vie agitée et indépendante. Il vint s'établir bien des années après la mort de son père, dans cette même ville de Waddân. Il agita encore le pays pendant quelque temps, mais attaqué par son voisin, le souverain

1. Et-Tidjâni (*loc. cit.*) raconte que lorsque Qarâqoûch sortit de la ville pour se remettre entre les mains des ennemis, son fils lui dit : « O mon père, où vont-ils nous emmener ? » — « Où nous avons conduit leurs pères » répondit celui-ci. Par ces paroles, Qarâqoûch faisait allusion au massacre des Arabes Debbâb.

2. Et-Tidjâni (*loc. cit.*) qui est le seul auteur où nous ayons trouvé mention de cette prise de Waddân, donne quelques renseignements sur cette victoire de Yaḥia et sur la mort de Qarâqoûch. Il dit tenir ses informations de la bouche même des petits-fils des Arabes Debbâb qui assistèrent au siège de cette place forte.

3. Yoûsof ben Moḥammed ben Ya'qoûb ben Yoûsof ben 'Abd el-Moûmin ben 'Ali, né au commencement de chawwâl 594 (août 1198) [cf. 'Abd el-Wâḥid, p. 238], monte sur le trône almohade le 11 cha'bân 610 = 27 décembre 1212) sous le nom d'El-Mostançir المستنصر « Qui implore le secours de Dieu ». Certains chroniqueurs l'appellent El-Montaçir المنتصر. Yoûsof fut un prince trop jeune et trop faible pour relever l'empire almohade chancelant. Il régna seulement 10 ans environ et mourut le 12 dsoû 'l-Ḥidjja 620 (janvier 1224) [d'après le *Qarṭâs*, 162] en chawwâl ou en dsou 'l-qa'da, d'après 'Abd el-Wâḥid, p. 238.

de Kânem(1), il fut pris et mis à mort (656 = 1258). Le pays fut enfin pacifié (2).

Par la prise de Waddân, Yaḥia avait conquis une position importante où il pourrait aisément se maintenir.

A Tunis, le vieux cheikh Abou Moḥammed demandait avec instance son rappel dans le Maghrib. Il avait, pensait-il assez servi la cause almohade dans l'Ifrîqîya en pacifiant le pays. Ce n'était en somme, que l'application des conditions acceptées par le souverain qu'il demandait et l'exécution des promesses qu'on lui avait faites (3). En-Nâçir avait toujours trouvé une excuse pour prier le cheikh de conserver encore des fonctions dont il s'acquittait avec tant de zèle, d'énergie et d'intelligence. Grâce à un dévouement qui ne fut peut-être pas toujours désintéressé, Abou Moḥammed avait conservé sa haute et si délicate position.

Le souverain almohade était en effet à cette époque très préoccupé par la politique extérieure. Dès l'année 606, il recevait d'inquiétantes nouvelles d'Espagne ; Alphonse envahissait les terres de l'Islâm et En-Naçir en personne était obligé de quitter Marrâkoch (19 châ'bân 607 = février 1211) et de faire une expédition contre l'infidèle (4).

1. Kânem كانم et non pas كاتم comme l'écrit A. Rousseau d'après un des Mss. de la *Riḥla* d'Et-Tidjâni, ni كاكم que donne le ms. d'Alger du même ouvrage (voyez : *Jour. Asiat.*, août-sept. 1852, p. 158 et Et-Tidjâni, Ms. d'Alger, f. 46 r°). Kânem est le nom d'un pays du Soudan dont le roi était célèbre, d'après Ibn Sa'îd, par son zèle à combattre les infidèles (cf. Aboulféda, tr. Reinaud, II, 222). — Le nom de Kânem qui était celui du pays, était donné aux habitants (voyez : Ibn Khallikân, à la biographie d'Abou Yoûsof Ya'qoûb ben 'Abd el-Moûmin, p. 434, t. II de l'éd. de Boûlâq). Le pays de Kânem, dans le Soudan nord-oriental, touchait d'un côté au bassin supérieur du Nil, de l'autre au pays de Koûko (région nord du Tchâd). Voy. El-Bekri, 11 ; *Istibçâr*, 61 ; Yâqoût, IV, 230.

2. Cf. Et-Tidjâni, ms. f. 46 r°.

3. Voyez *suprà*, conditions (1 et 2) de l'acceptation du cheikh Abou Moḥammed.

4. Cf. *Qartâs*, 154.

Cette campagne fut longue et désastreuse pour les musulmans, ils s'emparèrent bien de Salvatierra (1) en dsou l-ḥidjja (608=mai-juin 1212)(2), mais ils perdirent Qal'at-Rabâḥ (3) et l'armée d'En-Nâçir fut complètement défaite à Ḥiçn el-'Oqâb (Las Navas de Tolosa) le 14 çafar 609 (16 juillet 1212 de J.-C.) (4). Ainsi donc, l'Espagne, dégarnie de ses meilleures troupes qui avaient été chargées de la défense de l'Ifrîqîya, se révoltait à son tour. La dynastie de 'Abd el-Moûmin et l'empire fondé par le Mahdi chancelaient, sapés par les coups incessants d'un infatigable ennemi. C'était précisément au moment de l'échec des musulmans à Las Novas que Yaḥîa ben Ghânya s'emparait de Waddân.

Pour réparer de si grands malheurs, il eût fallu aux Almohades un souverain énergique, un autre 'Abd el-Moûmin; il n'en était point ainsi : En-Nâçir qui semble avoir été doué d'une certaine habileté, tant que la fortune lui fut favorable, fut incapable de réagir et manqua d'énergie dans l'adversité. Échappé par le plus grand des hasards au désastre de Las Navas, il revint dans le Maghrib (609=1212-1213) il fit proclamer son jeune fils Abou Ya'qoûb Yoûsof el-Mostançir héritier présomptif du trône. Lui-même partagea son temps entre la débauche et l'ivrognerie et mou-

1. Ccharbaterra selon 'Abd el-Wâḥid, p. 334; شلب ترة Chalba terra (ce mot espagnol signifie « terre blanche ou terre nue » ارض بيضاء) aujourd'hui Salvatierra (cf. Maqqari d'ap. Tornberg, *Qarṭâs*, t. II, p. 433).

2. Cf. *Qarṭâs*, 158.

3. C'est la Calatrava des chrétiens, sur les bords de la Guadiana. La place forte de Qal'a t-Rabâh est décrite dans le dictionnaire géographique de Yâqoût, II, 747. Voici ce qu'en dit Aboulféda : « Au nombre des forteresses de l'Espagne est Qal'a t-Rabâḥ. C'était une des dépendances du royaume de Tolède; mais lorsque les Francs se furent rendus maîtres de Tolède; Qal'a t-Rabâḥ fit partie pendant quelque temps du royaume de Cordoue. C'est une place très forte » Cf. Reinaud, *Géog. d'Aboulféda*, II, 239). — Voy. aussi : El-Idrîsi, 186, 189. *Hist. des Berb.*, trad., II, 224, note 1.

4. Voyez *suprà*.

rut empoisonné par un de ses ministres(1), le 11 cha'bân 610 (= 27 décembre 1313) (2).

Son successeur, El-Mostançir, proclamé le jour de la mort de son père (3) était trop jeune pour régner, il fut donc placé sous la tutelle du ministre Ibn Djâmi' et des cheikhs almohades. Le vieil Abou Moḥammed refusa d'abord, selon Ibn Khaldoûn (4) de faire hommage d'obéissance à un enfant; mais il reçut les supplications du ministre et de plusieurs autres personnages et finit par comprendre que l'empire était suffisamment ébranlé à ce moment et qu'il ne devait point en accélérer la décadence. Il envoya donc enfin, à Marrâkoch, sa soumission et l'assurance de son dévouement (5). Ce fut une grande joie à la cour, lorsqu'on sut que le gouverneur d'Ifrîqîya promettait de continuer à servir la dynastie almohade.

Les premières années du règne d'El-Mostançir (de 610 à 613 = 1213 à 1216-7) se passèrent dans la paix et la tranquillité. Ce ne fut qu'en 613 qu'entrèrent en scène de nouveaux acteurs du grand drame qui devait finir par la chute des Beni 'Abd el-Moûmin du trône de Marrâkoch; je veux parler des Beni Merîn, nouvelle tribu de Berbères nomades qui va s'emparer du pouvoir dans le Maghrib ex-

1. Les chroniqueurs ne sont pas d'accord sur les causes de cette mort. Nous avons suivi la version du *Qarṭâs* (p. 160). On trouvera des récits différents, dans Ibn Khallikân, II, 434; Ez-Zerkechi, 13; 'Abd el-Wâḥid, 237; Ibn el-Khaṭîb, *Roqm el-Ḥolal* (éd. Tunis 1317 de l'hég.), p. 60; *Kitâb el-Istiqça*, I, 193, 194.

2. Cf. *Qarṭâs*, *loc. cit.* D'après Ibn el-Khaṭîb (*loc. cit.* et Casiri, bib. arab. hisp. II, 222), il serait mort dans la nuit du mardi 10 et non le mercredi 11, comme le donne l'auteur du *Qarṭâs*. Selon 'Abd el-Wâḥid (*loc. cit.*), il serait mort le 10 également.

3. Et non pas en 611 comme le dit Ibn Khaldoûn (*Hist. Berb.*, éd., I, 338).

4. Cf. Ibn Khaldoûn, *loc. cit.* Selon l'auteur, le nouveau souverain était âgé de 16 ans.

5. L'auteur du *Qarṭâs* ne parle pas de la résistance opposée par le cheikh Abou Moḥammed à se soumettre au jeune souverain.

trême (1). Au moment où l'empire almohade agonise lentement entre les mains de souverains efféminés et dominés par leurs courtisans, le cheïkh Abou Moḥammed jette encore quelque lustre sur la dynastie des Beni 'Abd el-Moûmin. Jusqu'à sa dernière heure et malgré les injustices dont il avait été l'objet, il était resté fidèle à la dynastie régnante; il avait assuré la paix et le bien-être à la province dont il avait l'administration.

Yaḥia ben Ghânya établi à Waddân depuis 609 (1212-3), avait assis son autorité sur ces régions d'oasis sahariennes, mais il n'avait osé affronter de nouvelles rencontres avec le redoutable gouverneur d'Ifriqîya (609-618 = 1212-3 à 1221-2). Le jeudi 1er moḥarrem et premier jour de l'an 618 (février 1221), le cheïkh Abou Moḥammed mourait à Tunis (2). Il avait conservé son gouvernement 14 ans et 3 mois. Il fut sans contredit l'un des plus habiles gouverneurs et des plus fermes soutiens de l'empire almohade. Voici du reste en quels termes en parle l'auteur de l'histoire de Tunis (3). « (Abou Moḥammed) — Dieu lui accorde sa miséricorde — était instruit, plein de qualités, droit, intelligent, courageux et magnanime. Ce fut lui qui

1. *Hist. Berb.*, éd. I, 338.

2. Au commencement de 618 selon Ibn Khaldoûn (*Hist. Berb.*, éd. I, 381). Voyez également Ez-Zerkechi, p. 14. El-Qaïrawâni prétend que ce serait l'enterrement et non la mort qui eut lieu le 1er Moḥarrem 618 (cf. éd. de Tunis, 124).

3. Cf. El-Qaïrowâni, 124, 125. Voici du reste le texte de ce passage; on pourra le comparer à la traduction fort abrégée qu'en ont donné Pellissier et Rémusat : ....وكان رحمه الله تعالى عالما فاضلا ذكيا فطنا شجاعا محسنا
وهو الذي اخترع زمام التضييف بتونس للوفود و كان يجلس يوم
السبت للنظر في مسائل الناس ومدحه بعض الفضلاء بقصيدة تدل
على فضله ومنها (*Ṭawîl*)

وماذا على المداح ان يمدحوا به و فيك خصال ليس تحصر بالعد
نهارك في تدبير ما يصلح الورى وليلك مقسوم على الذكر و الورد

fit construire à Tunis une maison d'hospitalisation pour les étrangers (de passage) (1). Le samedi (de chaque semaine), il donnait une audience publique, afin d'entendre les *desiderata* de ses administrés. Un écrivain a fait son éloge dans un poème où il expose les qualités de ce personnage.

Voici un fragment de cette poésie :

« Quels termes pourraient employer les panégyristes pour faire ta louange, alors que tes qualités sont innombrables?

« Tu passes les journées à faire du bien à tes sujets et tes nuits sont partagées entre les prières et les actions de grâce (2) ».

Il n'avait fallu rien moins qu'un tel personnage pour pacifier l'Ifrîqîya et se mesurer avec Yaḥîa ben Ghânya. Les deux adversaires étaient dignes l'un de l'autre. Par les succès qu'il remporta sur l'Almoravide, Abou Moḥammed réussit à retarder de quelques années la chute de l'empire almohade miné par la révolte des Benou Ghânya. Aussi sa mort causa-t-elle la plus grande inquiétude à tous les Almohades. Les habitants de la province d'Ifrîqîya qui depuis quelques années jouissaient du bien-

1. Ce fut lui aussi qui fit construire autour des remparts de Tripoli, un mur de défense (614 hég. = novembre 1217). Et-Tidjâni rapporte avoir vu, en 707 (1307-1308), écrite, sur la porte Bâb es-Sitara de cette muraille extérieure, la date de sa fondation. Le cheikh ḥafçide Zakarya ben el-Laḥîyani fit achever ce mur jusqu'à la mer lors de son séjour à Tripoli en 707-708. Cf. Et-Tidjâni, in *J.-A.* 1853, fév.-mars, p. 140.

2. Nous avons traduit par *prière* et *actions de grâce* les mots *dsikr* et *ouird.* Ils ont une signification plus précise : Le *dsikr* الذِكْر est la répétition ininterrompue de la formule « la ilâh illa' llah » *il n'y a de dieu qu'Allah*. Le *wird* الوِرْد signifie aujourd'hui, « un ensemble de prières et de formules pieuses fixées par le chef de chaque confrérie religieuse. Des deux mots *dsikr* et *wird* on trouvera une définition très claire *ap.* E. Doutté, *L'Islâm algérien en 1900* (publié pour l'exposition, Alger-Mustapha), pp. 67 et 70.

être, en furent profondément affectés. Les exploits de Yaḥia étaient encore présents à tous les esprits et on le savait capable de profiter de la mort de son ennemi pour revenir à la charge.

Il fallait nommer un gouverneur à la place d'Abou Moḥammed; deux candidats se partagèrent les voix du conseil de gouvernement, c'étaient : le fils du défunt, Abou Zeïd 'Abd er-Raḥmân et le cousin de celui-ci, Ibrâhim ben Ismâ'îl, tous deux petits-fils du cheïkh Abou Ḥafç. Ce fut Abou Zeïd 'Abd er-Raḥmân ben Abou Moḥammed qui l'emporta. Il étouffa les troubles provoqués sur quelques points de la province par la mort du cheïkh et se montra, dès le début, le digne successeur de son père(1).

Le souverain, El-Mostançir, subissant l'influence de son entourage, ne ratifia pas le choix du conseil de gouvernement de Tunis. Son ministre Ibn Motsanna lui fit signer la nomination d'Abou 'l-'Ola Idrîs, fils de Yoûsof ben 'Abd el-Moûmin et frère de Ya'qoûb el-Mançoûr et d''Abd el-Wâḥid el-Makhloû' futur successeur d'El-Mostançir (2).

En attendant l'arrivée du nouveau gouverneur, le souverain désigna pour en occuper les fonctions, Ibrâhîm ben Isma'îl, à l'encontre du choix fait par le conseil de gouvernement, en outre, Abou Zeïd ben Abou Moḥammed fut rappelé à Marrâkoch (3). Cette nomination suffit à nous montrer qu'à la cour almohade on commençait à redouter l'influence de la famille d'Abou Moḥammed à Tunis. On semblait comprendre que des idées séparatistes avaient germé dans l'esprit des cheïkhs ḥafçides du gouverne-

1. Cf. *Hist. Berb.*, éd., I, 381.
2. Cf. *ibid.*
3. L'ordre du souverain, relatif à cette nomination et au rappel d'Abou Zeïd, arriva à Tunis dans le mois de rabi' Ier 618 (avril-mai 1221), selon Ibn Khaldoûn, *Hist. Berb.*, éd., I, 382).

ment de Tunis. Les événements qui vont suivre ne feront que confirmer ces tendances.

Le gouverneur intérimaire, Ibrâhîm, pour entrer dans les vues de la cour de Marrâkoch et mériter les faveurs du puissant ministre d'El-Mostançir, se mit à persécuter les ḥafçides, ses propres parents, à commencer par les fils d'Abou Moḥammed (1). Au mois de dsou 'l-Qa'da 618 (déc. 1221-janv. 1222) le gouverneur titulaire Abou 'l-'Ola arriva. Son premier acte fut de faire arrêter Moḥammed ben Aḥmed ibn en-Nakhîl (2) et ses deux frères Abou Bekr et Yaḥîa; leurs trésors furent confisqués et leurs biens séquestrés. Ibn Nakhîl était, ainsi qu'il a été dit précédemment, le secrétaire du cheîkh Abou Moḥammed. On lui reprochait certaines paroles et écrits élogieux pour son ancien maître et la famille de celui-ci. Ce fut, en quelque sorte, sous l'inculpation de crime contre l'empire, qu'Ibn Nakhîl fut jeté en prison. Ayant essayé de s'évader, il fut arrêté de nouveau et impitoyablement mis à mort ainsi que son frère Yaḥîa. Son autre frère Abou Bekr, fut transféré à la prison d'El-Mahdîya (3).

Yaḥîa ben Ghânya, qui durant le gouvernement de son invincible ennemi, le cheikh Abou Moḥammed, était resté hors de portée des armées almohades, n'avait pas perdu de vue l'Ifrîqîya. A peine connut-il la mort du gouverneur Abou Moḥammed, qu'il remonta vers le nord et recommença ses exploits dans le Djerîd. Dès son arrivée, le sîd Abou 'l-'Ola se mit en campagne pour repousser l'infatigable Almoravide dont le voisinage commençait à devenir dangereux (4).

1. Ibn Khaldoûn, *loc. cit.*, *ibid.*
2. Voyez *suprà*.
3. Ibn Khaldoûn, *loc. cit.*, est très documenté sur ce point. C'est lui qui nous a fourni tous les détails ci-dessus.
4. Voyez Ez-Zerkechi, 14.

Voici le récit que nous fait de cette expédition l'auteur de l'histoire des Berbères (1) : L'année 619 (1222-3), le sîd Abou l-'Ola, à la tête de l'armée almohade, partit du côté de Gabès pour enlever à Yaḥia ben Ghânya l'espoir de s'y installer. Ayant établi son quartier général à Qaçr el 'Aroûseïn (2), il envoya son fils Abou Zeïd avec une colonne almohade opérer dans le Sud, du côté de Derdj (3) et de Ghadâmès (4), pour s'assurer de la soumission des tribus de ce pays et y percevoir l'impôt. Une autre colonne, placée sous la haute direction d'Abou Zeïd devait aller assiéger Ibn Ghânya dans Waddân, où le commandant en chef devait venir le retrouver à son retour de Ghadâmès. Les Arabes soudoyés par Ibn Ghânya et gagnés par son or, harcelèrent cette deuxième colonne et la forcèrent à se replier sur Gâbès (5). La nouvelle de cette fuite parvint au sîd Abou Zeïd, alors qu'il était à Ghadâmès. Il vint alors trouver son père et lui conta ce qui

1. Ibn Khaldoûn, *loc. cit.*

2. Voyez *suprà*.

3. Derdj درج, ville à quatorze lieues Est de Ghadamés, sur la route de Tripoli (cf. de Slane, *Berb.*, tr. tab. géog. I, LXXX).

4. Ghadamés غدامس, ville importante du Sahara, au sud du Djerîd. Ghadâmés se trouve sur la route si fréquentée des caravanes du Soudan à Tripoli. Cette ville est mentionnée avec plus ou moins de détails par les géographes arabes. C'est la *Gadèmes* de Léon l'Africain (III, 265). Sur l'ancienne *Cydamus*, on consultera avec intérêt les renseignements donnés par d'Avezac, *Études de géographie*, Paris, in-8, 1836, 12 et 33. Voyez également : El-Bekri, 182; *Istibçâr*, 60, 61; Yâqoût, III, 776; *Marâçid*, II, 303; El-Idrisi, 36; Largeau, Le *Sahara algérien*, Paris, 1881, pp. 209-211 et 214. A propos de l'origine du nom de Ghadamés, on lit dans la traduction Féraud du *Kitâb el-'Adouani*, la légende suivante : « Ghadamés était un 'Adjami (étranger), soldat de Dsou 'l-Qarnein (Alexandre le Grand) qui pénètra avec des armées en Afrique. Il mourut et fut enterré à l'emplacement de la ville qui porte son nom. » (Cf. *K. el-'Ad.*, p. 150); voy. aussi : Mircher, *Mission à Ghadamés*, Alger, 1862.

5. C'est à tort que l'auteur du *Kitâb el-'Iber*, dit que Yaḥia ben Ghânya avait conservé Gâbés et ses environs, jusqu'à la mort du cheikh Abou Moḥammed (cf. *Hist. Berb.*, trad., III, 313). Nous avons raconté plus haut comment l'Almoravide avait été refoulé au désert.

s'était passé. Celui-ci, furieux contre le chef de la deuxième colonne, le fit mettre à mort, mais la maladie le força lui-même à rentrer à Tunis. Cette première expédition organisée par le sîd Abou 'l-'Ola avait donc donné de fort mauvais résultats. D'abord on n'avait pu atteindre Ibn Ghânya dans Waddân ; en outre les troupes almohades rentraient fatiguées et démoralisées. L'Almoravide profita de ces circonstances pour se rapprocher d'Ifrîqîya. A peine les Almohades avaient-ils repris la direction de Tunis, que Yaḥîa avec ses bandes habituelles venait s'emparer de Biskra, et parcourait le Zâb (1).

A cette nouvelle, le gouverneur de Tunis confia une nouvelle armée à Abou Zeîd qui marcha contre le rebelle. A l'approche des Almohades, Yaḥîa s'enfuit au désert. Le sîd Abou Zeîd ne put l'atteindre et vint s'emparer de Biskra qui fut pillée et complètement dévastée par son ordre. Après cette campagne, Abou Zeîd ramena son armée à Tunis. Sans se lasser, Yaḥîa ben Ghânya reparaît bientôt sur la frontière d'Ifrîqîya avec une armée d'Arabes et de

1. Le *Zâb du Maghrib* الزاب بالمغرب dont il est ici question, était la région située au sud de Constantine, entre le Hodna et l'Aurès. Voici en quelques mots ce que dit de cette région le géographe El-Ya'qoûbi... La principale ville du Zâb est Ṭobna située au centre de la province et siège du gouvernement. Les habitants de ce pays appartiennent à diverses races ; il y a des Qoreîchites et d'autres Arabes, des (mercenaires du) *djond* comprenant les étrangers, Africains, Romains et Berbères. On peut citer encore dans ce pays la vieille cité de Baghâîya باغاية autour de laquelle habitent les Berbères Howâra dans l'Aoûrès dont les sommets sont souvent couverts de neige. Une autre dépendance de celle-ci est Tîdjîs تيجيس. Voyez : El-Yâ'qoûbi, *Descrip. du Maghrib*, éd. de Goeje, p. 11 du texte arabe). On lira également avec profit la traduction latine avec commentaires et notes, *ibid.*, pp. 82-85 ; voyez aussi : Ibn Khaldoûn (ap. de Slane, *Berb.*, éd., I, 122) qui donne au Zâb, Biskra comme capitale ; et El-Idrîsi, 93, 104 ; Yâqoût, 903, 904 (t. II) ; *Istibçâr*, 107 ; Léon l'Africain, III, 250. On ne saurait confondre le Zâb, dont il est ici question, avec le Mzâb actuel dont le nom est dû aux Beni Mzâb, tribu waçilienne aujourd'hui disparue. La description des Zibân donnée par Féraud en appendice à sa traduction française du *Kitâb el-'Adouâni* (p. 176 et suiv.) est sans valeur scientifique.

Berbères. De nouveau, le sîd Abou Zeïd est envoyé contre eux. Le plan de l'Almoravide était cette fois d'attirer l'armée almohade loin de Tunis, puis de la tourner rapidement et de marcher sur la capitale dégarnie de troupes. Le général almohade, à son arrivée à Qaïrowân eut connaissance des desseins de l'ennemi. Il marcha alors résolument contre lui; la rencontre eut lieu à Medjdoûl (1).

L'armée almohade comptait dans ses rangs un grand nombre d'alliés arabes et les Berbères Howâra commandés par leur chef Ba'ra ben Ḥannâch (2). On se battit de part et d'autre avec beaucoup d'acharnement (620 = 1223-4) (3). Pendant que les Almohades engageaient le combat, Ba'ra ben Ḥannâch fit dresser les tentes pour faire connaître à ses gens sa résolution de vaincre ou de mourir. Cette journée se termina par la déroute des Almoravides, et Ibn Ghânya, dont la mort faucha la plupart des compagnons, prit la fuite, laissant son camp au pouvoir de l'ennemi (4). C'est à peine si le vainqueur daigna poursuivre les fuyards. Arrivé à Qaïrowân, Abou Zeïd apprit la mort de son père à Tunis (5) et s'empressa de revenir vers cette capitale, dans

1. Medjdoûl مجدول dans le voisinage de Tunis; patrie d'un panégyriste d'El-Mo'izz ben Bâdîs, le poète Abou Bekr 'Atîq ben 'Abd el-'Azîz († 409 hég.), Voyez : Yâqoût, IV, 419; *Marâçid*, III, 43.

2. Ba'ra ben Ḥannâch بعرة بن حناش, chef de la tribu berbère des Howâra, fut mis à mort l'an 636 (1238-9 J.-C.) par le souverain ḥafçide de Tunis, Abou Zakaryâ. La tribu des Howâra avait toujours été très fidèle aux Almohades, depuis le règne de 'Abd el-Moûmin. Ils firent de l'opposition à Abou Zakarya, le premier souverain ḥafçide qui se déclara indépendant de l'empereur de Marrâkoch. Ce prince les châtia en faisant massacrer leurs contingents et leur chef (636). Voyez aussi *infrà*.

3. Cette bataille dut avoir lieu en 620 (1223-4 J.-C.) à la fin de l'année comme l'établira la suite du récit. Nous n'avons pas cru devoir adopter la date de 621 donnée par Ibn Khaldoûn (*Hist. Berb.*, éd., I, 383). Nous n'avons toutefois trouvé nulle part confirmation absolue de cette date de 620.

4. Cf. *Hist. Berb.*, éd., I, 383. Une partie de ce passage a été reproduite par Largeau (*Sahara algér.*, 214).

5. On a vu plus haut que le sîd Abou 'l-'Olâ indisposé avait dû quitter Gâbès pour rentrer à Tunis.

l'espoir d'y recueillir la succession paternelle. Il écrivit donc au souverain almohade pour lui faire part à la fois de la mort du gouverneur général et de la victoire que lui-même venait de remporter sur Yaḥîa ben Ghânya. Il ignorait à ce moment, qu'El-Mostançir avait prononcé la destitution du sîd Abou 'l-'Ola pour envoyer à sa place le gouverneur des Baléares Abou Yaḥîa ben Abou 'Imrân de Tînmâl (1).

Tous ces événements avaient eu lieu presqu'en même temps, à la fin de 620. Peu après, le samedi 12 dsou 'l-ḥidjja (janvier 1224), l'émîr El-Mostançir mourait d'un coup de corne de vache (2). Il ne laissait pas d'en-

1. Sur cette ville, patrie du Mahdi Ibn Toûmert et berceau de l'empire almohade, les renseignements abondent, chez les historiens comme chez les géographes musulmans. Mon savant collègue et ami, Edmond Doutté, prépare actuellement un mémoire sur Tîn Mâl et l'origine des Almohades et nous fera bientôt connaître ce qu'a été et ce qu'est devenue cette ville, si célèbre, dans l'histoire du Maghrib, et dont il a découvert les ruines lors de son voyage au Maroc en 1901. (Voy. *Journ. Asiat.*, janv.-fév. 1902, p. 158 et s. et 166.) Quant à l'orthographe du nom de cette ville, elle varie beaucoup chez les auteurs musulmans. Tornberg le remarquait déjà en 1843 et écrivait dans son édition du *Qarṭâs* (t. II, fasc. II, p. 396) : « L'orthographe de ce nom propre est variable; El-Idrîsi, I, 210 l'écrit تانمللت; 'Abd el-Wâḥid, تنملل; Ibn Khallikân (*Biog. du Mahdi*, éd. Wüstenfeld, fasc. 8, p. v) تين مل; Ibn Khaldoûn تينملل. Comme beaucoup d'autres noms de lieux du Maghrib, elle tire son nom de celui d'une tribu berbère, qu'Ibn Khaldoûn (fol. 101) place au nombre des familles des Maçmoûda, qui habitent le mont Daran... » On pourrait multiplier les citations; mais cela suffit pour constater la discordance des auteurs sur l'orthographe de ce nom propre. Quant à nous, nous avions d'abord songé à l'orthographe تينمللت, en berbère = *la blanche* (cf. R. Basset, *Doc. géog.*, p. 27 et n. 2, et *Mémoire sur les noms de couleurs et de métaux chez les Berbères*, Paris, 1895); mais nous avons fini par suivre l'orthographe adoptée par M. E. Doutté, à la suite de sa découverte de l'emplacement de cette ancienne cité berbère (Cf. *Jour. Asiat.*, cit. p. 159).

2. Cf. *Qarṭâs*, 161. Dans sa traduction française de l'*Histoire des Berbères* (I, 229) M. de Slane dit : « le 10 dzou l' hidjdja 620 (janvier 1224) eut lieu la mort d'El-Mostançir... » mais cette traduction ne concorde pas avec le texte arabe publié par le même savant (Cf. *Hist. Berb.*, éd., I, 339); El-Qaîrowâni ne donne pas la date de cette mort; il en indique toutefois la cause (un coup de corne de taureau (voy. El-Qaîrowâni, p. 119); Ez-Zerkechi dit simplement (éd., p. 14, trad., p. 26) qu'El-Mostançir mourut *un samedi* de dsou

fant(1). Il mourait en effet très jeune, puisqu'il était né en 594 (1197-8). Le conseil des hauts fonctionnaires de l'État, réuni sous la présidence du ministre Abou Sa'îd Ibn Djâmi' (2), désigna comme souverain un vieillard, Abou Moḥammed 'Abd el-Wâḥid (3), frère d'El-Mançoûr. Dès son avènement, il annula la décision de son prédécesseur, par laquelle le gouvernement d'Ifrîqîya serait confié à Abou Yaḥîa ben Abi 'Imrân. La nouvelle de la mort du sîd Abou 'l-'Ola venant de parvenir à Marrâkoch, il nomma à ces hautes fonctions le fils du défunt, Abou Zeîd el-Mochammer (621 = 1224). Le nouveau gouverneur ne sut pas maîtriser ses passions et se laissa aller à tous les excès de la tyrannie. Il en vint ainsi, à se faire détester et haïr, d'autant plus que son administration offrait un contraste frappant avec celle du cheîkh Abou Moḥammed. Celui-ci n'avait, en mourant, laissé que des regrets, et la population d'Ifrîqîya, qui n'avait pas encore oublié son ancien bienfaiteur, appelait de toutes ses forces le départ du tyran.

Les événements n'allaient pas tarder à venir favoriser les vœux des gens de la province de l'Est. A la suite d'intrigues de cour (4), une conspiration fut ourdie contre 'Abd el-Ouâḥid qui fut mis en demeure de choisir entre

'l-ḥidjja 620, empoisonné par son vizir Abou Sa'îd ben Djâmi', avec la complicité du page Mesroûr. — Selon Ibn el-Khaṭîb (éd. Tunis, p. 60) il mourut le 13 dsou 'l-ḥiddja 620. — 'Abd el-Wâḥid ne connaît (p. 14-15) ni les circonstances de la mort, ni la date exacte (chawwâl ou dsou 'l-qa'da), cf. pp. 238 et 241.

1. Il laissait, en mourant, une concubine enceinte, à ce que nous apprend l'auteur du *Qarṭâs*, 161.

2. Cf. *Hist. Berb.*, éd., I, 333. Selon 'Abd el-Wâḥid, le souverain El-Mostançir aurait remplacé ce ministre en 615 (cf. 'Abd el-Wâḥid, 238).

3. Voyez : *Hist. Berb.*, *ibid.*; *Qarṭâs*, 162. — 'Abd el-Wâḥid (pp. 241, 242) l'appelle par erreur Abou Moḥammed 'Abd el-'Azîz : 'Abd el-'Azîz était alors gouverneur de Séville.

4. Voyez là-dessus de longs détails dans le *Qarṭâs*, 162-163.

l'abdication en faveur d'El-'Adil ou la mort. Naturellement il préféra abdiquer (12 cha'bân 621 = août-sept. 1224). Treize jours plus tard il était assassiné dans ses appartements (1). C'était, nous disent les chroniqueurs arabes, le premier prince almohade qui ait eu une pareille fin.

L'auteur du *Qarṭâs* nous apprend que le nouveau souverain se nommait 'Abd Allah ben Ya'qoûb El-Mançoûr ben Yoûsof ben 'Abd el-Moûmin surnommé *El-'Adil fi ḥokmi llah* et Abou Moḥammed. Il avait été proclamé dans certains districts d'Espagne dès le milieu de çafar 621 (février-mars 1224), mais ce ne fut que le 22 cha'bân de la même année (septembre 1224) que la *khoṭba* fut faite en son nom dans la Berbérie. Cette usurpation n'avait pas été acceptée volontiers par tous les Almohades et plusieurs gouverneurs refusèrent d'y souscrire. Cet état de choses accentue encore la décadence de l'empire, car la guerre civile va faciliter aux ennemis l'envahissement des frontières. Un nouveau gouverneur, Abou Moḥammed 'Abd Allah, fils d'Abou Moḥammed 'Abd el-Wâhid, un Ḥafçide par conséquent, fut envoyé en Ifrîqîya à la place du sîd Abou Zeîd el-Mouchammer.

L'anecdote que nous allons rapporter d'après Ez-Zerkechi, montrera avec quelle légèreté les plus importantes nominations étaient faites dans ce gouvernement en décadence : « Lorsqu'El-'Adil usurpa le pouvoir, El-Baîyâsi (البياسي) [Abou Moḥammed ben es-sîd Abou 'Abd Allah ben Yoûsof ben 'Abd el-Moûmin] refusa de le reconnaître. El-'Adil désigna alors le sîd Abou l-'Ola pour aller remplir les fonctions de gouverneur d'Espagne et le chargea d'aller

1. Cf. *Qarṭâs*, 163. Ibn Khaldoûn (ap. *Hist. Berb.*, éd., I, 340) le fait mourir en rabi' de la même année. Voyez aussi la traduction de M. de Slane (*Berb.*, trad. II, 231) ainsi que la note 1 dans laquelle le traducteur rappelle le texte du *Qarṭâs*, et El-Qaîrwâni, 119.

dans ce pays avec une forte armée assiéger le rebelle. Débarqué à Qaçr el-Madjâz il y trouva Abou Moḥammed 'Abd Allah ben Abou Ḥafç surnommé 'Obbou. Celui-ci ayant été questionné par Abou 'l-'Ola, sur l'état de sa santé, répondit par ce vers : « Mon état est si bon, que le fils d'El-Mançoûr n'a qu'à l'apprendre pour voir la fortune lui devenir favorable » (1). El-'Adil qui était fils d'El-Mançoûr, charmé de l'à-propos de ce vers, nomma son auteur gouverneur d'Ifrîqîya ».

Cependant El-'Adil éprouvant des résistances de la part de quelques membres de sa famille, se jeta dans les bras des descendants du cheîkh Abou Ḥafç et des Maçmoûda. Les descendants de 'Abd el-Moûmin, parents du souverain, furent peu à peu écartés des hautes fonctions. Le khalife prit même pour ministre le cheîkh Abou Zeîd, fils d'Abou Moḥammed ben Abou Ḥafç (2) celui même à qui El-Mostançir avait jugé prudent d'arracher le gouvernement d'Ifrîqîya.

Pendant que le souverain almohade El-'Adil cherchait par tous les moyens à conserver un trône chancelant, la province d'Ifrîqîya, débarrassée de l'invasion almoravide, gémissait sous la tyrannie de son gouverneur, Abou Zeîd. La défaite éprouvée par Ibn Ghânya à Medjdoûl fut telle qu'il resta plusieurs années sans oser faire reparler de lui. Il parcourait les oasis, se créant de nouveaux partisans et amassant, par d'habiles razzias, les richesses nécessaires pour entreprendre de nouveau la lutte.

Le sîd Abou Zeîd ne quitta le pouvoir que dans le mois de rabi' IIe 623 (mars 1226). Abou Moḥammed 'Abd Allah

1. Ce vers est cité par Ez-Zerkechi, p. 15; par Ibn Khaldoûn (*Hist. Berb.*, éd., I, 341; II, 232).

2. Cf. Ibn Khaldoûn, *Hist. Berb.*, I, 341.

avait envoyé son cousin Abou 'Imrân Moûsa fils d'Ibrahîm ben Isma'îl le Ḥafçide prendre la direction du gouvernement par intérim en attendant que lui-même eut terminé ses préparatifs de départ. Cet intérim dura huit mois. Le cheîkh Abou Moḥammed 'Abd Allah se rendant à son poste, s'arrêta à Bougie d'où il expédia son frère Abou Zakarya à Tunis, lui préparer une grandiose réception. Toute la population se porta au devant du nouveau gouverneur dans une superbe manifestation de sympathie, témoignant ainsi de son attachement au fils de son ancien maître Abou Moḥammed et à la cause hafçide toute entière. Les délégués de tous les corps de métiers étaient venus au devant du souverain jusqu'à Sétif. Ce fut le 17 du mois du dsou 'l-qa'da 623 (novembre 1226) que le cheîkh Abou Moḥammed 'Abd Allah fit à Tunis son entrée triomphale (1). Dès le début de l'année 624 (1226-7), il organisa les différents gouvernements de sa province. Il les confia aux membres de sa famille. L'un de ses frères, Abou Ibrâhîm qui venait d'arriver du Maghrib fut envoyé en Qastîlîya (çafar 624 = janvier-février 1227); son autre frère Abou Zakaryâ Yaḥîa gouverna la ville et le territoire de Gâbès et d'El-Ḥamma (djoumâda 624 = avril-mai 1227) (2).

1. Ces renseignements sont fournis par Ibn Khaldoûn, *Hist. Berb.* éd., I, 384 Ez-Zerkechi, 15-16.

2. Cf. *Hist. Berb.*, *loc. cit.*

CHAPITRE XIV

Nouvelles victoires de Yaḥia. — Le cheikh Abou Moḥammed marche contre lui, reprend Bougie et poursuit l'Almoravide jusqu'à Miliyana. — Yaḥia se réfugie à Sidjilmâssa (624 = 1226-7). — Décadence de l'empire almohade. — Le gouverneur d'Ifrîqîya refuse de reconnaître le souverain almohade. — Abou Zakarya s'empare du gouvernement de cette province (625 = 1227-8); il se déclare indépendant 626 = 1228-9. — Yaḥia ben Ghânya de 624 à 633 (1227 à 1235-6); sa mort en 633 (1235-6). — Conclusion.

Depuis la mort du sîd Abou' l-'Ola, gouverneur général d'Ifrîqîya, ce pays avait été assez mal administré, on l'a vu, et le gouvernement du sîd Abou Zeîd (621 à 623 = 1224-1226) avait été tyrannique et si injuste que Yaḥia (ben Ghânya) avait pu facilement recruter des alliés parmi les populations aigries de ce malheureux pays. Tout prêt à recommencer ses exploits, il n'avait pas voulu attaquer le sîd Abou Zeîd. Celui-ci par sa mauvaise administration servait trop bien les intérêts de l'Almoravide. Mais lorsque le hafçide Abou Moḥammed 'Abd Allah vint prendre le commandement de la province orientale et s'intaller à Tunis, Yaḥia comprit que la situation allait changer et pensa manifester sa présence, dans le pays, par de nouveaux faits d'armes.

Nous l'avions laissé dans le sud, occupé à réunir des richesses et des alliés. Dès la fin de 623 (1226), il remonta vers le Tell de la province actuelle de Constantine. A peine le nouveau gouverneur était-il installé à Tunis, qu'il apprenait qu'Ibn Ghânya avait pénétré dans Bougie de vive force et s'était porté de là vers Tedellis (1) en ravageant tout sur son passage. Sans s'arrêter à ces premières conquêtes, l'Almoravide, s'avançant hardiment vers l'Ouest, fit irruption dans le Mitidja. « Il lança, nous dit Ibn Khaldoûn (2), ses escadrons dans les plaines du pays des Zenâta et en balaya toutes les richesses. » Mendîl fils de 'Abd er-Raḥmân et chef des Maghrâwa, tout dévoué comme son père à la cause almohade, essaya d'arrêter les hordes d'Ibn Ghânya. Celui-ci le battit et le fit prisonnier auprès de la ville de Mitidja, puis le fit exécuter peu après (3). Pour compléter ces rapides conquêtes, Yaḥiâ vint attaquer Alger dont il s'empara. Le cadavre de Mendîl, l'émir des Maghrâwa fut crucifié contre les murs de la place pour terrifier les ennemis (4).

Ces succès aussi rapides qu'imprévus, décidèrent le nouveau gouverneur d'Ifrîqîya à marcher contre ce dangereux et insaisissable ennemi. Vers le milieu de l'année 624 (1227), quand il eut pourvu de gouverneurs les différents territoires d'Ifrîqîya, le cheîkh Abou Moḥammed 'Abd Allah se mit en campagne et marcha d'abord du côté d'Obba (5), il attaqua la tribu des Howâra (6) qu'il

1. Tedellis تدلس n'est autre que la ville actuelle de Dellis sur le littoral de la grande Kabylie, à quatorze lieues à l'est d'Alger. Voyez El-Idrîsi, p. 90; c'est la *Teddeles* de Léon l'Africain (III, 69-70).

2. Voyez *Hist. Berb.*, trad., III, 313.

3. Ibn Khaldoûn donne pour ces événements la date de 622 ou 623 (1225 ou 1226). C'est peut être à la fin de 623, mais plutôt au début de 624, après l'arrivée du nouveau gouverneur à Tunis qu'il faut les placer.

4. Cf. *Hist. Berb.*, trad. III, 313, 314.

5. أُبّة ville située à quatre lieues ouest de Laribus d'ap. Ibn Ḥaoûqal, cit. p. de Slane, *Berb.*, trad. I, xcvii. Voyez Ibn Ḥaoûqal, in *Jour. Asiat.*, mars 1842, p. 223; de Goeje, *Descriptio al Magh.*, p. 38; El-Idrîsi, p. 117; etc...

6. Sur cette tribu, voyez *suprà*. Ce fait nous apprend que dès l'an 624 de l'hég. (1227 de J.-C.) les Howâra montrèrent de l'hostilité aux Ḥafçides, bien qu'alors ceux-ci n'eussent pas encore secoué le joug et proclamé leur indépendance.

soumit par surprise et dont il envoya les chefs prisonniers à El-Mahdîya. Puis se remettant sur les traces d'Ibn Ghânya, il entra dans Bougie où il rétablit l'ordre et se rendit ensuite à Miliana en traversant la ville de Mitîdja (1). Là il apprit que l'Almoravide avait gagné Sidjilmâsa ; il abandonna la poursuite et rentra à Tunis en ramaḍân 624 (août-septembre 1227) (2). Une fois de plus, Yaḥîa ben Ghânya était obligé de fuir devant les armes du gouverneur d'Ifrîqîya et devait enfin perdre les derniers vestiges de l'espoir de rétablir jamais l'empire almoravide.

L'empire almohade était cependant bien près de sa chute ou plutôt de sa dislocation. Au commencement de chawwâl 624 (septembre 1227), le gouverneur général de l'Espagne Abou 'l-'Ola se fit proclamer khalife par les Almohades de ce pays, sous le nom d'El-Mâmoûn. Il informa

1. La ville de Mitîdja, aujourd'hui disparue, était une ancienne place forte à quelque distance (Est) du coude du Chélif. Elle était située sur la route de Miliana à 'Achîr et à une journée de marche de la première de ces deux villes (cf. El-Bekri, p. 65). L'emplacement exact de cette ancienne cité [détruite sur la fin de la révolte d'Ibn Ghânya (cf. *Hist. Berb.*, tr. III, 339)] est assez difficile à déterminer. Il se peut qu'elle se trouvât où était la ville de Blida comme le pense M. de Slane (*Berb.*, trad., I, xcv) ; mais il ne faut pas toutefois perdre de vue que Blida, après le tremblement de terre de 1825 ne fut pas rebâtie à la même place. On pourra lire avec profit le chapitre consacré à cette ville par M. de Goeje dans sa *Descriptio al Maghribi* d'après le géographe El-Ya'qoûbi (Mattiǧa, chap. VIII, p. 94 et suiv.); voyez aussi une note de Rousseau in *Journ. Asiat.*, avril-mai 1853, p. 391. Mitidja est encore aujourd'hui le nom de l'immense et fertile plaine comprise entre les massifs montagneux de Miliana, Blida, de la grande Kabylie et la mer. Les indigènes d'Algérie prononcent *Mtîdja* ou *Mtîja*. Ce nom qui a pris une forme arabe vient du berbère *Iṭîj* ou *Iṭîdj* يطيج = soleil, et non pas du mot arabe *tâdj* تاج = couronne, diadème, ainsi que le prétendent certains orientalistes (voyez, par exemple, une note de M. de Slane, *Berb.*, trad., III, 339), ni du nom de la *gens* Mattidia, cf. R. Basset, *Les Dictons de Sidi Aḥmed Yousof*, Paris, 1890, in-8, p. 32. Dans El-Bekri (p. 65), Yaqoût, IV, 413; *Marâçid* (p. 40 du t. III) on lit متيجة, qui est une orthographe inexacte.

2. Les renseignements qui précèdent, sur l'expédition du gouverneur général Abou Moḥammed, ont été puisés dans Ibn Khaldoûn, *Hist. Berb.*, éd. I, 384.

les grands du Maghrib de cette décision en les priant d'y adhérer. Cette proposition fut acceptée et l'on offrit à El-'Adil d'abdiquer. Il refusa et fut assassiné (21 chawwâl 624 = septembre-octobre 1227) (1).

Ce fut vers cette époque que Tlemcen faillit être le théâtre d'une révolution en faveur de l'Almoravide. Cette ville possédait une milice almoravide, conservée par 'Abd-el-Moûmin depuis l'époque à laquelle ce prince avait conquis la place. Le chef de cette milice, qui était alors un certain Ibn-'Allân, blessé dans son amour-propre par le sîd Abou Sa'îd frère d'El-Mâmoûn et gouverneur de Tlemcen, résolut de se débarrasser des chefs des Beni 'Abd el-Wâd, les plus fermes soutiens des Almohades, et de proclamer la souveraineté d'Ibn Ghânya, prince de sa nation. Le complot ayant été dévoilé par Djâbir ben Yoûsof, l'un des Beni 'Abd el-Wâd, les Almoravides furent exterminés et Djâbir nommé gouverneur de Tlemcen et de la province (2). Cependant, les cheîkhs du Maghrib se repentant de la décision qu'ils avaient prise, ne tardèrent pas à rejeter la souveraineté d'El-Mâmoûn et proclamèrent Yaḥîa ben En-Nâçir (3). Le nouveau prince ne reçut

1. *Qarṭâs*, 164. L'auteur du *Qarṭâs* raconte que les conspirateurs s'étant saisi d'El-'Adil dans son palais même, lui maintinrent la tête sous l'eau pendant qu'ils l'étranglaient avec son turban. Beaumier, dans sa traduction a écourté cette scène très détaillée dans le texte. Ibn Khaldoûn (*Hist. Berb.*, éd., I, 341), place cet événement au commencement de chawwâl (littéral. : pendant les jours de la fête de la rupture du jeûne du mois de Ramaḍân); voyez aussi El-Qairowâni, 120.

2. Cf. *Hist. Berb.*, trad., III, 331. Ibn Khâldoûn ajoute : « Ce fut le premier prince étranger à la famille royale qui gouverna Tlemcen ». C'est de là que date le commencement de la puissance abd-el-wâdite; voyez à ce propos : Yaḥîa Ibn Khaldoûn, *Bighyat er-Rowwâd*, 1re partie, chap. III, section I. Cf. sur cette révolte, R. Basset, *Nédromah et les Traras*, p. 36-37.

3. Voici, d'après le *Qarṭâs* les noms de ce prince : Yaḥîa ben Abou 'Abd Allah En-Nâçir ben el-Mançoûr ben Yoûsof ben 'Abd el-Moûmin ben 'Alî, nommé Abou Zakarya selon les uns, Abou Soleîman selon d'autres, il était surnommé encore El-Mo'taçim billâh. Il fut proclamé le mercredi 28 chaw-

pas l'adhésion de toutes les tribus de l'Afrique mineure et la guerre s'alluma dans ce pays.

Un mois après l'avènement de Yaḥia, tout le pays du Gharb (1) était en révolution, la disette s'ensuivit et les routes furent infestées par les brigands. Impuissant à mettre un terme à une pareille situation, Yaḥia ben En-Nâçir voyant une partie des cheikhs l'abandonner pour reconnaître El-Mâmoûn, craignit que son sort ne fût le même que celui de ses prédécesseurs. Il s'enfuit de son palais et se retira à Tînmâl (djoumâda IIe 626 = avril-mai 1229) (2). Il continua la guerre bien que la souveraineté d'El-Mâmoûn fût presque partout reconnue et ne cessa de résister, jusqu'à sa mort, le 22 ramaḍân 633 (juin 1236). El-Mâmoûn avait été proclamé à Marrâkoch vers la fin de djoumâda IIe 626 (mai 1229). Il se livra alors à tous les excès et à toutes les extravagances (3). En Ifrîqîya, la scission redoutée par les souverains almohades précédents allait trouver l'occasion de se produire. Dès 624 (1226-7 J.-C.) El-Mâmoûn envoyait à Abou Moḥammed ʿAbd Allah gouverneur général de la province de l'est, l'ordre de lui faire prêter serment par tous les Almohades de son gouvernement. Abou Moḥammed refusa d'exécuter cet ordre. El-Mâmoûn s'adressa alors au gouverneur de Gâbès Abou Zakaryâ, frère du précé-

wâl 624 (octobre 1227) (*Qarṭâs*, 165); d'après El-Qaïrowâni, ce fut le 22 du même mois qu'eut lieu cette proclamation.

1. C'est le nom sous lequel les indigènes désignent le Maroc. Cf. Moulièras, *Maroc inconnu*, I, introd., 19; voy. aussi *Journ. Asiat.*, sept.-oct. 1902, p. 231, 232.

2. Cf. *El-Qaïrowâni*, 120; *Qarṭâs*, 165-166.

3. Pour étouffer la révolte dans le Maghrib, il demanda des troupes au roi chrétien de Castille, à qui il fit de grandes concessions. Maître de Marrakoch, il fit massacrer un grand nombre de cheikhs almohades; fit supprimer le nom du Mahdi dans la *Khoṭba* et fit célébrer la gloire de Jésus-Christ. Il fit aussi arrondir les pièces de monnaie (qui étaient de forme carrée avant lui) et défendit de se servir des *dirhems* carrés (Cf. *Qarṭâs*, 167, 168).

dent ; il lui envoyait en même temps le diplôme de gouverneur d'Ifrîqîya. A la suite de cette lettre, Abou Zakaryâ gagna d'abord l'appui d'Ibn Mekki, grand cheîkh à Gâbès et fit prêter à ses subordonnés le serment de fidélité à El-Mâmoûn (1).

A cette nouvelle, Abou Moḥammed sortit de Tunis, dans le but de combattre son frère ; mais arrivé à El-Qaîrowân, les troupes refusèrent de prêter leur concours à cette lutte fratricide et Abou Moḥammed fut conspué par ses propres soldats (2). Une députation des chefs de l'armée se rendit à Gâbès pour offrir au gouverneur de la place la soumission et l'appui de l'armée : Abou Zakarya fut proclamé à El-Qaîrowân en radjeb 625 (juin-juillet 1228) (3) et fit jeter en prison du qaçr Ibn Fakhkhâr (4) son frère Abou Moḥammed. Le secrétaire de gouvernement Abou ʿAmr fut mis à mort (5) et peu après Abou Moḥammed fut exilé en Espagne, à Séville (6).

Lorque le ḥafçide Abou Zakarya apprit en 626 (1228-9 J.-C.) à quels excès se livrait le nouveau souverain El-Mâmoûn, il décida de ne plus lui obéir et proclama sa déchéance. A ce moment là, arrivèrent en Ifrîqîya quelques fonctionnaires nommés par le souverain almohade ; Abou Zakarya les renvoya sans vouloir les installer et fit célébrer la prière au nom de Yaḥîa ben en-Nâçir, qui, ainsi qu'il a été dit, luttait contre El-Mâmoûn pour reprendre possession de son trône usurpé (7). C'est ainsi qu'Abou Zakarya

1. Tout ceci est raconté par Ibn Khaldoûn, *Hist. Berb.*, éd., I, 385.
2. Cf. Ez-Zerkechi, p. 17.
3. Cf. El-Qaîrowâni, p. 125.
4. Nous n'avons aucun renseignement sur cette prison. Peut-être était-ce l'une des nombreuses prisons de Tunis.
5. Cf. *Hist. Berb.*, éd., I, 385.
6. Cf. El-Qaîrowâni, p. 125.
7. Voyez Ez-Zerkechi, p. 17 qui place cette décision d'Abou Zakarya en 627

va s'acheminer peu à peu vers l'indépendance absolue : il fera d'abord supprimer de la prière le nom de Yaḥîa ben en-Nâçir, n'y laissant que celui du Mahdi et prendra ensuite lui-même le titre d'émir (627 = 1229-1230) (1). En 634 (1236-7) enfin, il se fera proclamer souverain et conservera son titre d'émir (2).

Nous avons laissé l'histoire de Yaḥîa ben Ghânya au moment où, poursuivi l'épée dans les reins par le cheîkh Abou Moḥammed, il avait dû chercher un refuge à Sidjilmâsa en 624 (1226-7). A partir de cette époque, l'histoire de l'Almoravide n'offre plus guère d'intérêt; il a compris qu'il n'y avait rien à tenter du côté de l'Ifrîqîya et de Tunis. Il semble alors avoir abandonné ses anciens projets et renoncé à restaurer un jour l'empire almoravide. Son âge du reste lui interdit les trop vastes projets, la vieillesse arrive à grands pas, lui enlever et l'énergie et l'espérance; d'ailleurs, à la suite des échecs successifs qu'il a subis, il a vu ses alliés l'abandonner les uns après les autres, ses parents eux-mêmes se sont séparés de lui, ses fils sont morts. Des formidables bandes d'Arabes et de Berbères qu'il menait jadis à la victoire et au pillage, il ne lui reste plus qu'une poignée d'amis fidèles, prêts à mourir à ses côtés (3). A partir de ce moment, jusqu'au jour de sa mort, l'histoire de Yaḥîa ben Ghânya est sans grand intérêt. Les chroniqueurs musulmans du Maghrib qui ont traité de cette époque, le laissent volontiers dans l'ombre pour s'occuper plus particulièrement de la dynastie nouvelle des Ḥafçides

et ajoute qu'à partir de ce moment, il prit le titre d'émir, sans toutefois le faire figurer encore dans la *khoṭba*.

1. Cf. *Hist. Berb.*, éd., I, 386.

2. Cf. El-Qaîrowâni, 125; Ez-Zerkechi, 17.

3. C'étaient surtout des Arabes des B. Hilâl et des B. Soleîm (voy. *Hist. Berb.*, trad. II, 301).

en Ifrîqîya et des guerres civiles dont l'extrême ouest est le théâtre.

L'infatigable Almoravide ne songea pas un moment à faire sa soumission, il préféra mener une vie errante, toute de brigandages et de rapines. Il s'enfonça dans le désert, nous dit Ibn Khaldoûn, tantôt se dirigeant vers l'Occident, jusqu'aux environs de Sidjilmâssa, tantôt poussant vers l'est jusqu'à El-'Aqaba (1). Dans une de ces courses, il enleva Soweîqa des Beni Metskoûd, dans une autre il attaqua les Maghrâwa (2) dans les environs de Wâdjer (3) entre Mitîdja et Miliyana (4). Néanmoins ces courses nous apparaissent plutôt comme des razzias d'un chef de brigands qui s'enfuit rapidement à la moindre alerte. Ces razzias ne laissaient pas cependant d'inquiéter l'émir Abou Zakarya

1. El 'Aqaba العَقَبَة (voy. *suprà*) que certains vocalisent العُقْبَة El-'Oqba, est comme nous l'apprend l'auteur du *Kitâb el-'Ibar* la grande Aqaba العقبة الكبيرة. Cette ville qui a donné son nom au plateau qui l'environne est située à peu près à 80 lieues d'Alexandrie. On trouvera des détails sur ce plateau ap. *Hist. Berb.*, trad., I, p. 8, note 2.

2. Il s'agit sans doute ici d'une nouvelle incursion de l'Almoravide dans la Mitîdja et non de celle à la suite de laquelle, l'émir Mendîl ben 'Abd er-Raḥmân fut fait prisonnier et crucifié contre les murs d'Alger, faits que nous avons relatés plus haut, comme ayant eu lieu en 624. C'est évidemment à ces événements que fait allusion Ibn Khaldoûn (*Hist. Berb.*, trad. II, 103). Ce fut probablement à la suite de cette campagne que Yaḥîa détruisit la ville de Mitîdja, ainsi que nous l'avons dit précédemment.

3. Un village et une rivière de ce nom existent encore aujourd'hui dans la partie occidentale de la Mitîdja entre Blida et Miliana. L'orthographe de ce nom est واجر que donne par exemple de Slane, dans son édition des *Berbères* (I, 259). Dans la traduction de l'*Istibçâr* (p. 39) on doit lire « *Ḥalq Wâdjir* » avec le ms. d'Alger (cf. *ibid*, note 1) au lieu de Ḥalq Wadjid; cette remarque a, du reste, été faite déjà dans le compte rendu de cet ouvrage (in *Revue africaine*, n° 240, p. 96). Le mot واجر est en effet le mot berbère واكر (serpent) qui fut donné à la rivière, sans doute à cause de son aspect, et que prit ensuite le village bâti sur ses rives. L'on ne saurait rapprocher *Wadjir* du régul. arabe وِجَار « haute berge d'une rivière » (cf. *Lisân el-'Arabe.*, VII, ١٤٣). Nous ne saurions dire si le village actuel d'Ouedjer, s'élève sur les ruines mêmes de l'ancien.

4. Cf. *Hist. Berb.*, II, 103 de la tr.

qui savait par l'expérience du passé, combien Ibn Ghânya, même sans ressources, était un ennemi dangereux. Aussi, après avoir arraché au souverain de Marrâkoch les villes de Constantine et de Bougie, le prince ḥafçide se mit sans relâche, à la poursuite de Yaḥïa. Après avoir remporté sur lui plusieurs importantes victoires, il parvint à chasser le chef almoravide de la province de Tripoli et du Zâb. Toujours acharné à la poursuite de son insaisissable adversaire, il s'avança jusqu'à Wargla (1), et ce fut alors qu'il bâtit la grande mosquée de cette ville (2).

1. El-Idrîsi nous donne d'abondants et curieux détails sur le pays et les habitants de Wargla [وارقلان d'après M. de Goeje dans son édition d'El-Idrîsi et de Slane, ap. El-Bekri; ورجلان d'ap. Wüstenfeld (éd. de Yâqoût)] territoire au sud du Zâb. C'étaient les habitants du Warglân qui allaient vendre au Soudan les dattes de Sidjilmâsa et du Zâb (El-Idrîsi, p. 4) : Ils achetaient aux habitants de l'Égypte les paillettes d'or déposées par le Nil au moment de sa crue annuelle et en fabriquaient de l'or monnayé (El-Idrîsi, p. 8). Le pays du Warglân était à 12 journées de marche du djebel Nefoûsa (*ibid.*, p. 106), à 12 journées d'El-Msîla (*ibid.*, p. 120), à 13 de Gafça (*ibid.*, p. 121). La ville de Wargla était habitée par de riches négociants. On y frappait de la monnaie d'or au coin de la cité. Les habitants de cette ville appartenaient aux sectes schismatiques des Wahâbites et des Abâḍites (*ibid.*, p. 121). Sur l'oasis de Wargla voyez Masqueray, *Chronique d'Abou Zakarya*, p. 30, note 1. Les Almohades ramenèrent ensuite à l'orthodoxie les populations du pays de Wargla et le prince ḥafcide Abou Zakarya leur fit construire la grande mosquée de la ville. Wargla, ainsi qu'on le verra, fut détruite en 626 (1228-9) par Yaḥïa ben Ghânya. Elle fut plus tard rebâtie et les habitants continuèrent même jusqu'au XIe siècle de l'hégire (XVIIe de J.-C.) à dire la prière au nom du Mahdi Ibn Toûmart (cf. El-Ayâchi, tr. Berbrugger, 49 ap. Goldziher : *Materialen zur Kenntniss der Almohadenbewegung*, in *ZDMG.*, 1887, p. 121). Cf. sur l'histoire de Wargla depuis le milieu du XVIe siècle R. Basset, *Les manuscrits arabes des bibliothèques des zaouias de Aïn Madhi et Temacin*, Alger, 1885, in-8, p. 19-35; 40-43, 60-63. Wargla (en 1852) fut le centre de rébellion choisi par le pseudo-mahdi Moḥammed ben 'Abd Allah revenant du pèlerinage. Les partisans de ce nouveau mahdi avaient même réussi à s'emparer de la place forte de Laghoûat, qui fut reprise par le général Pélissier. Quant à Wargla, elle tomba au pouvoir de Si Ḥamza le chef des Oulâd sidi Cheikh, appuyé par des troupes françaises (décembre 1853). Depuis cette époque Wargla appartient à la France.

2. Ces renseignements extraits d'Ibn Khaldoûn, sont reproduits intégralement par le cheikh Bou Râs, Ms. d'Alger, f. 66 et aussi, Arnaud, *Voy. extraord.*, 63.

Voulant ensuite mettre ses États à l'abri d'une attaque, il cantonna des corps d'armées sur les frontières et y établit des gouverneurs. A peine du reste, l'émir Abou Zakaryâ avait-il repris la route du nord que Yaḥîa s'emparait et ruinait la place de fond en comble (626 = 1228-9) pour punir les habitants d'avoir fait leur soumission à l'émir de Tunis. « Il en rasa les murailles, nous dit un chroniqueur contemporain (1) et ne laissa à la place de cette ville qu'un bas-fonds désert où l'on n'eût pu deviner qu'elle existait encore la veille (2) ».

Dans le Maghrib extrême, la lutte continuait toujours entre les deux concurrents au trône. Tandis qu'ils s'épuisaient l'un l'autre dans cette lutte fratricide, un nouveau prétendant se levait à Ceuta, un frère d'El-Mâmoûn, le sîd Abou-Moûsa se déclarait souverain de cette ville. El-Mâmoûn voulut marcher contre lui, mais pendant ce temps Yaḥîa ben en-Nâçir descendait de ses montagnes et s'emparait de Marrâkoch qu'il livrait au pillage. El-Mâmoûn, levant en hâte le siège de Ceuta, revint secourir sa capitale; il mourut en route (630 = 1232-3)(3) et son fils Er-Rachîd lui succéda. Cette mort venait encore augmenter l'état d'anarchie dans lequel était plongé le Maghrib. C'est alors qu'une nouvelle tribu berbère du Sahara, celle des Beni Merîn, va faire irruption dans ce pays et recueillir la sucsion facile des derniers descendants de 'Abd el-Moûmin.

La destinée avait voulu qu'au moment même où l'em-

1. Le cheïkh Abou l-'Abbas Aḥmed ben Sa'îd ben Soleïmân ben 'Ali ben Ykhlef ed-Derdjînî, auteur du *Kitâb Ṭabaqât el-Machâïkh*. On trouvera de cet ouvrage une notice bibliographique dans le travail de M. de Cassalanti-Motylinski, *Les livres de la secte abadhite*, in *Bull. de corresp. afric.*, année 1885, p. 38 et suiv.

2. Cf. *Kitâb Ṭabaqât el-Machâïkh*, apud de Motylinski, in *Bull. de corresp. afric.*, 1885, p. 40.

3. Cf. *Hist. Berb.*, trad. II, 237. Il mourut en 629 (1231-2) selon l'auteur du *Qarṭâs*.

pire almohade agonisait au milieu des révolutions de palais et de la guerre civile, Yaḥîa ben Ghânya, à bout de moyens, d'alliés et de ressources, contemplât cette agonie de l'ennemi héréditaire sans pouvoir rien pour se substituer à lui. Ils s'étaient, lui et les siens, pendant plus d'un demi-siècle, épuisés à lutter contre l'usurpateur almohade, ils l'avaient harcelé sans cesse et lui avaient fait de mortelles blessures; mais voilà qu'au moment où il va disparaître, les vainqueurs eux-mêmes sont impuissants à recueillir cette succession, objet de leurs désirs, et penchent eux aussi vers la tombe. Ce formidable duel entre deux grandes tribus berbères, ou plutôt entre deux grands empires, s'achève par l'anéantissement final des deux adversaires.

Sans vouloir établir un parallèle entre la lutte de Yaḥîa ben Ghânya en Afrique contre l'empire almohade et celle qu'Annibal soutint en Italie contre Rome, pendant les treize années qui suivirent la bataille de Cannes, nous ne pouvons nous soustraire à un juste sentiment de profonde admiration et pour l'un et pour l'autre de ces deux généraux, luttant en pays ennemi pour la gloire de leur patrie. L'un et l'autre n'eurent d'autres ressources que leur constance et leur habileté à attacher à leur cause des mercenaires ou des alliés, dont la soif de l'or et du pillage étaient les seuls stimulants.

Lorsque les Baléares tombèrent en l'an 600 (1203-4) au pouvoir des Almohades, Yaḥîa ben Ghânya n'eut plus à compter sur les ressources qu'il pouvait en tirer pour payer ses soldats et s'attacher des alliés; de même, après la bataille de Cannes, le Sénat carthaginois refusa tout secours à son grand général qui, malgré cet abandon, réussit à tenir encore pendant treize ans dans cette Italie qu'il ne quitta qu'à regret.

A la chute des îles Baléares, Yaḥîa aurait pu se laisser aller au découragement. C'était en effet pour lui la perte de tout espoir de retour au pays natal; c'était sa patrie qui tombait asservie; c'était son ultime ressource qui disparaissait. Il eût pu signer alors avec l'ennemi une paix honorable, abandonner la lutte; il n'y songea pas un instant et avec une indomptable énergie, il redoubla d'activité et s'apprêta à arroser de nouveau, du sang almohade, cette terre d'Afrique, berceau de ses aïeux et où lui-même devait finir ses jours. Pendant cinquante années d'une lutte sans merci, il goûta tour à tour les joies de la fortune et l'amertume des revers, sans jamais se laisser abattre ni ébranler. C'était au contraire avec une énergie sans pareille, une ténacité extraordinaire, qu'après chaque échec, on le voit s'ingénier à chercher et trouver de nouveaux alliés. Dix fois ses contingents arabes l'abandonnent devant l'ennemi et dix fois, échappant à la mort comme par miracle, il fuit et réussit encore à lever de nouveaux contingents. Ceux-ci ne sont ni plus sûrs, ni plus fidèles que leurs frères d'hier et Yaḥîa risque pourtant, à chaque fois, les chances de la lutte, sachant bien que la moindre victoire peut gagner à sa cause de nouveaux alliés et être le prélude de victoires plus grandes. On s'explique néanmoins qu'avec de pareils auxiliaires, Yaḥîa n'ait pu réussir à fonder un empire durable; bien plus, on est frappé d'étonnement et d'admiration pour cet homme, qui, pendant si longtemps, put tenir la campagne et faire frémir de terreur au seul bruit de son nom les peuples du Maghrib entier, de la Tripolitaine au pays de Sidjilmâsa et des oasis sahariennes jusqu'à la Méditerranée.

Dans les dernières années de sa vie, il était demeuré presque seul; à peine quelques fidèles amis avaient-ils uni leur fortune à la sienne. Abandonné de ses frères et de ses parents les plus proches, dont la plupart du reste étaient morts sur les champs de bataille, Yaḥta ne conservait plus d'espoir. Il avait eu deux fils, dans lesquels il avait placé toutes ses espérances : il les avait élevés au milieu des combats et dans la haine de l'ennemi ; tous les deux étaient morts, l'épée à la main, aux côtés de leur père déjà vieux. Yaḥta ben Ghânya avait traversé ces rudes épreuves, et seul, il était resté malgré tout, sur la brèche, sans songer un instant à déposer les armes : il n'y avait que la mort qui eût pu l'y contraindre. Plus heureux cependant que son frère 'Ali qui n'avait pu voir que l'aurore de la révolte, lui en avait vu les effets. S'il n'avait pu renverser l'empire almohade et restaurer sur ses ruines l'empire de ses pères, il avait du moins, en mourant, la consolation d'avoir porté à l'ennemi des coups dont celui-ci ne se relèverait jamais.

Il vint mourir sur les bords du Chélif, non loin de Miliyâna. C'est là qu'il fut enterré (633=1237-8) (1). Avec lui s'éteignit le dernier représentant de l'empire almoravide. Au dire des chroniqueurs musulmans, il ne laissait que trois filles, qu'il confia à la générosité de son ennemi,

1. Il est bien difficile de préciser les circonstances dans lesquelles il mourut, ainsi que l'endroit de sa mort et de sa sépulture. Les rares chroniqueurs qui en font mention ne sont pas d'accord sur ce point. Voici par exemple ce que dit, à ce sujet, Ibn Khaldoûn : Il mourut en 631 ou 633, après avoir régné 50 ans. On cacha le lieu de son tombeau, que les uns disent être Radjouân, vallée au midi de Laribus, et que les autres placent sur les bords du Chélif, dans le voisinage de Miliyâna. D'autres encore assurent qu'il fut enterré dans le Sahara, au sud de la province du Zâb ». *Hist. Berb.*, trad., II, 103. Pour ce qui concerne Radjouân il est peu probable que le rebelle ait pu pénétrer ainsi au cœur de l'empire d'Abou Zakaryâ et aller mourir à quelques lieues de sa capitale. Nous avons vu en effet précédemment que ce prince avait renforcé la garde des frontières pour prévenir l'invasion de ses états par Yaḥta et que lui-même le poursuivait sans trêve. Le cheikh Bou Râs raconte cet événement de la façon suivante : « La mort qui frappa Ibn Ghânya à Chélif, au-dessous de Miliyâna, en l'année 632 (1234-5) et après un règne de 50 ans, etc... » cf. Arnaud, *Voy. extraordin.*, p. 63 ; Bou Râs, Ms. d'Alger, f° 66.

l'émir Abou Zakaryâ. Elles furent traitées avec distinction par ce prince ḥafçide. Il les logea à Tunis dans un palais spécial, qui de ce fait reçut le nom de Qaçr el-Banât (palais des filles) (1).

Débarrassé de l'ennemi qu'il redoutait le plus, l'émir Abou Zakarya put se donner tout entier à son royaume. Il l'augmenta vers l'ouest, du Maghrib central jusqu'à El-Baṭḥa (2). Alors commença pour la nouvelle dynastie une ère de grandeur et de prospérité.

1. Cf. *Hist. Berb.*, trad., II, 103; Bou Râs, *loc. cit.*; Arnaud, *ibid.*, p. 64.

2. El-Baṭḥa البطحاء, ville fondée par ʿAbd el-Moûmin en 555 (1160) à son retour de l'Ifrîqîya. Elle fut bâtie selon la légende, à l'endroit où l'un des cheikhs almohades se serait fait tuer à la place de ʿAbd el-Moûmin, averti à temps qu'un complot était tramé contre lui pour l'assassiner (cf. ʿAbd el-Wâḥid, trad., 198, note 1; Léon l'Africain, éd. Scheffer, III, 37-40 et n. 1, p. 40; R. Basset, *Nédromah et les Traras*, 31 et suiv. et les notes. El-Baṭḥa était sur la rive droite de la Mîna à 4 ou 5 lieues du Chélif. Les ruines de cette ville seraient encore à Sidi ʿAbd el-Hâdi sur l'Hillil.

APPENDICE

Pour la partie de l'histoire étudiée dans ce mémoire (chap. VIII, X, XI), l'extrait de la *Riḥlà* d'Et-Tidjâni (texte arabe et traduction française), que l'on trouvera ci-après, est un document d'une incontestable valeur. Il s'agit, en effet, de renseignements relevés sur des papiers officiels ou sur des registres de l'empire hafçide, et de récits de chroniqueurs parfois contemporains des faits rapportés et dont les œuvres sont aujourd'hui perdues.

L'auteur et son ouvrage. — L'auteur de l'ouvrage, d'où nous avons tiré cet extrait, nous est fort peu connu, malgré la valeur réelle de son œuvre. Son nom, pas plus que le titre de son ouvrage ne figurent dans les grands recueils bio-bibliographiques d'auteurs musulmans. Hadji Khâlifa a négligé d'en parler et il n'en est fait aucune mention dans le *Geschichtschreiber der Araber* de Wustenfeld, ni dans l'introduction de Reinaud à sa traduction de la *Géographie d'Aboulféda*. De quel pays était le cheïkh Et-Tidjâni? où avait-il fait ses études? à quel genre de recherches s'était-il plus particulièrement adonné? il serait bien difficile de répondre à toutes ces questions? Il ne semble pas qu'il eût jamais séjourné en Espagne ou qu'il y fût né, car il n'est cité ni par El-Maqqari, ni dans l'*Ensayo bio-biblio-*

graphico de F. Pons Boïgues. Était-ce donc un Maghribin? nous inclinerions à le croire, car il était d'usage à la cour almohade-hafçide, plus que dans toute autre dynastie berbère peut-être, de confier les hauts emplois à des hommes du pays, souvent même de la tribu du souverain (1). Nous ne saurions fixer non plus la date de sa naissance (2) ni celle de sa mort. Le nom même de cet auteur est diversement présenté par les écrivains musulmans qui ont eu à le citer; c'est ainsi qu'Ibn Khaldoûn l'appelle toujours Abou Moḥammed; l'auteur de la Farésiade (3) lui donne les noms d'Abou Moḥammed 'Abd Allah, et Ez-Zerkechi ceux de Abou 'Abd Allah Moḥammed ben Ibrâhîm (4).

Au surplus, étant donné le point de vue auquel nous nous plaçons ici, la connaissance de ces détails est tout à fait secondaire. Pour juger, en effet, de la valeur historique de l'ouvrage d'Et-Tidjâni, il suffit de savoir dans quelles conditions et avec quels documents il l'a composé; or, il s'est chargé de nous l'apprendre lui-même. C'est, nous dit-il, la relation d'un voyage qu'il entreprit (1306-1309 de J.-C.), de Tunis, à l'île de Djerba, puis au Djerîd et de là à l'est de Tripoli, accompagnant son maître Abou Yaḥîa Zakaryâ ben Aḥmed el-Lâḥiyâni (5), grand cheîkh

1. Ibn Khaldoûn, dans ses *Prolégomènes* n'a-t-il pas dit : « Si le sultan se fait assister par un de ses parents, ou un de ceux avec lesquels il a été élevé, ou par un des anciens clients de sa famille, l'appui d'un tel homme est toujours efficace, à cause de la conformité de ses sentiments avec ceux du prince. » (Cf. *Not. et Ext. des Mss de la B. I.*, t. XX, p. 2).

2. Tout ce qu'il nous apprend lui-même dans sa *Riḥla*, c'est que son père vivait encore lorsqu'il fit son voyage et qu'il en reçut même une lettre à Gabès (Voy. Ms. d'Alger, f. 48 v°; Ms. de Paris, f. 49 r°).

3. Cf. *La Farésiade ou commencement de la dynastie des Beni Ḥafss*, extrait pub. par Cherbonneau, in *J. A.*, janv. 1851, p. 53 et trad., p. 64.

4. *Tarîkh ed-daoulateïn el-Mowaḥḥidîya wa 'l-Ḥafçîya*, éd. de Tunis, p. 51.

5. Cf. *Riḥla*, Ms. d'Alger, f. 3 r°; Ms. de Paris, f. 2 r°; voy. aussi *Hist. Berb.*, éd. I, 487, 488; Ez-Zerkechi, éd., 45.

de l'empire hafçide (1). Et-Tidjâni, qui était le secrétaire et le confident du prince, devait le suivre dans le pèlerinage, mais il tomba malade dans les premiers jours de moḥarram 709 (juin 1309) et dut abandonner la caravane pour rentrer à Tunis (2). Son voyage avait duré plus de deux ans et 8 mois (3). Cette *Riḥla* renferme les indications les plus diverses, concernant la géographie (énumération des accidents de terrain), la botanique, l'archéologie, l'histoire des régions qu'il a parcourues, la biographie de savants et saints hommes qui y sont nés, l'ethnographie et la généalogie des tribus, les mœurs et coutumes, les croyances et le langage des habitants qu'il a visités. Cette foule de renseignements, jetés pêle-mêle, sont d'inégale valeur sans doute, mais il en est d'un réel intérêt scientifique. Et-Tidjâni était, en effet, dans des conditions très favorables, par le prestige même de ses hautes fonctions, pour se procurer les copies — et parfois même les originaux — de pièces diplomatiques et d'actes officiels, et il a le mérite d'avoir su en profiter (4). Il ne s'est point privé non plus des informations orales (5) et l'on se plaît à reconnaître, qu'il a en général accueilli avec la plus grande circonspection les récits mal fondés et qu'il a souvent indiqué la part de l'exagération, qualité rare chez les auteurs musulmans. Il a mis en outre à contribution les œuvres écrites d'une quinzaine de chroniqueurs, généalogistes, géographes ou polygraphes mu-

1. Sur l'importance de ces fonctions, voy. Ibn Khaldoun, *Prolégom.*, *loc. cit.*, p. 14.
2. Cf. *Riḥla*, Ms. d'Alger, f. 132 v°; Ms. de Paris, f. 130 v°.
3. Cf. *Riḥla*, Ms. d'Alger, f. 169 v°; Ms. de Paris, f. 162 v°.
4. Voyez par exemple : Ms. d'Alger, f. 47 r° et v°, 46 v° et s., 82 r°, etc.; Ms. de Paris, f. 47 v°, 44 v° et s., 81 v° *in fine*, etc.
5. Par exemple la mort de Qarâqoûch dans Waddân, lui fut racontée par des B. Debâb, qui en tenaient les détails de leurs grands-pères. Cf. Ms. d'Alger, f. 45 v° et 46 r°; Ms. de Paris, f. 46 r° *in med.*

sulmans, dont beaucoup sont aujourd'hui perdues. Remarquons encore qu'il ne s'est pas borné à enregistrer les indications qu'il y trouvait, mais qu'il a parfois tenté de les comparer les unes aux autres et de les discuter, faisant ainsi preuve d'un certain sens critique peu commun à son époque (1).

Dans son « journal de route », Et-Tidjâni a eu la modestie d'effacer sa personnalité, et l'intelligence de ne pas encombrer son récit d'une foule de faits personnels et d'incidents insignifiants, sans intérêt pour le lecteur. Le style en est clair, généralement simple et d'une grande pureté. Il serait excessif et injuste d'accuser l'auteur de pédantisme, parce qu'il a entremêlé son récit de nombreuses citations poétiques « parures propres à orner le discours », comme il le dit lui-même (2); ne fallait-il pas qu'il se conformât aux usages des écrivains de son époque; il eut sans doute été sévèrement jugé par les lecteurs de son livre, s'il n'avait pas donné les preuves de ses abondantes lectures et s'il n'avait pu lui-même tourner une pièce de vers ou de prose rimée. Au surplus, et quoiqu'en ait dit feu Rousseau, la plupart de ces pièces de vers sont d'un grand intérêt littéraire, quand elles ne renferment pas en outre de précieux renseignements pour l'histoire politique. On sait en effet, qu'alors, la correspon-

1. Voyez par exemple ce qui est dit (Ms. d'Alger, f. 67 r°; Ms. de Paris, f. 67 r° et v°) à propos d'un passage d'Abou 'ṭ-Ṭahir es-Salfi.

2. Cf. Ms. d'Alger, f. 2 v° *in fine*; Ms. de Paris, f. 1 v° *in fine*. Ibn Khaldoûn (*Prolégomènes*, *loc. cit.*, p. 28) a dit que « pour rédiger les lettres et exposer en bon ordre les choses qu'on est chargé de communiquer par écrit, on doit connaître parfaitement tous les secrets du beau langage. » Abou Ghâlib 'Abd el-Ḥamid († 132) dans son *Épître* aux secrétaires avait dit lui aussi : Cultivez la langue arabe afin de pouvoir parler avec correction; travaillez ensuite à vous faire une belle écriture; car, c'est la parure qui doit orner vos écrits; apprenez par cœur des poèmes (des Arabes); familiarisez-vous avec les idées recherchées et les expressions insolites qu'ils renferment; etc... » (cit. par Ibn Khald., *Prolég.*, *ibid.*, p. 30, 31).

dance politique et administrative se faisait d'ordinaire en prose rimée ou en vers; nous devons donc savoir gré à Et-Tidjâni de nous avoir conservé, dans sa *Riḥla*, un certain nombre de ces documents. La valeur des renseignements historiques fournis par Et-Tidjâni, au moins en ce qui touche à l'époque des B. Ghânya, a été reconnue déjà (1) par le grand historien berbère Ibn Khaldoûn, qui en cite plusieurs extraits, et Ez-Zerkechi pour faire sa chronique a puisé dans la *Riḥla*, peut-être plus souvent qu'il ne l'indique.

Les manuscrits. — Le livre d'Et-Tidjâni est encore inédit. Il ne semble pas, d'autre part que les manuscrits qui existent de cet ouvrage, soient très nombreux. Une opinion analogue était déjà émise en 1854 par Defrémery (2), d'après le baron de Slane, qui lui disait n'en avoir pu trouver aucune copie en Algérie. Dans le même article, Defrémery mentionnait une copie qui lui avait été signalée par Cherbonneau. Celle-ci était d'assez basse époque (chawwâl 1180 = mârs 1767) et « d'un luxe de calligraphie et d'ornementation peu communs ». Il nous serait impossible de dire ce qu'est devenu ce manuscrit. Nous pensons que des recherches dans les bibliothèques privées ou publiques de la Tunisie, auraient des chances de faire

1. Defrémery, parlant de la *Riḥla* d'Et-Tidjâni d'après la traduction A. R., a remarqué que « tout ce qui a trait aux XIe et XIIe siècles, est digne de la plus haute attention ».

2. « La relation d'Et-Tidjâni est elle-même fort rare dans l'original. » Nous parlerons un peu plus loin de ce compte rendu de la traduction A. Rousseau, qui a été inséré par Defrémery, dans ses *Mémoires d'histoire orientale*, Paris, 1854-62, 2 part. in-8, t. I, p. 187-195, et sur lequel M. R. Basset a eu l'obligeance d'appeler mon attention. M. Dournon, professeur à la médersa d'Alger, qui, au cours du présent travail, m'a rendu mainte fois le service de relever pour moi un certain nombre de passages d'ouvrages, manuscrits ou imprimés, n'existant pas à Tlemcen, a bien voulu encore me faire prendre une copie de l'article de Defrémery; je lui en adresse ici mes remerciements.

découvrir de nouveaux exemplaires de la *Riḥla* d'Et-Tidjâni, et A. Rousseau en 1851 en avait réunis trois copies, dont l'une fut donnée par lui à la Bibliothèque nationale de Paris. Nous aurons à revenir plus loin sur ces différentes copies, et nous parlerons aussi du manuscrit de la Bibliothèque universitaire d'Alger, qui, avec celui de Paris, nous a servi à établir le texte de l'extrait publié ici.

La traduction abrégée de A. Rousseau (1). — C'est la seule traduction qui ait paru de cet ouvrage. Le traducteur a le mérite d'avoir fait connaître aux orientalistes européens l'ouvrage d'Et-Tidjâni. On aurait, toutefois, pu attendre une meilleure version, étant donnée la situation de A. R. qui lui permettait de se renseigner facilement sur les pays décrits par Et-Tidjâni, auprès des hauts personnages musulmans de la Tunisie. Defrémery consacra à cette traduction, un compte-rendu analytique qui parut d'abord dans le *Constitutionnel* du 11 janvier 1854 et fut reproduit par l'auteur, dans la première partie de ses *Mémoires d'histoire orientale* (2). Les seules critiques, à l'adresse de la traduction de A. R., que l'on rencontre dans cette analyse, s'appliquent aux noms propres, dont l'orthographe n'est pas toujours fidèle, et au style qui manque parfois d'exactitude et de correction.

Une comparaison attentive de cette traduction avec les textes des manuscrits de Paris (fonds arabe, 2285) et d'Alger (B. U. 2014) nous permet d'ajouter que la version n'est pas toujours très exacte (3). En outre le traducteur,

1. Elle a paru en trois articles successifs au *J. A.*, nos de août-septembre 1852 (p. 57-208), de février-mars 1853 (p. 101-168) et de avril-mai 1853 (p. 354-425).

2. Paris, Firmin Didot, 1854, 1re partie, p. 187-195.

3. Dans le court extrait de la *Riḥla* d'Et-Tidjâni, donné ici, nous aurons

disposant de trois copies de la *Riḥla*, a eu le tort d'établir sa traduction sur une seule, négligeant ainsi de profiter des variantes fournies par les deux autres. Enfin, il a commis la faute de supprimer, comme « sujets de nul intérêt », toutes les pièces de vers ou de prose rimée, écartant ainsi bon nombre de documents officiels d'une indiscutable valeur.

La traduction A. R. peut être considérée comme une table des matières contenues dans la *Riḥla*; elle indique assez l'importance des renseignements que l'on peut chercher dans ce livre; mais ne répond nullement aux besoins actuels de la science historique.

Les manuscrits utilisés. — Pour publier le texte arabe ci-dessous, nous avons comparés entre eux le manuscrit d'Alger, celui de Paris et la traduction A. Rousseau.

A = Ms. n° 2014 de la bibliothèque universitaire d'Alger. — La date de cette copie est donnée, à la dernière page (f. 171 v°), en ces termes : انتهى بحمد الله تعلى وحسن عونه وصلواته وذلك بي ١٠ جمادى الثاني سنة ١٣٠٠ « achevée... le 10 djoumâda 1300 (19 avril 1883). Ce manuscrit est d'une bonne main maghribine et d'une lecture facile; les fautes y sont rares. Il compte 171 feuillets, chacun de 0m,223 × 0m,160 (ou sans les marges 0,140 × 0,106) et de 18 lignes à la page. Il commence au folio 2 v° par la formule بسم الله الخ à la 1re ligne, suivie de quatre lignes en blanc; le texte reprend donc, à la ligne 6e, par les mots اما بعد حمد الله الذي الخ.

l'occasion de relever plus d'une fois des écarts de sens, des négligences de la part du traducteur; nous aurons le regret de constater que A. Rousseau s'est trop souvent départi de « l'exactitude scrupuleuse » qu'il s'était imposée au début et qu'il n'a pas toujours « serré de près le texte arabe » ainsi qu'il l'avait annoncé en tête de sa traduction (*J. A.*, août-sept. 1852, p. 58).

A, bien que d'une époque trop récente, a l'avantage de donner une leçon différente de celle que fournit la copie de Paris et d'appartenir, par conséquent, à une famille différente. Le passage publié ici, commence dans A au f. 147 r°, lig. 17 et finit au f. 153 v°, lig. 7. Cette copie a été faite sur l'un des deux exemplaires que possède la Djâmi' Zaïtouna à Tunis. Cf. Houdas et R. Basset, *Mission scientifique en Tunisie*, Alger, 1884, in-8, p. 84, n° 114.

P = Ms. n° 2285 (fonds arabe) de la Bibliothèque nationale de Paris. Cette copie, d'une main maghribine est d'une lecture rendue parfois difficile par l'abus fait, par le copiste, des signes voyelles ; ceux-ci ressemblent souvent à de simples points et sont placés d'ordinaire sans grand respect pour la grammaire. Si le copiste de P était moins versé dans la connaissance de sa langue que celui de A, du moins semble-t-il avoir eu sous les yeux un manuscrit plus complet. Dans les notes du texte donné ci-après, on aura l'occasion de voir que P nous a servi plus d'une fois à compléter A. Le ms. P compte 163 feuillets de 0,210 × 0,158 (et sans les marges 0,130 × 0,100) et 19 lignes à la page. Il est écrit de la même main; comme il renfermait une lacune entre les f. 140 v° et 143 r°, elle a été comblée par 2 feuillets écrits d'une main différente. Le nom de l'ancien propriétaire de P figurait à la 1re page (f. 1 et r°), mais il a été en partie gratté (un mot à la fin de la 4e ligne) ; on y lit encore :

هذا الكتاب المسمى
برحلة الشيخ التيجا انى (*sic*)
على ملك الفقير لرحة ربه
محمد بن عبد الغنى
بالشراء والثمن المدفوع

La formule préservatrice يا كبيكج, qui figure par deux fois sur ce 1er folio, a été impuissante à mettre le ms. à l'abri des attaques des vers; ils ont commencé à ronger plusieurs feuillets; nulle part cependant ils n'ont encore endommagé le texte.

On sait que le ms. que nous appelons P, a été donné par A. Rousseau à la B. N. (1). Or, comme A. R. avait 3 copies (appelées par lui A. B. C.) et qu'il a négligé de nous faire connaître laquelle des trois il donnait, nous allons essayer de l'établir. Cela nous permettra de savoir si la traduction R. nous fournit une nouvelle leçon ou si elle représente le texte du Ms. de Paris; nous éviterons ainsi la peine de le rechercher, à qui voudra un jour donner une édition critique de la *Riḥla* d'Et-Tidjâni.

Nous allons d'abord montrer que P. n'est pas le Ms. dont s'est servi R. pour sa traduction et qu'il a désigné sous la lettre A. La comparaison du Ms. n° 2285 (P) avec la traduction R. nous permet de faire les constatations suivantes : *a)* Un passage de la trad. (p. 63 du *J. A.*, sept. 1852) contient les mots بلاد الجريد que le traducteur a conservés en caractères arabes, tandis que le Ms. P. (f. 2 r°) donne pour le même passage البلاد الجريدية; *b)* Il est question à la page 79 (*J. A.*, *ibid.*) d'un certain *Scherik ben el-'Abssi* qui est appelé شريك العبسى (f. 5 r°) dans le passage correspondant de P; *c*). Le chroniqueur Ibn er-Raqîq est mentionné dans la traduction (p. 79, *J. A.*, *ibid.*) sous les noms de Abou Ish'ak' Ibrahim er-Rek'ik', alors que P

1. « Nous avons traduit, dit Rousseau, le plus court des trois mss. que nous possédons de cet ouvrage, et comme l'ouvrage manquait à la Bibliothèque Nationale, nous lui en avons offert un. » (Cf. *J. A.*, septemb. 1852, p. 59). Cette copie fut donnée le 31 juillet 1851 (plus d'un an avant la publication du 1er article de la traduction), ainsi que l'atteste la dédicace qu'on peut lire sur le f. 1 r° du manuscrit de Paris.

(f. 5 r°) l'appelle moins fautivement ابو اسحاق ابراهيم بن القاسم الرفيف; *d*) au même f°, P. cite un vers sur Qorra ben Charîk, qui ne figure pas dans la trad. R. et n'est pas signalé comme supprimé, par le traducteur; *e*) A la page 79 (*J. A.*, *ibid.* note 3). R. annonce qu'il supprime une page et 6 lignes du ms. qu'il traduisait (A) et nous constatons que la partie qui manque dans cette traduction correspond à une page et 4 lignes de P.; *f*) Enfin R. dit (in *J. A.*, avril-mai 1853, p. 424, n. 2) que son ms. A présente une lacune de 3 ou 4 pages, à la fin, cette lacune n'existe pas dans P. Ces preuves suffisent assez à établir que notre P. n'est pas le A de Rousseau. On montrera maintenant que P est le ms. que Rousseau appelait C, en établissant que notre P n'était pas le B de Rousseau : *a*) R. annonce (in *J. A.*, avril-mai 1853, p. 424, n. 2) que pour la fin de sa traduction, il a suivi B; or il traduit, d'après B, que le voyage d'Et-Tidjâni a duré exactement 970 jours; on lit au contraire dans P (f. 162 v°) pour la durée en jours de ce voyage : تسعمئة يوم وخمسة وسبعون يوما; *b*) par la note 1 de la page 89 (*J. A.*, août-septembre 1852), le traducteur nous apprend que le nom d'une fraction de tribu est écrit لاعري par A et لاعوى par B; or ce mot manque dans le ms. P (cf. f. 8 r°, lig. 5).

Dans le texte arabe, publié ici, nous nous sommes borné à signaler les variantes des deux manuscrits d'Alger et de Paris. Il est presque superflu de dire que, dans la traduction française nous avons cru devoir serrer le texte le plus possible; dans les notes nous avons seulement signalé les différences, additions et soustractions, relevées dans la traduction de A. Rousseau(1).

1. Dans les notes de l'appendice, les abréviations : A. désigne le Ms. d'Alger (B. U., n° 2014), P. le Ms. de Paris (n° 2285), R. la traduction A. Rousseau. Le passage de la traduction A. Rousseau, correspondant à celui qui figure dans cet appendice, se trouve dans le *Journal Asiatique*, avril-mai 1853, p. 401-

L'auteur, en terminant ces remarques, sur la *Riḥla* d'Et-Tidjâni, se permet de renouveler ses respectueux remerciements à M. le Ministre de l'Instruction publique et à M. le Recteur de l'Académie d'Alger, qui ont bien voulu lui faire communiquer à Tlemcen, les manuscrits de cet ouvrage qui existent à Paris et à Alger.

121. C'est à ce fascicule du *Journal Asiatique* que nous renverrons le lecteur sous la rubrique *J. A.* sans autre indication.

TEXTE ARABE

ثم توفي ابو يعقوب و ولي إبنه المنصور ابو يوسف فثار عليه بالمهدية (1) محمد بن عبد الكريم الرڤراقي و استبدّ بنفسه وقبض على واليها اذ ذاك (2) ابو علي يونس ابن الشيخ ابي حفص وذلك سنة خمس وتسعين وخمسمئة و كان ابن عبد الكريم هذا ممّا نشا بها و كان ابوه (3) من جندها الساكنين بها المترتبين فيها وهو مضاف الى قبيلة كومية وكانت لمحمّد هذا شجاعة وبسالة ظهرت له في مواطن كثيرة مع الاعراب وغيرهم وكان (4) جمع لنفسه خيلا ورجالا من الرعايا يضرب بهم على الاعراب المفسدة بكيف ضررهم و اعتدائهم (5) و قد علم اقدامه و غناه فقدمه الوالي على ذلك واطلق يده فيمن عند (6) عن الامر منهم فكان يقبض عليهم فيقتل من يقتل ويحبس من يحبس (7) ولم (8) يطلق من حبسه إلّا بعد دفع اموال كثيرة واعطائه العهود و المواثيق على كفّ

1. A. et P. = بافريقية (comp. De Slane, *Berb.*, éd., I, ٢٠٥, qui cite Et-Tidjâni).

2. P. ajoute ici الشيخ.

3. A. et P. = ابنه.

4. P. ajoute قد.

5. P. اعتداوهم.

6. P. = عد.

7. من يحبس manque dans P.

8. P. = لا.

عن العناد و الفساد فكانت العرب (1) تهابه ولاتنتجع ارضه الا بادنه فبعد صيته بذلك وسما ذكره وحصل الأمن به في تلك الجهات فكان يدعى له في المساجد وعقب الصلوات واتفق ان قدم الشيخ ابو سعيد ابن الشيخ ابي حفص على افريقية من قبل المنصور فولى ابو سعيد على المهدية اخاه ابا علي يونس بن ابي حفص (2) فلمّا وصل اليها اطلع على حال ابن عبد الكريم بها طالبه باسهامه فيما يغنمه من اموال الاعراب المفسدين فامتنع ابن عبد الكريم من ذلك وطلب من الشيخ ابي علي (3) ان يجريه (4) على ما اجراه (5) عليه الولاة من قبله فقبض الشيخ ابو علي عليه واهانه وامتحنه فبعث ابن عبد الكريم الى اخيه الشيخ ابي سعيد يستشفع به فاعرض الشيخ ابو سعيد عنه و اتفق في اثر (6) ذلك ان عظم افساد العرب بالساحل (7) و كثر التشكى منهم فالحّ الناس على الشيخ ابي علي في اطلاق ابن عبد الكريم وكادت تقوم بسبب ذلك فتنة فاضطرّوه (8) الى اطلاقه وردّ اليه جنده الذين كانوا متميزين بصحبته وامره بالخروج لكفّ اولائك العربان عن الفساد فاغتنم ابن عبد الكريم ذلك وخرج عن المهدية مبادرا (9) وضرب اخبيته بظاهرها واقام هناك يومَيْن الى ان اجمع اليه الناس فشكا اليهم الشيخ ابا علي به

1. العرب manque dans P.
2. Ce qui précède, depuis على افريقية من قبل الخ manque dans A.
3. A. = ابو على.
4. P. = يخرجة.
5. P. = جراه.
6. P. = باثر.
7. P. = بالشا جل.
8. A. = فاضطَره.
9. P. = مباذِرا.

وعرفهم أنّه عازم على الغدر به (1) إن وقعت منهم موافقة له فاجابوه إلى ذلك وصوبوا لبرائه (2) فنهض بهم في ثلث الليل الاخير الى المهدية فلما فتح بابها دخل اليها بمن احب من جنده وامر باغلاق الباب ثم بادر إلى قصر الشيخ ابي علي وكان ابن عبد الكريم متلثما فانكره البواب واغلق باب القصر فحسر عن وجهه فعرفه ففتح (3) له الباب (4) وفرّ هاربا فدخل ابن عبد الكريم وجماعته (5) الى القصر و سمع الشيخ ابو علي اصواتهم فخرج إلى رحبة القصر عاريا عن السلاح و قبض ابن عبد الكريم عليه واحب قتله فتشفع فيه بعض اصحابه فاستحياه وثقفه في موضع من القصر وذلك في شهر شعبان من سنة خمس وتسعين فلم يزل هنالك إلى ان وصل فداؤه من قبل اخيه الشيخ ابي سعيد بن ابي حفص على يد محمد بن عبد السلام الكومي وذلك خمسة دينار ذهبا فاطلقه ابن عبد الكريم بعد امتناع و اباء وانما اطلقه بشفاعة ابن عبد السلام المذكور وكان صهرا لابن عبد الكريم و وصل الشيخ ابو علي لاخيه الشيخ ابي (6) سعيد بتونس فزجره و هجره (7) ولم يزل غاضبا عليه مدّة من الزمان و استبدّ ابن عبد الكريم بحصن المهدية و تسمى من الالقاب السلطانية بالمتوكل على الله وكانت الكتب تنفذ عنه بذلك و قوى امره و وصل الى تونس السيد ابو زيد ابن السيد ابي حفص بن عبد المومن واليا فعزم ابن عبد الكريم على محاصرته فحشد جموعه و وصل

1. Ce qui précède, à partir de ان اجمع اليه الخ, manque dans A.
2. P. = له رايه.
3. P. ajoute عن وجهيه.
4. الباب manque dans P.
5. A. et P. = جماعة.
6. P. = ابو.
7. P. = هجره.

الى تونس وذلك في شهر المحرّم من سنة ست (1) وتسعين وكان الشيخ ابو سعيد بها اذ ذاك معزولا فدار ابن عبد الكريم بعسكره الى جهة قرطاجنة فضرب اخبيته وخيامه عند مدخل البحر الى البحيرة وهو المكان المعروف بحلق الوادي (2) فامر السيد ابو زيد عند ذلك بتيسير القطع في البحر وخروج العسكر في البر وكان ابن عبد الكريم قد اكمن للجيش كمينا في بعض المواضع فلما وصل عسكر تونس و وقع القتال بينه وبين ابن عبد الكريم خرج ذلك الكمين فولّى العسكر منهزما و قتلت منه مقتلة عظيمة ولم ينج منه الا القليل و ترامت (3) منه جماعة في البحر فقتلوا هنالك و انبسطت جموع ابن عبد الكريم في تلك الجهات فاخذوا من المرسى المعروفة بمرسى البرج اموالًا كانت للناس هنالك و امتعة وانتهبوا من تلك القرى ما قدروا عليه وبعث السيد ابو زيد والشيخ ابو سعيد الى ابن عبد الكريم اشياخا من الموحّدين يعيبون عليه فعله ويذكرونه انتماءه الى الموحدين ويسالونه الرجوع عنهم فاجاب الى ذلك و رجع الى المهدية فاقام بها اشهرا ثم حدّثته نفسه بحصار يحيى بن اسحاق الميورقي وهو اذ ذاك بقابس وقد حدثت بينهما وحشة فخلف على المهدية ابنه عبد الله و توجه الى قابس (4) فلمّا اشرف عليها هاله امرها و علم ان لا طاقة له بها فارتحل عنها الى قفصة وحكم عليها وعند استقراره بها وصل اليه الخبر ان الميورقي خرج اليه من قابس في اتباعه فخرج ابن عبد الكريم في جيوشه (5) من قفصة و نزل (6) بقصور

1. A. = تسع.
2. P. = الواد.
3. P. = ترامى ; A. = ترامات.
4. Ce qui précède, à partir de وقد حدثت بينهما الخ manque dans A.
5. P. = بجيوشه.
6. P. = وصل.

لالة (1) و وصل الميورقي اليه فالتقيا هناك فكانت الهزيمة على ابن عبد الكريم و ولّى هاربا لا يلوي على شئ الى ان حصل بالمهدية و تسرب اليه من سلم من (2) جنوده فحصلوا بها واحتوى يحيى على اخبيته وجميع (3) امواله و اتبعه الى المهدية فنزل (4) عليها محاصرا له وذلك في (5) سنة سبع وتسعين وكان من دهاء الميورقي ان بعث الى السيد ابي زيد بتونس يساله السلام ويطلب منه في اثناء كتابه الاعانة بقطع في البحر يتمكن بها من ابن عبد الكريم فاجابه الى ذلك وبعث اليه قطعتين فلمّا رءاهما ابن عبد الكريم سقط في يده واجمع على توجيه ابنه عبد الله الى الميورقي ليصالحه على تسليم المهدية اليه و يشترط المسالة في نفسه و (6) اهله و ماله فاجابه الى ذلك ورجع عبد الله فاخرج اباه من المهدية و توجها (7) الى يحيى للسلام عليه فلمّا وقعت عينه عليهما امر بهما فصرفا الى خيمتين فثقف بهما متفرقين وحصل يحيى بسور (8) المهدية و استولى على ما كان لابن عبد الكريم بها من الذخائر السنية ثم ادخله هو و ولده الى المهدية فثقفهما في بعض (9) سجونها فلمّا كان (10) بعد ايّام يسيرة اخرج الاب من السجن ميتا لا اثر به فسلم الى اهله فدفنوه بقصر قراصة وبقى ابنه عبد الله يتوقع الموت كل ساعة الى ان اخرجه يحيى و اظهر نفيه الى جزيرة ميورقة ليكون هناك تحت نظر اخيه فعمر له قطعة توجه

1. P. = لالا.
2. من manque dans P.
3. P. = جمع.
4. P. = فانزل.
5. P. ajoute ici اول.
6. Les mots و نفسه manquent dans A.
7. A. et P. = توجه.
8. P. = بحصن.
9. P. = ببعض.
10. P. = بان.

فيها فلمّا حاذا (1) ارباب السفينة به القل (2) بمقربة من قسطنطينية القوه بقيده في البحر فانقص ابن عبد الكريم و ولده وحصلت المهدية للميورقي و لم يبق له بافريقية منازع وحصلت تحت بيعته طرابلس وقابس وصفاقس و بلاد الجريد كلها و القيروان و تبسة و وصلت بيعته بونة فبنى على محاصرة تونس و كان نزوله على تونس بيوم السبت من الشهر المذكور فنزل بالجبل الاحمر من جهة جوفيها و اقام هنالك اياما ثم انتقل منه فنزل بين بابيْ السويقة و قرطاجنة ونزل اخوه الغازي بن اسحاق على الموضع المعروف بحلق الوادي (3) حيث يصب البحر في البحيرة فردمه ردما حتّى صار (4) ارضا يبسا (5) و قطع القوارب الداخلة اليه و الخارجة عنه وترك عليه من يحرسه و توجه فنزل (6) المدينة بمقربة من باب الجزيرة (7) وردم الخندق الذي هنالك ردما (8) ونصب امام الباب مجانيق وآلات من آلات الحرب واقام (9) محاصرا لها كذلك اكثر من اربعة اشهر فلمّا كان يوم السبت السابع من شهر ربيع الاخر من سنة ستمئة استولى على البلد و قبض على السيد ابي زيد وولديه وجماعة من اشياخ الموحدين فثقفوا بدار بنيت لهم بداخل القصبة وجعل عليهم من يحرسهم و أمن اهل تونس في انفسهم ورباعهم و اغرمهم مئة الف دينار ذكر انها هي (10) التي لزمته في النفقة عليها قسطها اهل تونس على انفسهم

1. P. = حادى.
2. القل manque dans A.
3. P. = الواد.
4. P. = عاد.
5. P. = سيا.
6. P. ajoute ici بقبيلي.
7. A. = باب الجزير.
8. A. = رما.
9. A. = قام.
10. P. = هن.

بحسب احوالهم و سعة اموالهم و جعل قابضا لها ابوبكر بن عبد العزيز بن السكّاك من اهلها و لحقهم في استخلاصها من العنف والشدة على يد ثقة الميورقي و كاتبه ما ادى الى قتل جماعة منهم انفسهم و راوا ذلك اروح لهم من جملتهم عبد الربيع (1) المقدم على قبض مال المخزن (2) وغيره من الناس ولما علم الميورقي به امر برفع الطلب عن اهل تونس فيما بقى قبلهم من مال المغرم و ذلك خمسة عشر الف دينار وعامل الناس بالاحسان ونادى فيها بالامان وقد وقفت له على ظهير بصرف بعض املاك بني التجاني عليهم مما (3) تطرق اليه النزول (4) حين دخوله و قبل ذلك وتاريخه الثامن لذي القعدة من سنة ستمئة و في اثناء ذلك بلغه عن اهل جبل نفوسة (5) توقف عن اداء مغرمهم فخرج بنفسه اليهم و استصحب (6) السيد ابا زيد و ولديه يرحلون برحوله و ينزلون بنزوله الى ان استوفى من اهل نفوسة مغرمهم و عاد الى تونس و استقرّ بقصبتها و اتصل بالناصر مما (7) دهم افريقية منه و من ابن عبد الكريم قبله فانتغص لذلك و اخذ في الحركة اليها وكانت الاخبار ترد على الميورقي بحركته فيدفعها الى ان وصل رجاله فاخبروا بوصول الناصر الى بجاية فوجه حينئذ ذخائره و امواله الى المهدية لتكون تحت حياطة ابن عمه علي بن الغازي (8) وخرج من تونس فوصل الى القيروان و اقام

1. P. ajoute ici الغبض.
2. A. = المخزن.
3. P. = لما.
4. P. ajoute في.
5. P. = نفُوصة.
6. P. ajoute معه.
7. P. = ما
8. R. = 'Ali ben el-Mor'azi (cf. *J. A.*, p. 412).

بها اياما ثم انتقل الى قفصة فاجتمع بالعربان هناك و اخذ مواثيقهم (1) و رهاينهم على الخدمة معه و بلغه في خلال ذلك أيضا عن اهل طرة من بلاد نفزاوة ما وجب ان انتقل إليها فاطلق ايدي الجند عليها فقتلوا كثيرا من اهلها و انتهبوا اموالهم و اطلقوا النار في بعض دورها و قد اشرنا الى ذلك قبل هذا (2) ثم انتقل (3) إلى جة (4) مطماطة و وصل الخبر ان الناصر نكب عن طريق تونس و اخذ على (5) طريق قفصة في اتباعه فانتقل إلى جبل دمر متحصّنا به و وصل الناصر الى قفصة (6) فاقام بها ايّاما ثم توجه الى قابس مستفهما عن اخبار يحيى فعرف بانتقاله الى جبل دمر فولى على قابس بعض ولاتها و توجه الى المهدية فنزل عليها بجموعه ونصب عليها آلات الحرب (7) وقدم في اثناء ذلك الشيخ المقدّس ابو(٨) [محمد] عبد الواحد بن ابي حفص لقتال الميورقي فتوجه الشيخ ابو محمد بجيش ضخم إليه فاحبّ يحيى الفرار من الجبل إلى الصحراء فتبعه اصحابه و فرضوه على الثبوت له فالتقيا فكانت (9) الوقيعة

1. P. = مواثيقاهم.

2. Voici ce passage — que rappelle Et-Tidjâni — d'après le Ms. d'Alger; les variantes d'après Ms. de Paris figurent entre parenthèse (cf. Ms. A., fol. 61 v°, ligne 5 et s.; et Ms. P., fol. 61 v°, ligne 5) : ثم اطلق الجند [الخبر] عليها فقتلوا الرجال وانتهبوا الاموال وافترعوا الابكار واخربوا المنازل والديار و وجد الميورقي بها رجليْن من اجناد الموحدين كانا قاطنين بها منذ زمان فضرب رقابهما صبرا وترك طرة خاوية على عروشها و خرج من سلم من اهلها فتفرّقوا في بلاد نفزاوة.

3. A. = انتقلنا.

4. A. = حامة; P. = جهاته; R. = جة.

5. A. = عن.

6. Les mots qui précèdent, à partir de في اتباعه الخ manquent dans A.

7. الحرب manque dans P.

8. P. = ابا.

9. P. ajoute ici بشيخ ابي محمد عليه.

المعروفة بوقيعة تاجرا و قد تقدم ذكرها قبل هذا (1) قد استاصل فيها كثيرا من اجناد يحيى و اجلت الحرب عن قتل اخيه جبارة وكاتبه علي بن اللمطي (2) وعامل يقال له الفتح بن محمد وفرّ يحيى بشرْذمة (3) قليلة وكان قد قدم عياله و اهله على نحو خمسة فراسخ من المعركة فلمّا فر اخذهم بين يديه و لولا ذلك لسبوا و استنقذ الشيخ ابو محمد من يديه السيد ابا زيد حيا بعد ان ضربه الموكل به بسيف ضربات قصد بها قتله فاعجز عن الاجهاز عليه و استنقذ (4) ايضا جماعة من الموحدين سواه ,كانوا في يده و اخذ رايته السوداء و احاط الموحدون بجميع ما في العسكر من الاموال و الابل فانتهبوها و رجع الشيخ ابو محمد بجميع ذلك الى الناصر وهو محاصر للمهدية فاركب الامين الموكل بثقاف ابي زيد على جمل سام شهرة له و بيده الراية السوداء فطيف به على المهدية وكانت الهزيمة في الثاني عشر شهر (5) ربيع الاول عام اثنين و ستمئة ورفع جماد المالقى المشهور بالابداع في قطع الكاغظ (6) هاذين البيتين (7)

راى يحيى امام الحق ياتى — ففر امام من وافى إليه
فشبهت الشقي بياء يقرى — ولام الامر قد دخلت عليه

1. Voici le passage rappelé ici, d'après le Ms. d'Alger (fol. 49 v°, ligne 7 et s.) ; les variantes d'après le Ms. de Paris (fol. 50 v°, l. 10 et suiv.) sont entre parenthèse : ... عند جبل صغير يعرف براس تاجرا (تاجر) على نحو خمسة عشر ميلا منه حيث اوقع الشيخ ابو محمد بالميورقي وقعته المشهورة التي استاصل فيها اكثر اجناده وروى من دمائهم المراقة ظماء (A. = ضماء ; P. = صماء) جياده وهي الوقيعة المعروفة بوقيعة تاجرا اضيفت الى هذا الموضع وكانت سنة اثنتين و ستمئة.

2. P. = اللمط.

3. P. = في شرنمة.

4. P. = استنفد.

5. P. = لشهر.

6. P. = الكاغيط.

7. P. ajoute ici : مقطوعين في الكاغيط.

وكمل التبريز بالغنايم على ملاحظة من المحصورين بالمهدية وهم مع ذلك مكذبون بهزيهته مفحشون في السب والحّ الناصر في قتالهم وجمع المجانيق على جهة واحدة في السور (1) حتى كثر الموت و الجراحات فيهم و تحققوا انهزام يحيى فسقط في ايديهم و طلبوا الامان فاسعفوا به ونزل علي بن الغازي و اتباعه و شيعته على ان يخلى سبيلهم و يسلموا البلد و يكونوا في امان الموحدين الى ان يصلوا الى يحيى حيث كان وكان (2) ذلك في السابع و العشرين من (3) جمادى الاولى فكان بين هزيمة تاجرا وفتح المهدية اربعة وسبعون يوما و خرج علي بن الغازي من المهدية بجملته وحاشيته (4) فضرب اخبيته بقصر قراصة فبات هنالك تلك الليلة ثم دعته نفسه بالدخول (5) تحت طاعة الموحدين فبعث الى الناصر يعرفه بذلك و يقول الآن اطعت بعد ان صرت في حكم نفسي فاستحسن الناصر منه ذلك و استدعاه و احسن اليه و انزله عنده ووافق ذلك وصول الناصر ناصح صاحب ديوان سبتة بالهداء العظيمة التي جمعها في المدة الطويلة وكان فيها ثوبان قد نسجا (6) بانواع الجواهر و جعلت فيها اعلام من اليواقيت و الاحجار النفيسة فامر الناصر بحمل جميع الهديّة الى علي بن الغازي فهات ناصح على اثر ذلك كمدا وترك ابنيْن كالبدر قال فيهما ابو الحسن بن ججري الاشبيلي

ناصح قد كان عبدا ناصحا — في امر ... (7) حتى البنين
لم يلد الّا فلاسا نيرا — فاتنا (8) حيث بدا للناظرين

1. A. et P. = الصور.
2. وكان manque dans P.
3. P. = في.
4. P. = عاشيتة.
5. P. = إلى الدخول.
6. P. = سخا.
7. A. et P. présentent ici une lacune.
8. P. = فاتتنا.

واقام علي بن الغازي مع الناصر الى ان يتوجه (1) الى تونس فتوجه صحبته ثم طلع معه الى مراكش و تحرك الموحدون الى الغزو (2) على جزيرة الاندلس فتحرك معهم فاستشهد بها مع من استشهد من الموحدين رحمهم الله و عفا الناصر على جميع من كان بالمهدية من المقاتلين وغيرهم و اشتغل برم سورها (3) وترك الشيخ ابا محمد (4) بن يغمور الهنتاتي واليا عليها من قبلة وكان انتقاله عنها في الموفي عشرين بجمادى (5) الاخرى سنة اثنتين (6) و نفدت (7) كتب الفتح الى المغرب و الاندلس من منزل ابي نصر في الثاني والعشرين من الشهر المذكور و استقر بتونس في غرة رجب فاقام بها بقية العام المذكور و اكثر عام ثلاثة و ستمئة بعده و لمّا كان شهر رمضان منه اشاع الحركة الى المغرب و تحدّث مع اشياخه و مدبري دولته فيمن يترك بافريقية فاجمعوا على الشيخ ابي محمد بن الشيخ ابي حفص و لم يختلف في ذلك الّا اثنان و لانهم (8) ارادوا بعده عن الخلافة ليجدوا السبيل الى اغراضهم فامر الناصر بعض خدامه بالتحدّث معه في ذلك استحياء من مواجهة به فامتنع و لم تسمح نفسه بمفارقة وطنه و فاوضه الناصر في ذلك بنفسه فاعتذر له ببعد المشقة عن من (9) خلفه بمراكش من اهل و ولد و بها استلزم (10) ذلك من مفارقة الخليفة والبعد

1. A. = نتوجه; P. = توجه.
2. A. = العزو.
3. P. ajoute ici وترتيب امورها.
4. P. = اباعبد الله.
5. A. = جما.
6. A. = اثنين.
7. P. = نعدت
8. P. = كانهم.
9. P. = عمّن; A. = عنمن.
10. A. = ستلزم.

عنه و نظر الناصر فلم يجد عوضا منه و لم يرد اكراهه (1) على المقام فحكى نبيل مملوك الشيخ ابي محمد رحمه الله قال فبينما انا جالس على خباء (2) الشيخ ليلة اذا بضوء قد خرج من مضارب الخليفة فاذا بشرذمة (3) من الفتيان و الخدم قد قصدوا نحو خباء الشيخ قال (4) فعرّفته بذلك قال اذا وصلوا فافتح لهم فلمّا وصلوا فتحت لهم فدخل ولد الخليفة الناصر ومعه ولد الشيخ ابي محمد من ابنة المنصور وهو المعروف بالسيد (5) ابي الحسن وكان الناصر خاله قد رباه مع ولده يوسف المستنصر وليّ عهده و اختصه كولده فوجهه مع ولده ليقرّر ان ابنه بمنزلة الولد و معهما سالم الفتى ولد الناصر وفتيان اخرون سواه فقام الشيخ ابو محمد لولد الناصر واجلسه معه و قال له ما حاجتك ايها الطالب و لو كان عندي غير نعمتكم لقابلتك (6) به فقال له الفتيان كرامته قضاء حاجته فقال نعم حاجته (7) مقضية فقال له الولد ان مولانا وسيدنا يخصك بالسلام ويقول لك هذه البلاد هي من اول هذا الامر العزيز مع هولاء الثوّار في امر عظيم وتحت ليل بهيم و قد وصل اليها سيدنا عبد المومن وسيدنا ابو يعقوب و سيدنا المنصور وما منهم الّا من انفاق عليها اموالا وافنآء في الحركة اليها رجالا والمشقة شديدة و الشقة بعيدة و ما عاد واحد منهم الى حضرته الّا وعاد الويل واظلم ذلك الليل وهذه الدعوة كما يجب علينا القيام بها و الذب عنها كذلك يجب عليك وقد طلبنا في جميع اخوانك السادة و اعيان اهل

1. A. = اكرامه.
2. P. = جناء.
3. A. = بشردمة.
4. قال manque dans P.
5. A. = بسيد.
6. A. = لقابلتكم.
7. A. = حاجة.

الجماعة من ينوب عنا (1) في هذه البلاد فلم نجد عنك معولا فانحصر الامر الينا و اليك فاما ان تطلع الى حضرة مراكش فتقوم هنالك مقامنا ونقيم (2) نحن بهذه البلاد او نطلع نحن الى حضرتنا فقال الشيخ يا بني اما القسم الاول فهو (3) مما لا يمكن و اما القسم الثاني فاجبت اليه على شروط فسر الولد بذلك و قبل يديه و قبل الشيخ ابو محمد راسه و انفصلوا وكانما كان عندهم تلك الليلة فتح جديد بالسرور الذي عمهم والطمانينة (4) مما كان اهمّهم ثم خلا الناصر به مستفهما عن شروطه فشرط الا يتولى افريقية الا بقدر ما تصلح احوالها وينقطع طمع الميورقي عنها ويتخذ الناصر من رجاله من يوجهه عوضا عنه وجعل النهاية في ذلك ثلاث سنين وانه يعرض عليه الجيش فيبقى معه من يقع عليه اختياره و انه ان فعل فعلا كاينا من (5) كان لايسئل عنه ولا يعاتب فيه وان من بقى بعد انفصال الناصر واليا على بلد افريقية فهو منه (6) بخير الناظرين ان شاء ابقاه و ان شاء عزله وغير هذه من (7) الشروط و الناصر مقبل عليه قابل لشروطه و بعد تقرر ذلك خرج الناصر متوجها الى المغرب و ذلك في السابع من شوال و صحبه الشيخ ابو محمد ثلاثة ايام رحل معه بها (8) الى باجا وكان اهل تونس عند خروج الناصر قد وقفوا و رفعوا اصواتهم بين يديه مشفقين من الميورقي وخايفين ان يصل اليهم بعد انفصال الخليفة عنهم فاستدعى الناصر وجوههم وقربهم منه و كلمهم بنفسه و قال انا

1. P. = عنها.
2. P. = نعيهم.
3. فهو manque dans P.
4. Ce mot manque dans A.
5. P. = ما.
6. P. = فيه.
7. من manque dans P.
8. P. = فيها.

قد اخترنا لكم من يقوم مقامنا فيكم و اثرناكم به على شدة احتياجنا اليه وهو فلان فتباشر الناس بولاية الشيخ ابي محمد اذ كان لا يسمع له كلام ما دام راكبا الى ان ينزل وكان يلقب بالصامت ورجع الشيخ ابو محمد من باجا الى تونس واليا على جميع بلاد افريقية وكان اول جلوسه للناس في القصبة يوم السبت العاشر من شوال من السنة المذكورة وهي سنة ثلاث و ستمئة

TRADUCTION FRANÇAISE

A la mort de (l'Almohade) Abou Ya'qoûb, son fils El-Mançoûr lui succéda.

Moḥammed ben 'Abd el-Kerîm er-Regragi se mit en état de révolte à El-Mahdîya, contre ce souverain, se déclara indépendant et fit arrêter le gouverneur de la place Abou 'Ali Yoûnos, fils du cheikh Abou Ḥafç : ces événements eurent lieu en 595 (1198-1199). Cet Ibn 'Abd el-Kerîm avait passé sa jeunesse à El-Mahdîya. Son père, qui faisait partie des troupes en garnison (1) dans cette ville (2), descendait d'une fraction de la tribu des Koûmya. Moḥammed ben 'Abd el-Kerîm était courageux et brave, il en avait donné des preuves sur bien des champs de bataille, soit contre les Arabes, soit contre d'autres (en-

1. Le mot جُند, quelquefois entendu dans le sens très large de عسكر, جموع, جيش, etc., doit toujours, dans cet extrait d'Et-Tidjâni, être traduit par *milice permanente* (comp. Kremer, *Culturgesch.*, I, 210). Ce sens du reste figure dans le *Lisân el-'Arab* (IV, 107); voy. aussi Yaqoût, I, 41. Dans l'Ifrîqiya, à l'époque des gouverneurs arabes, le *djond* était le maître réel, dans le gouvernement (voy. par exemple *Baïyân*, t. I, 62, 63, 76, 77, 88), comme plus tard les janissaires le furent à Alger. Le mot جموع que l'on retrouve aussi dans cet extrait, a un sens plus large que *djond*, et s'applique à toutes les troupes, on peut le traduire par *bandes*, qu'un chef traîne à sa remorque dans une expédition.

2. R. ajoute que ce personnage « avait exercé successivement de hautes fonctions » à El-Mahdîya.

nemis) (1). Il avait réuni sous ses ordres des cavaliers et des fantassins (pris) parmi les sujets (de l'empire almohade). Avec cette troupe, il châtiait les Arabes pillards qu'il mettait dans l'impuissance de nuire et dont il arrêtait les incursions (2). Il avait acquis une telle réputation de bravoure et d'aisance, que le gouverneur (d'El-Mahdîya) lui donna l'investiture officielle et le chargea de frapper ceux des Arabes qui résistaient au gouvernement (3). (Il avait le droit) de faire arrêter les coupables, et de faire mettre à mort ou emprisonner qui il voulait; il ne relâchait ses prisonniers que moyennant une riche rançon et après leur avoir fait donner la promesse et (contracter) l'engagement de ne plus se révolter ni piller. Les Arabes le redoutaient au point qu'ils n'osaient pénétrer sur ses domaines qu'avec sa permission (4). De la sorte, sa renommée s'accrut, sa réputation grandit et grâce à lui, la sécurité régna dans la région (5) : on faisait des vœux pour lui dans les mosquées et l'on prononçait son nom à la fin des prières (6). Or il advint que le cheïkh Abou Sa'îd, fils du cheïkh Abou Ḥafç fut nommé par El-Mançoûr au gouvernement d'Ifrîqîya et envoya son frère Abou 'Ali Ioûnos (7) commander à El-Mahdîya. Lorsque ce dernier fut installé dans son com-

1. R. n'a pas traduit مع الاعراب وغيرهم.

2. R. traduit au contraire : « .... avec laquelle (troupe) il protégeait, les Arabes, ses alliés, contre tous ceux qui venaient les attaquer »; en outre il n'a pas traduit les mots بكيف ضررهم واعتدائهم.

3. Comparer, pour ce passage, la trad. R. (*J. A.*, p. 402) à la nôtre, qui en diffère sensiblement.

4. Les mots : ولا تنتجع ارضه الا باذنه n'ont pas été traduits par R. (cf. *J. A.*, p. 402).

5. Les mots : وحصل الأمان به في تلك الجهات n'ont pas été traduits par R. (cf. *J. A.*, *ibid*).

6. Voyez *suprà*, p. 103, note 1.

7. C'est à tort que ce personnage est appelé Abou 'Ali Youssef par R. (cf. *J. A.*, p. 403).

mandement et qu'il eut pris connaissance de la situation dont jouissait Ibn 'Abd el-Kerîm, il lui réclama une part du butin que ce capitaine faisait sur les Arabes pillards (1). Ibn 'Abd el-Kerîm s'y refusa et demanda au cheîkh Abou 'Ali de lui reconnaître la situation à laquelle l'avaient élevé ses prédécesseurs (2). Le cheîkh Abou 'Ali le fit arrêter, le traita avec mépris et lui fit donner la bastonnade. Ibn 'Abd el-Kerîm adressa (alors) une réclamation au frère (du gouverneur d'El-Mahdîya) le cheîkh Abou Sa'îd qui refusa d'y donner suite.

La conséquence de ces faits fut que les déprédations des Arabes sur le littoral prirent d'énormes proportions et les plaintes contre les pillards se multiplièrent. Les habitants demandèrent instamment au cheîkh Abou 'Ali la mise en liberté d'Ibn 'Abd el-Kerîm, menaçant même de se révolter. Ils l'obligèrent à relâcher le prisonnier et à lui rendre le corps franc qu'il commandait. Le gouverneur ordonna à ce dernier d'aller mettre un terme aux brigandages des Arabes (3). Ibn 'Abd el-Kerîm saisissant cette occasion avec empressement, sortit en hâte d'El-Mahdîya et dressa ses tentes dans la banlieue. Il y demeura deux jours, pendant lesquels les populations (du pays) vinrent le trouver. Il exposa à ces gens (4) ses griefs

1. R. dans sa traduction ajoute des mots qui ne figurent pas dans les Mss. dont nous nous sommes servi, voici ce passage : (Abou 'Ali Youssef) *ne tarda pas à jalouser la haute position et l'influence qu'exerçait Ebn Abd el-Kerim*, et... *tout d'abord* lui signifia qu'il entendait avoir une part dans *tout* ce qu'il prélevait *à titre d'amende ou de contribution* sur les Arabes insubordonnés *ou qui se livraient à des actes répréhensibles* (cf. *J. A.*, p. 403).

2. La traduction R. ajoute : ... *et la plénitude de l'exercice de cette même autorité* (cf. *J. A.*, p. 403).

3. Voici la traduction de R. pour ce passage : Il (le gouverneur) l'invita, en outre, à se mettre à la tête de ses forces et à marcher contre *les révoltés et les brigands, qui infestaient les routes. Ce fut là, certes, une grande faute* (*J. A.*, 403-404).

4. Dans sa traduction a dit (*ibid.*) : il exposa *aux principaux de ses chefs, tous dévoués à sa cause...*

contre Abou 'Ali, à propos de la conduite qu'il avait eue vis-à-vis de lui, et leur fit connaître son intention de trahir le gouverneur, s'ils étaient décidés à marcher avec lui. Ils acquiescèrent à sa demande et approuvèrent sa rebellion.

Dans le dernier tiers de la nuit (1), (Ibn 'Abd el-Kerîm) s'avança vers El-Mahdîya, et dès que la porte fut ouverte, il pénétra dans la place avec les plus dévoués de ses soldats; puis, ayant fait fermer la porte, il se dirigea rapidement vers le château du cheîkh Abou 'Ali. Ibn 'Abd el-Kerîm s'étant voilé le visage, le gardien ne le reconnut pas et ferma la porte du château; il se dévoila et le gardien l'ayant reconnu, lui ouvrit (aussitôt) et s'enfuit à toutes jambes, tandis que le rebelle pénétrait, avec sa bande, dans le château. Au bruit de leurs voix, le cheîkh Abou 'Ali descendit sans armes (2) dans la cour du château. Ibn 'Abd el-Kerîm le fit arrêter; il voulait (même) le tuer, mais quelques-uns des conjurés étant intervenus en faveur du gouverneur, il lui laissa la vie sauve et le fit enfermer dans le château. Les faits qu'on vient de raconter se passèrent dans le mois de cha'bân [5]95 (mai-juin 1199). (Abou 'Ali) demeura là prisonnier, jusqu'à l'arrivée de sa rançon, que son frère le cheîkh Abou Sa'îd ben Abi Ḥafç envoya par Moḥammed ben 'Abd es-Salâm el-Koûmi (3). Cette rançon s'élevait à cinq cents dinârs d'or. Ibn 'Abd el-Kerîm avait d'abord refusé et s'était (formellement) opposé à l'élargissement du prisonnier; il céda cependant, grâce à l'intervention de (l'ambassadeur) Ibn 'Abd es-Salâm, qui était son beau-frère (4). Lorsque le cheikh

1. R. a traduit ici « le troisième jour ».
2. Les mots عاريا عن السلاح n'ont pas été traduits par R.
3. Le nom de cet embassadeur ne figure pas dans la traduction de R.
4. Tous ces détails sur les intentions d'Ibn 'Abd el-Kerîm et l'intervention d'Ibn 'Abd es-Salâm manquent dans la traduction de R.

Abou 'Ali, de retour à Tunis, se rendit auprès de son frère le cheïkh Abou Sa'îd, celui-ci refusa de le recevoir en sa présence, le chassa (de son palais) et demeura pendant un temps courroucé contre lui.

Ibn 'Abd el-Kerîm se déclara indépendant à El-Mahdîya et prit un surnom de roi ; il se fit appeler El-Motawakkil 'ala-llah, nom qui figura dans tous les écrits émanant de lui, et son autorité (dans la région) s'affermit (bientôt) (1).

Sur ces entrefaites, le sîd Abou Zeïd, fils du sîd Abou Ḥafç ben 'Abd el-Moûmîn, arriva à Tunis, en qualité de gouverneur (de l'Ifrîqîya). Ibn 'Abd el-Kerîm résolut d'aller l'assiéger (dans sa capitale); il réunit (donc) ses troupes et marcha sur Tunis en moḥarram 596 (oct.-nov. 1199). Le cheïkh Abou Sa'îd, bien qu'alors révoqué (de ses fonctions de gouverneur) était encore dans cette ville. Ibn 'Abd el-Kerîm tourna la ville et vint se placer du côté de Carthage ; il établit son camp près de l'endroit, qui fait communiquer la mer et le lac (de Tunis), et que l'on nomme Ḥalq el-Wâdi (actuellement : la Goulette). Le sîd Abou Zeïd, donna l'ordre à la flotte de se tenir prête et fit marcher l'armée de terre. Mais Ibn 'Abd el-Kerîm avait placé un corps de troupes en embuscade, (et lorsque) la lutte s'engagea entre l'armée de Tunis et celle du rebelle, la colonne embusquée sortit (de sa cachette) et les troupes de Tunis furent complètement défaites. Il en fut fait un grand carnage et c'est à peine si un petit nombre (de fuyards) put échapper (au massacre). Une partie des fugitifs se jetèrent à la mer où il furent tués. Les troupes d'Ibn 'Abd el-Kerîm se répandirent (alors) dans les environs, firent main basse sur les richesses et les biens des gens du port, connu sous le nom de *Marsa-'l-Bordj* (2), et

1. Les mots قوى امره manquent dans la traduction de R.
2. Cf. *J. A.*, p. 406, note 1.

enlevèrent dans les villages de la région tout ce qu'ils purent piller. Le sîd Abou Zeïd et le cheîkh Abou Sa'îd envoyèrent à Ibn 'Abd el-Kerîm une députation de cheîkhs almohades. Ceux-ci le blâmèrent d'agir de la sorte, lui rappelèrent son origine almohade et le prièrent de se retirer. Il céda et revint à El-Mahdîya.

Après être resté quelques mois dans cette ville, il résolut d'aller assiéger Yaḥîa ben Isḥâq, le majorquain, qui était alors établi à Gâbès et vis-à-vis duquel il avait de nouveau des sentiments de haine. Laissant donc son fils 'Abd Allah gouverner El-Mahdîya à sa place, il partit pour Gâbès. Arrivé devant la place, il fut effrayé des ouvrages de défense qui la protégeait et comprit qu'il ne parviendrait pas à s'emparer de la ville. Il leva donc son camp pour marcher sur Gâfça dont il se rendit maître. A peine y était-il installé qu'il apprit que le Majorquain était sorti de Gâbès pour se mettre à sa poursuite; il quitta Gâfça et vint s'établir à Qoçoûr Lâlla : ce fut là, qu'à l'arrivée du majorquain, le combat s'engagea. Ibn 'Abd el-Kerîm fut vaincu et s'enfuit en toute hâte, à El-Mahdîya, suivi de ceux d'entre ses soldats qui avaient pu échapper (au désastre). Yaḥîa fit enlever les tentes des vaincus, s'empara des richesses (du camp) (1) et poursuivit l'ennemi jusqu'à El-Mahdîya, sous les murs de laquelle il dressa son camp en vue du siège [597 H. = 1200-1 J.-C.] (2).

Le Majorquain eut l'astuce d'écrire à Tunis, au sîd Abou Zeïd, pour lui offrir sa soumission et lui demander en même temps l'appui de ses vaisseaux, pour arriver à bout de la résistance d'Ibn 'Abd el-Kerîm. Cette demande fut

1. La traduction de R. est moins précise pour ce passage et dit : Après avoir enlevé du camp ennemi, tout ce qu'il y trouva... » Cf. *J. A.*, p. 407.

2. R. précise davantage cette date en disant : « *au commencemeut* de l'an 597. »

accueillie par Abou Zeïd, qui envoya deux navires (1). A la vue de ces vaisseaux, Ibn ʿAbd el-Kerîm pris de désespoir, résolut d'envoyer son fils ʿAbd Allah demander la paix au Majorquain, dans les conditions suivantes : il abandonnerait El-Mahdîya, mais ni lui, ni sa famille ne seraient inquiétés et ses biens lui seraient laissés. Ces propositions ayant été acceptées, ʿAbd Allah revint trouver son père, qu'il engagea à sortir d'El-Mahdîya, et tous deux se rendirent auprès de Yaḥîa pour le saluer; à peine celui-ci les eût-il aperçut qu'il donna des ordres (pour qu'on les arrêtât). Ils furent enfermés dans deux tentes (différentes) et isolés l'un de l'autre (2). Yaḥîa vint à El-Mahdîya et s'empara des riches trésors qui avaient appartenus à Ibn ʿAbd el-Kerîm. Il fit amener ensuite ses deux prisonniers et les fit enfermer dans une des prisons de la ville. A quelques jours de là on sortit (de la prison) le cadavre du père; il ne portait (du reste) pas de traces (de violence) et fut remis à la famille d'Ibn ʿAbd el-Kerîm, qui l'enterra à Qaçr Qarâḍa. Quant au fils, ʿAbd Allah, il s'attendait chaque jour à être mis à mort; enfin Yaḥîa l'ayant fait sortir de prison, lui annonça qu'il l'exilait à Majorque, où il serait sous la surveillance de son frère (ʿAbd Allah). On le fit monter sur un navire, chargé de l'emmener, et il partit. Arrivé près de Collo, (port) voisin de Constantine, l'équipage du vaisseau jeta (le prisonnier) tout enchaîné à la mer : Ibn ʿAbd el-Kerîm et son fils avaient vécu.

1. On pourra comparer la traduction de R. à la nôtre, dont elle diffère considérablement, pour tout ce passage relatif à la demande de vaisseaux de secours faite par Yahîa au gouverneur de Tunis (v. *J. A.*, p. 407-408).

2. Nous traduisons le verbe ثقّف par « enfermer, emprisonner » avec Dozy (cf. éd. *Baïyân*, gloss., II, p. 7; *Script. arab. loc. de Abbad.*, I, 152, note 477. C'est aussi le sens qu'a ce verbe dans le langage commun. Par extension il signifie également « entraver (un prisonnier) (le) ligoter » par suite de l'usage chez les musulmans encore en vigueur actuellement au Maroc, par exemple, d'attacher le prisonnier dans sa cellule.

L'autorité du Majorquain maître d'El-Mahdîya, ne rencontrait plus d'obstacles dans Ifrîqîya; les villes de Tripoli, Gâbès, Sfâqs, tout le Djerîd, El-Qaîrowân, Tebessa et Bône, reconnaissaient son autorité. Il résolut de venir assiéger Tunis. Il s'établit devant la ville le samedi (.....) de ce mois (1), au djebel El-Aḥmar, du côté des deux falaises (qui dominent) la ville (2). Il leva le camp au bout de quelques jours et vint l'installer entre les deux portes de Bâb es-Sowîqa et Bâb Qarṭâdjanna (3), tandis que son frère El-Ghâzi ben Isḥâq prenait position à l'endroit appelé Ḥalq el-Wâdi (la Goulette), c'est-à-dire sur le chenal faisant communiquer le lac (de Tunis) avec la mer (4). (El-Ghâzi) fit fermer ce chenal par une digue, pour y empêcher la circulation des navires; puis, ce travail achevé, il y laissa des troupes chargées de le garder et alla planter ses tentes sous les murs de Tunis, non loin de la porte d'El-Djazîra. Il combla le fossé (de défense) en cet endroit, et dressa devant la porte les mangonneaux et machines de guerre. Le siège dura ainsi plus de quatre mois; enfin la ville tomba au pouvoir des assiégeants (5), le samedi 7 rabî' second, de l'an 600 (15 décembre 1203). (Le Majorquain) fit arrêter le sîd Abou Zeïd et ses deux enfants, ainsi qu'un groupe de notables almohades; il les fit enfermer dans une maison bâtie pour eux (6), dans la Qaçba, et gardée à vue. Les habitants de Tunis furent

1. Il y a ici une lacune dans nos mss. et dans la traduction de R. En outre le mot مذكور nous apprend qu'il y manque également un autre passage, dans ce qui précède, et où figure la mention du mois en question.

2. Voir *J. A.*, p. 409, note 2.

3. *J. A.*, p. 409, note 3.

4. Voir *suprà*, p. 114.

5. Le verbe استولى ne nous permet pas de dire si la ville fut prise d'assaut ou si les assiégés se rendirent. Ce dernier sens est le plus probable, à cause des mots que l'on trouve plus bas و امن اهل تونس, car il n'était guère d'usage d'accorder l'amân aux personnes quand la ville était prise d'assaut.

6. R. n'a pas traduit les mots بدار بنيت لهم.

laissés libres et leurs biens respectés, mais ils furent frappés d'une contribution de guerre de cent mille dinars. On raconte que cette somme représentait les frais de la guerre. Cette amende fut répartie entre la population tout entière de Tunis, chacun devant payer selon sa situation et au *prorata* de sa fortune. Ce fut l'un des habitants de la ville, ʿAbou Bekr ben ʿAbd el-ʿAzîz ben es-Sakkâk qui fut chargé de percevoir cette somme. (Ibn ʿAçfoûr) secrétaire et homme de confiance de (Yaḥîa) le Majorquain, pour arriver au paiement de l'amende, traita les gens de Tunis avec sévérité et dureté, au point qu'un certain nombre d'entre eux furent poussés à se suicider, parmi ceux-ci (on citera) ʿAbd er-Rabiʿ, percepteur au gouvernement. Lorsque le Majorquain eut connaissance de ces faits, il fit cesser la levée de l'amende et tint quitte la population de ce qu'elle avait encore à payer, sur la contribution imposée, c'est-à-dire d'une somme de quinze mille dînârs. Il traita, dès lors, les habitants avec bienveillance et ramena la sécurité dans la ville. J'ai consulté de lui un acte de restitution des biens *melks* de la famille des Tidjâni, lesquels biens avaient été immobilisés au moment de l'entrée du Majorquain (à Tunis) et (même) avant. Cette pièce était datée du 8 dsou 'l-qaʿda 600 (8 juillet 1204).

Sur ces entrefaites Yaḥîa apprit que les habitants du djebel Nefoûsa se refusaient à payer l'impôt. Il marcha en personne contre elles et se fit accompagner par le cheîkh Abou Zeïd et ses deux fils; ceux-ci levaient le camp en même temps que le Majorquain et s'arrêtaient, quand lui-même s'arrêtait. (L'expédition se poursuivit) jusqu'à ce que les gens du djebel Nefoûsa eussent acquittés entièrement leur dette; après quoi (le Majorquain) revint à Tunis où il s'établit fortement dans la citadelle.

Lorsqu'En-Nâçir eut connaissance des événements provoqués en Ifrîqîya par le Majorquain, et avant lui par Ibn 'Abd el-Kerîm, il en fut affligé et prit ses dispositions pour entreprendre une expédition dans ce pays. Le Majorquain ayant été informé de cette décision, refusa d'y ajouter foi, jusqu'au moment où arrivèrent ses propres émissaires qui lui annoncèrent l'arrivée d'En-Nâçir à Bougie. Yaḥîa s'empressa aussitôt d'envoyer ses trésors et ses richesses à El-Mahdîya, sous la garde de son cousin 'Ali ben el-Ghâzi. Cela fait, il quitta Tunis, vint à El-Qaîrowân où il demeura quelques jours, puis se transporta à Gafça. Là, il réunit des partisans arabes, et se fit donner des garanties et des ôtages comme gages de leur dévouement à sa cause. Tandis (qu'il était occupé à ces négociations), il reçut de Ṭorra, ville des Nafzâwa, des nouvelles qui l'obligèrent à y aller. Il abandonna cette ville à ses soldats qui tuèrent un grand nombre des habitants, livrèrent la ville au pillage et y mirent le feu en plusieurs endroits comme nous l'avons déjà raconté plus haut (1). De là, le Majorquain partit pour El-Ḥamma des Maṭmâṭa. C'est alors qu'il apprit que En-Nâçir avait laissé de côté la route de Tunis pour prendre celle de Gafça et se mettre à sa poursuite. Levant le camp, le Majorquain s'enfuit

1. Voici la traduction de ce passage de la *Riḥla*; nous en avons donné le texte arabe, d'après les Mss. de Paris et d'Alger en note du texte arabe de cet appendice (voy. *suprà*, p. 206, note 2). Le Majorquain abandonna la ville (de Ṭorra) à ses soldats qui massacrèrent les hommes, s'emparèrent des richesses, violèrent les jeunes filles, démolirent les caravansérails et les maisons [R. = *démolirent presque toutes les maisons*]. Le Majorquain, ayant trouvé dans la ville deux soldats de l'armée almohade [R. = deux hommes des Mouah'edin] qui y demeuraient depuis un certain temps [R. = n'a pas traduit منذ زمان], les fit étrangler [R. = condamner à mort]; puis il abandonna Ṭorra en ruines [R. = déserte et inhabitée], chassa ceux des habitants qui avaient eu la vie sauve, et les dispersa dans le pays des Nafzâwa [R. = ceux des habitants qui purent échapper à la mort se répartirent dans le pays de Nefzaoua].

dans la direction du djebel Dammar pour s'y retrancher. En-Nâçir étant arrivé à Gafça, y demeura quelques jours et prit le chemin de Gâbès, cherchant à se renseigner sur Yaḥîa; il apprit que celui-ci était parti pour le djebel Dammar. Il laissa alors un gouverneur commander à Gâbès, tandis que lui-même marcha sur El-Mahdîya. Il s'établit avec son armée sous les murs de la ville, dressa, contre cette place, ses machines de guerre et envoya le cheîkh (1) Abou (Moḥammed) 'Abd el-Wâḥid ben Abi Ḥafç (2), contre le Majorquain, à la tête d'une forte armée. Yaḥîa voulut fuir la montagne pour gagner le Sahara, mais ses compagnons le suivirent et l'engagèrent à résister à l'ennemi (3). La rencontre eut (donc) lieu : elle est connue sous le nom de bataille de Tâdjera et nous en avons fait précédemment le récit (4). Dans cette rencontre périrent un grand nombre des soldats de Yaḥîa, ainsi que son frère Djobbâra, son secrétaire 'Ali ben el-Lamṭi et un officier du nom de El-Fatḥ ben Moḥammed. Le Majorquain réussit à s'échapper avec une petite troupe de ses soldats. Il avait eu soin de placer sa *smala* à environ cinq parasanges du lieu du combat, et il l'entraîna avec lui dans sa fuite; sans cette précaution, elle serait sûrement tombée aux mains

1. Nous avons négligé de traduire l'épithète المقدس « le saint » que l'auteur, attaché au service des princes ḥafcides, a cru devoir décerner au fondateur de la dynastie.

2. R. = Abou Moh'ammed abou 'Abd el Ouah'id...

3. R. = il renonça à son projet et attendit les ennemis.

4. Nous avons donné plus haut (p. 207, note 1) le texte arabe de ce passage que rappelle ici Et-Tidjâni ; en voici la traduction : ... près d'une petite montagne appelée Râs Tâdjera et à environ cinq milles de celle-ci ; ce fut là que le cheîkh Abou Moḥammed, remporta sur le Majorquain, sa célèbre victoire, dans laquelle il extermina la plus grande partie des troupes de ce dernier ; (le carnage fut tel que) les chevaux (de l'armée d'Abou Moḥammed) étanchaient leur soif dans le sang des victimes. Cette bataille est connue sous le nom de « bataille de Tâdjera » et eut lieu en l'année 602 (1205-6). (Compar. tr. R. in *J. A.*, août-sept. 1852, p. 168).

de l'ennemi. Le cheïkh Abou Moḥammed délivra lui-même le sîd Abou Zeïd encore vivant et que son gardien avait frappé à coups de sabre sans parvenir à le tuer. Par la même occasion un certain nombre d'autres Almohades, prisonniers de l'Almoravide, recouvrèrent leur liberté. En outre, les vainqueurs s'emparèrent de l'étendard noir du Majorquain, firent main-basse sur les richesses (1) et emmenèrent les chameaux qui se trouvaient dans le camp de l'ennemi; puis le cheïkh Abou Moḥammed, avec tout ce butin, revint trouver En-Naçir sous les murs d'El-Mahdîya. L'homme de confiance, qui avait été chargé (par l'Almoravide) de la garde d'Abou Zeïd fut placé sur un chameau de haute taille pour être montré; on lui fit porter d'une main l'étendard noir et on le promena autour d'El-Mahdîya (2). La défaite (de Yaḥîa) avait eu lieu le 12 du mois de rabî' premier 602 (28 octobre 1205). Ḥammâd el-Mâlaqi, dont l'imagination est connue, traça sur un morceau de papier le distique que voici :

« Yaḥîa vit venir l'imâm de la Vérité (Abou Moḥammed), et s'enfuit devant celui qui s'avançait vers lui. »

« Le malheureux (Yaḥîa) est comparable (à la lettre) *ya*, (qui doit être) lue (dans le verbe défectueux) et (disparaît devant la lettre) *lâm* de l'impératif, placée devant (le verbe) » (3).

On exposa, aux yeux des assiégés d'El-Mahdîya, les troupeaux (capturés à la bataille de Tâdjera). Malgré cela, les habitants de la ville ne voulaient pas croire à la défaite de Yaḥîa et continuaient à insulter les assiégeants. En-Nâçir poursuivit l'attaque de la place; il fit réunir les

1. R. a traduit اموال par « munitions considérables ».

2. R. a traduit : on le promena *honteusement ainsi* autour *des murs* de Mahdia *tremblante et alarmée*.

3. Le nom du poète et les deux vers manquent dans la trad. R.

mangonneaux contre un seul point du rempart, et les morts et blessés se multiplièrent parmi les habitants, qui ne doutèrent plus de la déroute de Yaḥia. Les assiégés perdirent (alors) courage (1) et demandèrent l'amân, qui leur fut accordé. 'Ali ben el-Ghâzi se rendit, ainsi que les gens de sa suite et ses partisans, à la condition qu'on les laisserait partir librement, qu'ils quitteraient la ville et seraient sous la protection des Almohades (2). La capitulation eut lieu le 27 de djoumâda premier (10 janvier 1206); la prise d'El-Mahdîya eut lieu soixante-quatorze jours après la défaite de Tâdjera (du 28 octobre 1205 au 10 janvier 1206).

'Ali ben el-Ghâzi sortit d'El-Mahdîya avec les siens et les gens de sa suite, et dressa ses tentes à l'endroit appelé Qaçr Qarâḍa où il passa la nuit; puis sa conscience le poussa à faire sa soumission à l'empire Almohade, et il envoya (un ambassadeur) à En-Nâçir, pour lui apprendre sa résolution (3); il fit dire au souverain : « Aujourd'hui, que je possède (sans contrainte) toute liberté d'action, je me mets à votre service. » En-Nâçir accueillit avec faveur cette décision de l'Almoravide et le fit mander auprès de lui; il lui donna des marques de sa bonté et le fit descendre dans son (propre) palais. Or cela avait lieu (juste au moment de) l'arrivée, auprès d'En-Nâçir, du chef du gouvernement de

1. Pour سُقط في ايديهم nous avons suivi le sens de « perdre courage » que Quatremère a fixé (in *Hist. des Sult. Maml.*, I, 48) et dont il donne plusieurs exemples dans cette acception, dans une note (69, p. 48) très érudite. R. a traduit aussi « désespérer du succès de la lutte » (comp. tr. R. de toute la phrase, in *J. A.*, p. 415).

2. R. a traduit : Le prince (En-Nâçir) céda à leurs prières, à la condition qu'Ali ben el-R'azi, qui tenait dans Mahdia pour El-Mayork'i, serait libre de se retirer avec sa suite et ses partisans; que la ville serait livrée et que les habitants demeureraient sous la sauvegarde des Mouah'edin, jusqu'à ce qu'ils eussent pu rejoindre el-Mayork'i.

3. R. = il envoya faire des propositions de soumission *complète* à En-Naçir *et une demande de prendre du service dans son armée.*

Ceuta, Nâçiḥ, qui apportait de riches présents, fruits de longues économies (1); il y avait entre autres, parmi ces cadeaux, deux vêtements ornés de toutes sortes de pierreries et bordés d'émeraudes et de pierres précieuses (2). En-Nâçir donna l'ordre que tous ces présents fussent portés à 'Ali ben El-Ghâzi. Nâçiḥ en mourut de chagrin; il laissait deux fils (dont le visage était resplendissant) comme la lune dans son plein, et Abou 'l-Ḥasan ben Ḥodjri el-Ichbîli a dit à leur sujet :

« Nâçiḥ était un pur serviteur (de Dieu),......... »

« Il n'eut qu'*un* fils d'une éclatante beauté, et qui séduisait tous ceux qui le regardaient » (3).

'Ali ben El-Ghâzi demeura auprès d'En-Nâçir jusqu'au départ de ce dernier pour Tunis où il l'accompagna; il partit ensuite avec lui pour Marrâkoch. (Plus tard), quand les Almohades allèrent guerroyer en Espagne, il les y suivit et, combattant dans leurs rangs, il y trouva la mort du martyr.

En-Nâçir accorda le pardon aux gens d'El-Mahdîya, guerriers ou non; fit réparer les remparts et y laissa comme gouverneur le cheïkh Abou Moḥammed ben Yaghmoûr el-Hintâti. Le souverain almohade quitta la ville le 20 djoumâda second, 602 (2 février 1206) et les dépêches pour annoncer la prise (d'El-Mahdîya), en Maghrib et en Espagne, furent expédiées de Menzel Abou Naçr le 22 du même mois (4 février 1206). En-Nâçir

1. R. n'a pas traduit les mots وجمعها في مدّة طويلة qui figurent dans nos deux Mss.

2. Entres autres écarts de traduction, R., pour ce passage, a fait un pluriel du duel ثوبان et n'a pas traduit وجعلت فيها اعلام من اليواقيت و الاحجار النفيسة.

3. R. a négligé de traduire les renseignements sur les fils de Nâçiḥ, ainsi que les deux vers d'Abou 'l-Ḥasan el-Ichbîli. Le second hémistiche du 1er vers étant défectueux d'un mot, dans les deux mss. que nous avons consultés, nous avons laissé en blanc la traduction de l'hémistiche tout entier.

s'installa à Tunis au commencement de radjab (=février); il y resta toute l'année 602 et la majeure partie de 603. Dans le mois de ramḍam (avril 1207) il annonça son (prochain) départ pour le Maghrib. (Avant de quitter l'Ifrîqîya), il s'entretint avec les cheîkhs almohades et les conseillers du gouvernement pour savoir qui il laisserait (à la tête du gouvernement) de ce pays ; tous s'accordèrent à désigner le cheîkh Abou Moḥammed, fils du cheîkh Abou Ḥafç, à l'exception de deux d'entre eux qui furent d'un avis différent (1). Ces personnages désiraient, en effet, éloigner le cheîkh du voisinage de la capitale, pour pouvoir arriver eux-mêmes plus facilement au terme de leurs désirs (2). En-Nâçir envoya l'un de ses serviteurs auprès du cheîkh Abou Moḥammed, pour l'informer de cette décision ; lui-même n'osait lui faire part, personnellement, de cette nouvelle. (Le cheîkh) refusa (de souscrire à cette proposition), car il ne pouvait se résoudre à vivre loin de son pays. Le souverain vint alors en personne lui renouveler cette offre ; (mais Abou Moḥammed) s'excusa en alléguant le chagrin (qu'il éprouverait) d'être éloigné de ceux qu'il avait laissé à Marrâkoch, de sa famille et de ses enfants, d'être séparé du khalife, (de demeurer) loin de lui et (d'être privé) de sa vue.

En-Nâçir ne trouvait personne qu'il pût laisser à sa place, (de plus), il ne voulait pas obliger le cheîkh à rester à contre-cœur.

Voici ce qu'a raconté Nabîl, esclave blanc, du cheîkh Abou Moḥammed — qu'Allah le gratifie de Sa miséricorde : « Une nuit que j'étais assis devant la tente du cheîkh,

1. R. n'a pas traduit و لم يختلف في ذلك الّا اثنان et fait dire à Et-Tidjâni que le cheîkh Abou Moḥammed fût désigné d'un commun accord.

2. R. = ... afin d'être plus libre dans leurs actions et ne plus être contrôlés par lui.

j'aperçus une lumière qui venait de l'endroit où était campé le khalife, et je vis un groupe de jeunes gens et de pages, qui en étaient sortis, se diriger vers la tente du cheïkh (Abou Moḥammed). J'informai mon maître de ce qui se passait et il me dit : « s'ils viennent (ici), tu les feras entrer ». Quand ils se présentèrent, je les introduisis. Il y avait parmi eux : le fils du khalife En-Nâçir et le sîd Abou 'l-Ḥasan, fils que le cheïkh Abou Moḥammed avait eu d'une fille d'El-Mançoûr, dont (par conséquent) En-Nâçir était l'oncle maternel; il l'avait élevé avec son (propre) fils Yoûsof el-Mostançir; son héritier présomptif, et l'aimait comme son fils. En-Nâçir l'avait envoyé (auprès du cheïkh Abou Moḥammed), en compagnie d'El-Mostançir, pour bien marquer que le jeune (Abou 'l-Ḥasan tenait dans son affection) le même rang que son propre fils (1). Ils étaient accompagnés du jeune Sâlim, fils (2) d'En-Nâçir et d'autres pages. (A leur arrivée), le cheïkh Abou Moḥammed se leva pour recevoir le fils d'En-Nâçir, qu'il fit asseoir à ses côtés et auquel il parla en ces termes : « Que désirez-vous, vous qui venez me trouver? si je possédais d'autres biens que ceux que je dois à la générosité des vôtres (les B. ʿAbd el-Moûmin), je vous les offrirais (3) ». — « Que les marques d'honneur, s'écrièrent les jeunes gens (4), (que vous adressez au jeune prince), l'assurent de l'accomplissement de ses vœux! » — « Oui, certes, répondit le cheïkh, sa prière sera exaucée! » — « Mon maître et seigneur, dit (alors) le fils (d'En-Nâçir), vous adresse ses salutations toutes particulières; (il m'a en

1. Cette dernière phrase tout entière manque dans R. (*J. A.*, p. 418).

2. R. = pupille; nos manuscrits donnent *fils*, et ce doit être là une erreur.

3. R. = si je devais te donner toute autre chose que les bienfaits sans nombre dont ta famille m'a comblé, je n'hésiterais pas un instant à te *les* offrir.

4. R. = lui répondit, le fils du khalife.

outre prié de) vous exposer ceci : Depuis l'établissement du puissant empire (almohade), ce pays (d'Ifrîqîya), par les rebellions (qui s'y sont succédées, est plongé) dans une pénible situation et les épaisses ténèbres (du désordre) le recouvrent. Nos seigneurs 'Abd el-Moûmin, Abou Ya'qoûb, El-Mançoûr, ont dû y conduire des expéditions, qui n'ont eu d'autre résultat que de coûter fort cher et de sacrifier des hommes, car le voyage est pénible et le pays éloigné (du siège de l'empire) ; pas un de ces souverains n'a pu revenir à sa capitale, sans que les maux ne recommençassent et que les ténèbres (du désordre) ne s'épaississent de nouveau. Cette fois-ci, il importe pour nous, comme pour vous, que nous établissions ici (notre autorité) et que nous nous en allions ; or, nous avons demandé aux seigneurs tes pairs, les grands du conseil, qui nous devions laisser ici, à notre place, et; à part vous, nous n'avons trouvé personne en qui mettre notre confiance. Dès lors le gouvernement (de l'Ifrîqîya) doit être exercé ou par vous ou par nous : ou bien vous retournerez à Marrâkoch, la capitale de l'empire, pour y gouverner à notre place, tandis que nous demeurerons ici, ou bien, ce sera nous qui rentrerons à notre capitale. » — « Mon cher fils, répondit le cheïkh, la première de ces deux propositions est de celles qu'on ne saurait admettre; quant à la seconde, je l'accepte, mais sous conditions (1). » Heureux de cette réponse, le fils (d'En-Nâçir) embrassa les mains du cheïkh, qui lui baisa la tête, et l'on se sépara. L'on eut dit cette nuit-là qu'ils

1. Il serait trop long de relever ici les différences profondes et les lacunes que présente la tr. R. dans ce dialogue (cf. *J. A.*, 418-419); nous y renvoyons le lecteur, qui comparera. Si l'on pouvait admettre que R. ait rendu fidèlement ce passage d'après le manuscrit qu'il traduisait, il faudrait penser que son texte différait considérablement de celui que nous avons lu dans les copies d'Alger et de Paris.

venaient de remporter une récente victoire, (à en juger) par la joie dont ils débordaient et la satisfaction (qu'ils éprouvaient) de voir applanir les difficultés qui les avaient tant préoccupés (1).

En-Nâçir se retira avec le cheîkh Abou Moḥammed, pour conférer au sujet des conditions que voulait mettre ce dernier, et dont voici la teneur :

1° Il ne conserverait le gouvernement de l'Ifrîqîya que le temps nécessaire pour pacifier le pays et enlever au majorquain l'envie de s'en rendre maître; 2° En-Nâçir choisirait alors quelqu'un de son entourage qu'il enverrait dans l'Ifrîqîya pour le remplacer; 3° son séjour au gouvernement ne pourrait dépasser trois ans; 4° En-Nâçir lui présenterait toutes les troupes et il choisirait lui-même les soldats qu'il voudrait garder avec lui; 5° il agirait à sa guise, (le khalife almohade) ne pourrait ni lui demander raison de sa conduite, ni le blâmer de ses actes; 6° après le départ d'En-Nâçir, il aurait pleins pouvoirs sur les gouverneurs des (différentes) villes d'Ifrîqîya alors en fonctions et pourrait à sa guise les maintenir en fonctions ou les révoquer. (Le cheîkh) ajouta encore d'autres stipulations; En-Nâçir accepta tout et souscrivit à toutes les conditions demandées.

La situation étant établie sur ces bases, En-Nâçir prit la route du Maghrib, le 7 chawwâl (7 mai 1207). Le cheîkh Abou Moḥammed l'accompagna et fit route avec lui jusqu'à Bâdja (Béja). Au moment où En-Nâçir sortit de Tunis, les habitants étant venus le saluer, lui manifestèrent bruyamment la crainte qu'ils avaient du Majorquain dont ils redoutaient le retour après le départ du khalife. En-Nâçir convoqua les principaux de la ville, les fit venir

1. R. = Ce soir là, l'allégresse fut semblable à celle que l'on aurait éprouvée, si l'on avait remporté une grande victoire, un éclatant succès.

auprès de lui et leur dit : « Nous avons choisi un homme qui nous remplacera auprès de vous. Nous l'avons désigné pour être votre gouverneur, bien que nous ayons grand besoin de lui (à nos côtés) : c'est un tel » (1). Les Tunisiens accueillirent avec joie la nouvelle de la nomination, au gouvernement général, du cheïkh Abou Moḥammed (2).

Le cheïkh Abou Moḥammed ne prononçait jamais une parole du moment où il montait à cheval jusqu'à ce qu'il en descendît; aussi l'avait-on surnommé Eç-Çâmiṭ (le silencieux).

Il revint de Bâdja à Tunis, prendre possession de ses fonctions de gouverneur général de l'Ifrîqîya. La première audience publique qu'il donna à la Qaçba, eut lieu le samedi 10 de chawwâl de l'année 603 (10 mai 1207).

1. On comparera ces paroles à celles qui figurent dans la trad. R., p. 421

2. R. = Aussitôt le peuple rassuré fit entendre partout des cris de joie et d'allégresse.

CORRECTIONS ET ADDITIONS

L'index donnant l'orthographe véritable des noms propres, j'ai pensé inutile de relever ici les fautes d'impression que le lecteur pourra corriger lui-même en s'appuyant sur l'orthographe adoptée dans l'index.

P. i, l. 23, après : *traduction française*, ajoutez : *de l'Histoire des Berbères*.

P. iii, dernière ligne, remplacez : *et qui*, par : *ces citations*.

P. iv, l. 8, lisez : *celle*, au lieu de : *celles*.

P. xiv, l. 30, lisez : *Mahomet*, au lieu de : *Moḥammed*.

P. xvii, l. 9, lisez : *Almohades et des*, au lieu de : *Almohade est des*.

P. 3, 3e ligne avant la fin, lisez, *p. 1, note 4*. au lieu de : *p. 2 note*.

P. 4, l. 18, ajoutez : *Kitâb el-Istiqça*, I, 107 ; 'Ali Bey el-Abbâssi, *Voyages en Afrique et en Asie* (1804-1807), Paris 1814, t. I, p. 264 et suiv.

P. 7, dernière ligne, lisez : ابو الغمر, au lieu de ابو الغفر.

P. 12, l. 3, lisez : *Ghamar*, au lieu de : *Ghomar* ; l. 8 avant la fin, lisez : *Aboulféda*, au lieu de : *Aboulfiéda*.

P. 19, l. 11, lisez : *Moḥammed*, au lieu de : *Moḥamed*. Ajoutez à la note 3, première ligne, la référence : *Prolégom.*, t. XX, p. 37.

P. 20, l. 4 avant la fin, lisez : *au*, au lieu de : *qui portait le*.

P. 26, sous le nom de Tâchfîn, lisez : *Ṭorra*, au lieu de : *Torna* ; sous le nom de 'Ali, lisez : *El-Mahdîya*, au lieu de : *El-Mahadya*.

P. 27, l. 10 avant la fin, lisez : *avaient*, au lieu de : *avait*.

P. 28, l. 6 avant la fin, lisez : *maîtres*, au lieu de : *maître*.

P. 32, l. 10, après : *Baïḍâwi*, ajoutez : *t. I* ; dernière ligne, lisez : *Wâhid*, au lieu de : *Wâiḥd*.

P. 33, l. 10, au lieu de : *Hist. des Zeiyan*, lisez : *Hist. des Beni Zeiyan* ; . 15, au lieu de : *malékites*, lisez : *malékite*.

P. 37, l. 23, lisez : *publié*, au lieu de : *publiée*.

P. 38, l. 12 avant la fin, lisez : *minérales*, au lieu de *minérale*.

P. 47, l. 12, lisez : *Qal'a*, au lieu de : *Qal'aa*.

P. 50, l. 5, lisez : *ben Abou Ḥafç*, au lieu de *ben Ḥafç* ; l. 6 avant la fin, lisez *Tâza*, au lieu de *Târza*.

P. 51, l. 23, lisez : *Abou Ya'qoûb Yoûsof*, au lieu de *Abou Yoûsof Ya'qoûb*.

P. 56, l. 16, lisez : *El-Bekri*, au lieu de : *El-Bkri*.

P. 71, l. 4, lisez : *Constantine*, au lieu de : *Constanttine*.

P. 78, ajoutez à la note 1. *On a vu (suprà p. 75) que le secrétaire de 'Ali ben Ghânya portait les mêmes noms; serait-ce aussi le même homme que celui dont il est ici question? A part l'homonymie rien ne nous permet de le dire.*

P. 85, l. 8, lisez : *El-Habaṭ*, au lieu de : *El-Hebet*.

P. 88, l. 8, lisez : *contre les Almohades*, au lieu de : *les Almohades*; l. 14, lisez : *l'auteur*, au lieu de : *l'aureur*.

P. 89, l. 7 avant la fin, lisez : *que l'avait*, au lieu de : *que ne l'avait*.

P. 91, l. 2 avant la fin, lisez : *dans*, au lieu de : *de*.

P. 92, l. 17, lisez : *péninsule*, au lieu de : *penisule*.

P. 94, l. 5 avant la fin, lisez : *de*. au lieu de : *des*.

P. 99, l. 9 avant la fin, lisez *de Wuddân*, au lieu de : *Waddân*.

P. 106, l. 12, lisez : *ne se serait*, au lieu de : *ne serait*.

P. 112, l. 16 avant la fin, lisez : *N. W. de*, au lieu de : *N. W.*; l. 6 avant la fin, lisez : *des Romains*, au lieu de : *par les Romains*.

P. 119, l. 12 avant la fin, lisez : *Maçmoûd*, au lieu de : *Maçonoûd*.

P. 120, l. 4 avant la fin, lisez *et nomma*, au lieu de : *pour nommer*.

P. 123, l. 13, lisez : *possédait*, au lieu de : *possédaient*.

P. 124, l. 20, lisez : *sa morgue ne*, au lieu de : *il ne*. Ajouter à la dernière ligne (note) : Il n'est pas hors de propos de rappeler ici, la fameuse décision juridique, prise un demi siècle plus tard, en 656 (1258-9), par une assemblée de docteurs de Baghdâd : « Mieux vaut un souverain juste, quand bien même ce serait un infidèle, qu'un roi musulman qui serait un tyran ». (Cf. Ibn eṭ-Tiqtaqa, *El Fakhri fi-l-Adab es-Solṭânîya*, éd. Ahlwardt, Göttingen, 1 vol., 1860, p. 19-20).

P. 125, l. 7, lisez : *autorité*, au lieu de : *artorité*.

P. 131, l. 17, lisez : *déjà à l'époque*, au lieu de : *déjà l'époque*.

P. 143, dernière ligne du texte, lisez : *villes*, au lieu de : *capitales*.

P. 159, l. 1 des notes, lisez : *Chalba Tirra*, au lieu de : *Ccharbaterra*.

P. 176, l. 2 des notes, lisez : *saisis*, au lieu de : *saisi*.

P. 178, l. 14, lisez : *en la*, au lieu de : *en*.

P. 180, l. 4 avant la fin, lisez : *el-'Arab*, au lieu de : *el-'Arabe*.

P. 195, l. 1 note, lisez : *correct*, au lieu de : *court*.

P. 197, ajoutez à la fin de la note : Pendant que je disposais des manuscrits de Paris et d'Alger de la *Riḥla*, j'en ai fait prendre une copie.

P. 200, l. 5, lisez : واطلع, au lieu de : اطلع و.

P. 209, l. 5, lisez : ابا عبد الله محمد, au lieu de : ابا محمد; l. 14, lisez نفسه, au lieu de : بنفسه; remplacez la note 4 par : A = ابا محمد.

P. 215, l. 2 avant la fin, lisez : *R. dans*, au lieu de : *Dans*.

P. 220, l. 2, lisez : *l'Ifrîqîya*, au lieu de : *Ifrîqîya*; l. 2 des notes, lisez : *qu'il manque*, au lieu de : *qu'il y manque*.

P. 226, l. 21, lisez : *Abou 'Abd Allah*, au lieu de : *Abou*; l. 3 des notes, lisez : *Entre*, au lieu de : *Entres*.

P. 227, l. 3, lisez : *ramaḍân*, au lieu de : *ramdân*; avant-dernière ligne, lisez : *et de ne*, au lieu de : *et ne*.

P. 228, l. 17, lisez : *jeunes gens*, au lieu de : *pages*.

INDEX GÉNÉRAL

On n'a pas indiqué dans l'Index les mots comme *Ifrîqîya*, *Histoire des Berbères*, qui se trouvent à chaque page du texte.

TABLE DES MATIÈRES

ANGERS. — IMP. ORIENTALE A. BURDIN ET Cie, RUE GARNIER, 4.

ERNEST LEROUX, ÉDITEUR, rue Bonaparte, 28

PUBLICATIONS DE L'ÉCOLE DES LETTRES D'ALGER

BULLETIN DE CORRESPONDANCE AFRICAINE

I. E. Cat. Notice sur la carte de l'Ogôoué. In-8, avec carte. . . . 3 fr. »

II. E. Amélineau. Vie du patriarche Isaac. Texte copte et traduction française. In-8 . . . . 5 fr. »

III. E. Cat. Essai sur la vie et les ouvrages du chroniqueur Gonzalo d'Ayora, suivi de fragments inédits de sa Chronique. In-8. . . . . . . 2 fr. 50

IV. E. Lefébure. Rites égyptiens. In-8 . . . . 3 fr. »

V. René Basset. Le dialecte de Syouah. In-8 . . . . 4 fr. »

VI. A. Le Chatelier. Les tribus du Sud-Ouest marocain. In-8 . . . 3 fr. »

VII. E. Cat. De rebus in Africa a Carolo V gestis. In-8. . . . . . 2 fr. 50

VIII. E. Cat. Mission bibliographique en Espagne. Rapport à M. le Ministre de l'Instruction publique. In-8 . . . . 2 fr. 50

IX. G. Ferrand. Les Musulmans à Madagascar et aux îles Comores. 1re partie. Les Antaimorono. In-8 . . . . 3 fr. »

— 2e partie. — Zafindraminia. — Antambahoaka. — Antaiony. — Antaivandrika. — Sahalavy, etc. In-8. . . . . 3 fr. »

— 3e partie. — Antankarana, Sakalava, Migrations arabes. In-8. 7 fr. 50

Prix Bouteou, Société de Géographie de Paris (1902).

X. J. Perruchon. Vie de Lalibala, roi d'Éthiopie. Texte éthiopien publié d'après un manuscrit du Musée Britannique et traduit en français. In-8. 10 fr. »

XI. E. Masqueray. Dictionnaire français-touareg (Dialecte des Taïtoq). In-8, en trois fascicules à 6 fr . . . . 18 fr. »

Couronné par l'Académie des Inscriptions et Belles-Lettres. Prix Volney (1894).

XII. René Basset. Étude sur la Zenatia du Mzab, de Ouargla et de l'Oued-Rir'. In-8 . . . . 10 fr. »

XIII. A. Mouliéras. Légendes et contes merveilleux de la Grande Kabylie. Texte kabyle. — Première partie en 5 fascicules. In-8. Chaque . 3 fr. »

— Deuxième partie. Fascicules I, II, III. Chaque. . . . . . . 3 fr. »

XIV. René Basset. Études sur les dialectes berbères. In-8 . . . . . 6 fr. »

Couronné par l'Académie des Inscriptions et Belles-Lettres. Prix Bordin (1893).

XV. René Basset. Étude sur la Zenatia de l'Ouarsenis et du Maghreb central. In-8 . . . . 7 fr. 50

XVI. E. Jacottet. Études sur les langues du Haut-Zambèze. Textes originaux, recueillis, traduits en français et précédés d'une esquisse grammaticale.

— Première partie. Grammaire Soubiya et Louyi. In-8. . . . . 6 fr. »

— Deuxième partie. Textes Soubiya. Contes et Légendes, Superstitions, etc. Fascicules I et II. In-8. Chaque. . . . . 6 fr. »

— Troisième partie. Textes Louyi. Contes, légendes, etc., et vocabulaires. Fasc. I. In-8 . . . . 3 fr. »

Fasc. II. In-8. 7 fr. 50

XVII. G. Mercier. Le Chaouia de l'Aurès (dialecte de l'Ahmar-Khaddou). Étude grammaticale. — Textes en dialectes chaouia. In-8 . . . . . 3 fr. 50

XVIII. E. Masqueray. Observations grammaticales sur la grammaire touareg, et textes de la Tamâhaq des Taïtoq, publiés par R. Basset et Gaudefroy-Demombynes. Fascicules I, II, III. In-8. Chaque. . . . . . 5 fr. »

XIX-XX. René Basset. Fotouh el-Habachah. Histoire de la conquête de l'Abyssinie par Chihâb eddin Ahmed ibn 'Abd el-Qâder 'Arab Faqih. Texte, traduction et notes. 2 vol. in-8.

— Texte arabe. Fascicules I à IV. . . . . 22 fr. »

— — Fascicule V (*sous presse*).

— Traduction. Fascicules I à VI . . . . 25 fr. »

XXI. Paul Schnell. L'Atlas marocain, d'après les documents originaux, traduit avec l'autorisation de l'auteur par Augustin Bernard. In-8, avec une grande carte de la chaîne de l'Atlas, tirée à deux tons. . . . . 10 fr. »

XXII. A. de Calassanti-Motylinski. Le Djebel Nefousa, transcription, traduction française et notes, avec une étude grammaticale. In-8, fasc. I, II et III. Chaque . . . . 2 fr. 50

Couronné par l'Académie des Inscriptions et Belles-Lettres. Prix Volney (1900).

XXIII. Paul Ruff. La domination espagnole à Oran, sous le gouvernement du comte d'Alcaudete (1534-1558). In-8 . . . . 5 fr. »

XXIV. René Basset. Nédromah et les Traras. In-8, avec planche. . . 10 fr. »

XXV. E. F. Gautier. Notes sur l'écriture antaimoro (Madagascar). In-8. 5 fr. »

XXVI. W. Marçais. Le dialecte arabe parlé à Tlemcen. Grammaire, Textes et Glossaire. In-8. Fasc. I, II, III.

XXVII. Alfred Bel. Les Benou Ghanya, derniers représentants de l'empire Almoravide et leur lutte contre l'empire Almohade. In-8.

ANGERS. — IMP. ORIENTALE A. BURDIN ET Cie.

Lightning Source UK Ltd.
Milton Keynes UK
UKHW030703271119
354332UK00009B/953/P